PEIYU ZHONGXUESHENG SHUXUE HEXIN SUYANG DE

CELÜE YU SHIJIAN

培育中学生数学核心素养的
策略与实践

主编 孙锋 吴中林

四川科学技术出版社

图书在版编目(CIP)数据

培育中学生数学核心素养的策略与实践 / 孙锋,
吴中林主编. —— 成都 : 四川科学技术出版社, 2020.3

ISBN 978-7-5364-9770-2

Ⅰ. ①培… Ⅱ. ①孙… ②吴… Ⅲ. ①中学数学课 –
教学研究 Ⅳ. ①G633.602

中国版本图书馆CIP数据核字（2020）第041755号

培育中学生数学核心素养的策略与实践

主　编	孙　锋　吴中林
出 品 人	钱丹凝
策划编辑	郑　尧
责任编辑	陈　欣　郑　尧
封面设计	张维颖
责任出版	欧晓春
出版发行	四川科学技术出版社

成都市槐树街2号　邮政编码 610031

官方微博：http://e.weibo.com/sckjcbs

官方微信公众号：sckjcbs

成品尺寸	185mm × 260mm
印　　张	14　字数 300 千
印　　刷	彭州市盛发印务有限责任公司
版　　次	2020年4月第一版
印　　次	2020年4月第一次印刷
定　　价	68.00元

ISBN 978-7-5364-9770-2

邮购：四川省成都市槐树街2号　邮政编码：610031

编委会名单

主　编　孙　锋　吴中林

副主编　幸世强　黄祥勇　罗小兵

编　委　（排名不分先后）

孙　锋	吴中林	幸世强	黄祥勇	罗小兵
周先华	谢发超	吴智敏	舒世均	郑传远
郑凤渊	邹伦富	黄建全	王继超	邓思海
李治君	刘　伟	廖　欢	乔　于	陈越辉
刘　丽	张贵军	王冬勤	张　蕾	肖　月
唐郅轩	巫仕俊	邓　榕	代洪帅	杨　丽
王玉蓉	周　瑞	雍　华	任　芳	王恩虎
邹少目	罗　瑶	刘雯蓉	晁学民	李小侠
朱先华	陈建军	刘代刚	罗海军	侯海容
田祥春	舒脐仙	肖冬雪	卢　飞	胡　建
卿琳莉	马骏峰	罗兴国	谢　芸	陈中根

本书出版受四川省教育科学研究院
出版基金资助

序

新时代背景下的高中数学课程，为落实"立德树人"根本任务，突出了学科育人的价值取向。《普通高中数学课程标准（2017年版）》提出了"数学抽象""逻辑推理""数学建模""直观想象""数学运算""数据分析"六个核心素养，并以此为主线，优化内容结构，指导教学设计，提出学业质量要求。新设计的高中数学课程体现了鲜明的时代要求，也给一线教学实施带来新的挑战。

数学学科核心素养是具有数学基本特征的思维品质、关键能力以及情感、态度与价值观的综合体现，其具有的综合性、整体性、交融性等特点使课堂教学必然不同于传统的"双基"课堂。当前我们亟待在教学实践层面展开研究，寻找核心素养"落地"的策略和路径。

正当其时，我欣喜地看到四川省一批数学教育界的同仁们推出了新作——《培育中学生数学核心素养的策略与实践》。本书源于四川省教育科研资助金项目重点课题"培养高中学生数学核心素养的实践研究"，作者经过2年多的探索，取得了丰富的研究成果，本书就是对这些研究成果的提炼和总结。

目前，在数学教育界，关于如何培养核心素养虽然已经有了一定研究，但多数尚处于试验探索状态，表现出来的主要是一些理念和方向性的成果，或者只是在培养核心素养的某些方面有了一些成功的案例。不断深化、推进当前数学课改的实践需要我们沉下心来，回归教学"原点"，潜心研究、探索真正符合要求的课堂教学规律，在提高教学质量，促进学生数学学科素养发展方面实实在在收到成效。

在本书中，作者力图解决当下数学课堂教学中数学育人价值取向偏离、教学目标定位不准、教学内容散乱、教学方法失当等问题，以教学内容与教学形式相统一的原则，在数学学科核心素养培养的视域下来重构数学课堂教学的要素和结构，通过实证性研究为基于素养培养的教学实施寻求有效策略和途径，并为体现培育素养要求的数学课堂教学评价提供依据。显然，这样的研究对当前全面开展的新一轮课改实践具有积极的现实意义和可资借鉴的成果。

本书还具有以下几个鲜明的特点：

其一，体现课标理念，遵从课标要求。正因为如此，书中对六个数学核心素养的本质内涵和表现特征分析、理解正确到位，并将核心素养的目标要求予以细化，融入具体课程实施的具体环节之中，确保了以核心素养为主线的课标理念和要求能一以贯之地在一线教学中得到落实。

其二，针对各个素养，系统全面研究。本书应该是目前国内为数不多的对高中数学课标中提出的六大核心素养在课堂教学中如何培育问题进行系统、全面探究的著作，全书分章节对每一个数学核心素养从内涵、价值、表现、具体目标点、水平等方面都进行了详细阐述，而且以大量实例对数学核心素养的四个维度"情境与问题""知识与技能""思维与表达""交流与反思"进行了深入剖析。在理性分析的基础上结合教学实践进行探究，然后再提供课堂教学实录。这种系统研究为一线教师提供了一个较为完整的数学学科核心素养培养的框架。

其三，创新研究方式，形成自我特色。例如，我们知道数学课标中的学业质量要求以及每个素养的水平划分是当前研究的一个热点，也是难点。本书作者没有对水平划分进行空洞的或标签式的解读，而是尝试用大量的案例去表现素养的每一个水平划分；对考量不同素养水平的情境创设也结合教学实践做了不同要求的设计。这些研究方式具有一定的新颖性，值得借鉴。

其四，注重调查研究，体现可操作性。本书提出的培养数学学科核心素养的策略和措施，由数十所学校的一线教师在深入调查研究的基础上，吸取多年数学课堂教学改革中的大量经典案例进行总结和提炼而成，是广大数学教育工作者集体智慧的结晶，具有很强的实践性和可操作性。

在中学数学教学中如何培育学生的数学学科核心素养将长期是一个具有挑战性的课题。科朗在其名著《什么是数学》中指出："数学，作为人类思维的表达形式，反映了人们积极进取的意志、缜密周详的推理和对完美境界的追求……"同样，新时代的数学教师们在探索数学教学规律的道路上正在不断地践行、发扬着这种数学科学精神，也正因为如此，我们有理由相信，本书的出版不是结束，而是研究者们在数学教育研究征程上的一个新的起点。

让我们共勉。

黄　翔
2020年3月

目　录

第一章

培育数学抽象核心素养

第一节　数学抽象的内涵与价值

一、数学抽象的内涵

1.抽象

抽象，是指从许多事物中，舍弃个别的、非本质的属性，抽出共同的、本质的属性。抽象是形成概念的必要手段。抽象是思维的基础，只有具备了一定的抽象能力，才可能从感性认识中发现事物的本质特征，从而上升到理性高阶认识。

2.数学抽象

数学抽象是指通过对数量关系与空间形式的抽象，得到数学研究对象的过程。它主要包括：从数量与数量关系、图形与图形关系中抽象出数学概念及概念之间的关系，从事物的具体背景中抽象出一般规律和结构，并用数学语言予以表征[①]。

数学抽象是数学的基本思想，是形成理性思维的重要基础，它反映了数学的本质特征，贯穿在数学产生、发展、应用的过程中。数学抽象使得数学成为高度概括、表达准确、结论一般、有序多级的系统。

数学抽象主要表现为：获得数学概念和规则，提出数学命题和模型，形成数学方法与思想，认识数学结构与体系。

通过高中数学课程的学习，学生能在情境中抽象出数学概念、命题、方法和体系，积累从具体到抽象的活动经验；养成在日常生活和实践中一般性思考问题的习惯，把握事物的本质，以简驭繁；运用数学抽象的思维方式思考并解决问题。

数学抽象一般会经过两次抽象，第一次抽象是从感性具体上升到理性具体，第二次

---

①中华人民共和国教育部.普通高中数学课程标准：2017年版[M].北京：人民教育出版社，2018.

抽象是从理性具体上升到理性一般。第二次抽象进一步舍去了事物的物理属性，合理地解释了通过第一次抽象已经得到了的数学概念及其关系，其手段是符号化、形式化和公理化。由于第二次抽象失去了数学直观，因此数学教学要帮助学生建立数学直观，让学生在情境和问题中感悟数学本质，形成数学抽象核心素养。

3.数学抽象的四种方法

数学抽象是一种建构性活动，也是一种创造性的活动方法。正如庞加莱所说："数学家是通过构造而工作的，他们构造越来越复杂的组合。"根据数学抽象的构造性活动的特征和高考的基本要求，在数学学习与研究过程中，我们需要反复对一些特例进行周密的分析与研究，从中提炼出一般的方法或模型，从而对类似的情境下该类问题的求解，起到引导的作用。下面对数学抽象的四种方法进行阐述①。

（1）同向思维的数学抽象

同向思维，是指思维在原来方向上的继续，它既包括了同一层次上的平行发展，也包括了由较低层次向高层次的飞跃。主要表现在：

①弱抽象（扩张式抽象、特性分离一般化、从特殊到一般）：将一类或某种结构内容较为丰富的对象作为弱抽象的原型，并通过特性分离和规范化的定义方法去构造出更为一般的模式。

②类比联想：类比，是指由两个对象的某些相同或相似的性质，推断它们在其他性质上也有可能相同或相似的一种推理形式。类比联想是同向思维最基本的形式。如平面与空间的类比、数与形的类比、有限与无限的类比。

类比往往构成了归纳的直接基础；反之，对普遍规律的揭示又可以指导对新的特殊事物的认识。这样，在类比联想与归纳之间就存在着互相依赖，相互促进的辩证关系。

同向思维是数学学习与研究中使用最广泛的数学抽象方法，甚至其应用不仅限于对数学对象的研究，还在其他学科的研究以及生活中起着至关重要的作用。

（2）逆向思维的数学抽象

逆向思维，是与原来思维方向相反的思维方式。例如，在运算中，逆向思维就是逆运算的研究；在命题中，就是逆命题的研究。逆向思维的功能主要表现为判断原命题中的前提是否为相应结论的充要条件，这可以加深对有关概念的本质特性的认识，从而促进数学概念的精确化。

（3）悖向思维的数学抽象

悖向思维，是指背离原来的认识并在直接对立的意义上去探索新的发展可能性。显然，悖向思维也可以看成是在与原来认识相反的方向上进行的，因此，悖向思维是逆向思维的特殊情况（或者说极端情况）。它往往与已建立的认识直接相对立，所以，又和

---

①徐利治，郑毓信.数学抽象方法与抽象度分析法[M].南京：江苏教育出版社，1990.

一般逆向思维有着很大程度的不同。当然，这并不意味着直接的矛盾，而只是表明新的研究与已有的认识是相冲突的。

自觉地应用悖向思维，自觉地冲破思想的束缚，对于一些重要的发现往往具有决定性的意义，如非欧几何的创立、虚数的产生等。可以这样说，悖向思维是对高一层次思维的和谐性的追求。

（4）审美直觉的数学抽象

正如庞加莱所说，"数学发明即选择"，而又正是审美直觉起着这种特殊的选择或者更准确地说是筛选作用。虽然他也曾强调了这种思维活动的无意识性，但是以对美的追求作为数学中自觉的创造性活动的指导性原则，从而形成了数学抽象中的美学方法，即审美直觉。它包含简单性、统一性、对称性和奇异性四大原则。

二、数学抽象的价值

数学抽象是一种方法、思想和素养，其价值主要体现为三个方面。

1.数学学科自身发生、发展过程中的决定性的工具

从方法论的角度来思考，数学抽象是数学的基本思想、理性思维的基础和数学的本质特征。在数学自身的发展过程中，它一直充当着最重要的、决定性的工具。集合论的产生、坐标系的建立等等，都是数学抽象这个思维工具在引领着数学家们踏着前人的足迹，逐步改进，直达数学的本质。

2.帮助学生积累从具体到抽象的活动经验

大多数的数学概念，都是一般化抽象的结果，即从具体到抽象的活动结果。教学中数学概念与规则的获得、数学问题的提出、数学思想方法的提炼、数学结构与体系的构建等过程，都蕴含着从具体到一般的抽象活动过程。

同时，《普通高中数学课程标准（2017年版）》（后文简称《课标》）在"课程目标"中指出，数学基本活动经验的获得，与基础知识、基本技能、基本思想，共同作为高中数学课程学习的目标，即"四基"。这里所指的基本活动经验，是指学生通过亲身经历数学活动过程所获得的个性特征的经验。数学活动经验不仅仅是解题的经验，更重要的是在多样化的数学活动中去思考与探索，并发现解决问题的方法和问题的结论。

3.帮助学生更好地理解数学和学会数学式的思维

数学抽象既是数学学习最关键的方法，也是数学的本质特征，因此，数学抽象本身就是理解数学的关键。数学式的思维，即数学的思想方法，是人们对数学知识和方法形成的规律性的认识。数学的思想方法是抽象的产物，甚至其存在的形式也是抽象的。

4.更好地发展学生解决问题的能力

通过数学抽象，将当前情境与问题同大脑中已解决过的其他问题之间建立联系，从而通过从一般到特殊的弱抽象，采取相同的基本方法解决问题；或者通过对某个问题的逆向思考，即通过逆向思维，找到解决新的数学问题的方法。

第二节 基于数学抽象素养表现的实践研究

一、获得数学概念与规则

《课标》指出，数学抽象主要表现为：获得数学概念和规则，提出数学命题和模型，形成数学方法与思想，认识数学结构与体系。这四个表现体现了不同层次的要求。概念与规则是基本知识的集合，提出数学命题与模型主要是提炼与归纳的过程，而数学思想与方法则是方法论知识，认识数学结构和体系是最高要求。

1.数学概念与规则的认知

（1）数学概念的内涵和外延

数学概念是人类对现实世界空间形式和数量关系的概括反映，它反映了数学对象的本质，是建立数学法则、公式、定理的基础，也是运算、推理、判断和证明的基石，更是数学思维与交流的工具，是形成数学思维和指导数学运算的基础。数学概念的文字简洁，内涵外延都有严格的规定，具有严谨性、抽象性、逻辑性和符号化等特点。

（2）数学规则的内涵与意义

在数学中，通常把数学公理、定理、法则、公式、性质、原理等内容称为数学规则。作为一般的思维形式的判断与推理，是以数学规则方式表现出来的。数学概念则是构成数学规则的基础。数学规则的学习是连接数学概念与数学问题解决的桥梁。数学规则是数学内容的主要构成要素，是数学内容应用于生产、生活及科学技术之中的核心与灵魂。

（3）获得数学概念与规则的基本方法

数学概念教学是数学教学内容之一，目的是使学生掌握数学概念，形成对数学的基本的、概括性的认识。即明确概念的内涵、外延，熟悉其表述；了解概念之间的关系，会对概念进行分类，从而形成概念系统；了解概念的来龙去脉，能够正确运用概念。正确地理解和形成一个数学概念，必须明确这个数学概念的内涵即对象的"质"的特征，及其外延即对象的"量"的范围。

按照《课标》第100页附录1中对数学学科核心素养的水平的划分，数学抽象素养中，获得数学概念与规则主要体现为水平一和水平二。

水平一：能够在熟悉的情境中直接抽象出数学概念和规则，能够解释数学概念和规则的含义，在交流的过程中，结合实际情境解释相关的抽象概念。

水平二：能够在关联的情境中抽象出一般的数学概念和规则，能够用恰当的例子解释抽象的数学概念和规则，能够理解用数学语言表达的概念、规则、推理和论证，能够在交流的过程中，用一般的概念解释具体现象。简言之即从熟悉的情境和关联的情境中抽象出数学概念与规则。

数学概念的学习有两种基本形式：一是概念形成；二是概念同化。

①概念形成：概念形成指在从大量的具体例子中，从学生实际经验的肯定例证中，以归纳的方式概括出一类事物的本质属性。其具体过程为辨别一类事物的不同例子，概括出各例子的共同属性；提出它们的共同本质属性的各种假设，并加以检验；把本质属性与原认知结构中的适当的知识联系起来，使新概念与已知的有关概念区别开来，把新概念的本质属性推广到一切同类事物中去，以明确它的外延；扩大或改组原有的数学认知结构。

②概念同化：学生学习直接用定义形式陈述的概念时，他们就主动地与其认知结构中原有的有关概念相互联系，并领会新概念的本质属性，从而获得新概念。这种获得概念的方式叫作概念同化。它与概念形成的不同之处在于，首先，要将新概念的本质属性与原有认知结构中的适当概念相联系，明确新概念是原有概念的"限定"，并能把它从原有概念中分离出来。其次，要把新概念与原有认知结构中的有关概念融合在一起，纳入认知结构中，以便于记忆和应用。例如，在学习正三棱锥的定义时，就要主动地与自己认知结构中原有的概念如正棱锥、正三角形、正三角形的中心、平面的垂线等主动联系起来思考，认识到正三棱锥是三棱锥中特殊的一类，从而明确它的内涵与外延。接着与原有的一些概念（例如四棱锥、三棱柱等）区别开来，并相互贯通成一个整体，纳入原来的概念（棱锥）体系中。最后，通过例题的学习以及练习、习题的解答，加深对正三棱锥的认识，使它在认知结构中得到巩固。

显然，概念形成主要依靠的是对具体事物的抽象，而概念同化则主要依靠的是学生对新旧知识的联系；概念形成与学生自发形成概念的方式接近，而概念同化则是具有一定知识水平的学生自觉学习概念的主要方式。

2.熟悉的情境，简单的问题

（1）熟悉的情境下的数学概念与规则的学习水平认知

《课标》要求：能够在熟悉的情境中直接抽象出数学概念和规则，能够解释数学概念和规则的含义，能够了解用数学语言表达的推理和论证，在交流的过程中，结合实际情境解释相关的抽象概念。

情境包括三类不同层次的情境，即生活情境、数学情境和科学情境。熟悉的情境通常指的是几乎人人都熟知的现实情境、背景或数学旧知，而简单的问题则呈现为与易懂的数学概念或规则相关的熟悉的情境问题。其具备下述特性：通识性、直接性和简易性。

（2）实践研究

①数学概念教学有赖于对数学概念的认识。数学概念是反映一类事物在数量关系和空间形式方面的本质属性的思维形式，在该类对象的范围内具有普遍意义。数学概念通常由反映概念本质的特定符号表示，如函数符号 $f(x)$、微分符号 dx、积分符号 $\int$，这

些符号是数学概念系统的表现形式。数学符号是表达数学概念的一种独特方式，对学生理解和形成数学概念起着极大的作用，这使我们掌握数学概念的思维过程简约化、明确化了。许多数学概念的定义就是用数学符号来表达的，从而增强了科学性。数学概念是具体性与抽象性的辩证统一。数学概念的教学宜从具体事物、已有概念入手，逐级抽象，形成新的概念。

②数学概念教学通常包括三个过程：

a.引入概念。通常有以下形式：以感性材料为基础引入；在学生已有知识的基础上引入；通过对已定义概念的一般性或特殊性引入；通过普通归纳以及通过揭示事物发生的过程或通过运算引入。b.明确概念。正面揭示概念的本质属性，准确定义并明确表示概念的符号；充分揭示概念的内涵和外延；分清易混淆的概念；讲清概念的确定性及某些概念的发展与深化。c.运用多种形式，巩固所学概念，帮助学生正确、灵活地运用概念。

③影响数学概念的学习的主要因素：

a.原有的认知结构。原有的认知结构越完善，学生的生活经验越丰富，获得新概念的效果就越好。b.感性材料。学生的感性材料若太少，其感知就不充分，表象就不丰富，也就难以辨析各种对象的本质属性，而若感性材料不典型，本质属性不明显，则受到非本质属性的干扰就越多。c.数学概括能力。数学概念所代表的是一类事物，所反映的是事物的本质属性，因而学生的抽象概括能力是掌握概念的前提和基础。

总之，数学概念是在人类历史发展过程中，逐步形成和发展的。如函数概念的引入，可以用学生熟悉的例子为背景进行抽象，可以从学生已知的、基于变量关系的函数定义入手，引导学生通过生活或数学中的问题，构建函数的一般概念，体会用对应关系定义函数的必要性，感悟数学抽象的层次。

案例1-1　函数单调性概念教学

数学概念是比较抽象、枯燥无味的，需要学生耐心自主地去钻研。概念教学不能"就事论事"，只注重某个点，应该弄清概念的来源、概念的内涵与外延、与之相关概念的相互关系、概念的文化作用等问题，寻找概念的根，理解概念的魂。因此，在函数单调性概念的教学中，可采用以下三个步骤。

步骤一：创设情景，直观感知函数图像或表格的变化

鉴于高一学生的基础和认知水平，在导入环节，按照学生的认知规律，让学生先从形状、数字变化上去直观感知函数图像的变化，一方面为后面引导做铺垫，同时培养学生直观想象的数学核心素养。

设计引入：

情景1：直观感知函数图像的变化。

问题1：观察下图一次函数 $y=x$ 和二次函数 $y=x^2$ 的图像，借助直观感知，口头描述这两个函数图像的变化趋势。

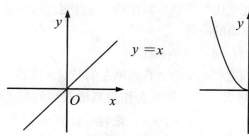
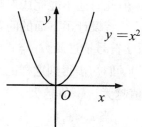

情景2：感知函数数值在表格中的变化。

问题2：下表是"八五"计划以来我国城镇居民恩格尔系数变化情况，请仔细观察并描述变化特征。

时间(年份)	1991	1992	1993	1994	1995	1996	1997	1998	1999	2000	2001
城镇居民家庭恩格尔系数/%	53.8	52.9	50.1	49.9	49.7	48.6	46.4	44.5	41.9	39.2	37.9

体验了问题1和问题2之后，学生对函数单调性便有了上升、下降的初步概念，但距离突破函数单调性概念还有很多铺垫要做。

步骤二：分析实践，讨论函数变化情况

为此，再引出问题3：一次函数 $y=x$ 的 x 与 y 的对应值列表如下：

x	$\cdots$	-3	-2	-1	0	1	2	3	$\cdots$
$y=x$	$\cdots$	-3	-2	-1	0	1	2	3	$\cdots$

请同学们用自然语言描述在区间 $(-\infty,+\infty)$ 上，函数 $y=x$ 随着 x 值的增大是怎样变化的。

问题4：二次函数 $y=x^2$ 的 x 与 y 的对应值列表如下：

x	$\cdots$	-3	-2	-1	0	1	2	3	$\cdots$
$y=x^2$	$\cdots$	9	4	1	0	1	4	9	$\cdots$

在问题3和4中，要求学生再一次观察函数的自变量 x 与函数值 y 的对应值的变化规律，用自然语言去描述。这是为后面函数单调性概念的教学继续推进，培养学生推理论证的数学核心素养。问题4的提出，一方面是为了培养类比思考的数学思维，另一方面是为了得出二次函数 $y=x^2$ 与一次函数 $y=x$ 在描述上的不同，突出函数单调性的局部性特征。

步骤三：抽象概括数学符号的定义

用数学符号完成函数单调性的形式化定义。通过问题1至问题4的学习，学生已能用自然语言描述，但此时还不能完成对函数单调性的一般性定义的抽象，教师还得进一步做好铺垫，为此笔者设计了下面的问题。

问题5：用数学符号描述函数 $y=x^2$ 的单调性。

通过讨论，同学们初步得到这样的结论，在数轴左侧时，x 值越大，y 值越小；在数轴右侧时，x 值越大，y 值越大。最后师生合作得到增函数的形式化定义：在区间 $[0,+\infty)$ 上任取 x_1,x_2，当 $x_1<x_2$ 时，有 $f(x_1)<f(x_2)$，这时函数 $f(x)=x^2$ 在区间 $[0,+\infty)$ 上是递增的函数，同理可得到在区间 $(-\infty,0)$ 上是递减的函数，最后再画出图像并总结出函数单调性的一般性定义。

这样的过程，让学生在讨论中用数学符号对函数的单调性做出形式化定义。这是对用自然语言描述函数单调性的升华，为突破函数单调性的一般性定义起到了非常重要的作用。

（3）在数学概念教学中培养学生数学抽象素养的几点策略

①让学生经历应用数学的过程，体会数学的应用价值。从学生所熟悉的现实生活出发，把具体的实际问题抽象成数学问题，再把它应用到新的现实问题情境中，让学生经历数学的应用过程，加深对数学知识的理解，是提高学生应用能力的重要方法。引导学生从数学角度认识、理解事物，培养提出问题的能力。为了提高学生解决问题的能力，首先应从数学角度对现实世界进行描述，找到其中与数学有关的因素，探索其中的规律，进一步从数学的角度提出问题、发现问题并寻求解决问题的办法。通过搜集数学应用的事例，加深对数学应用的理解和体会。在教学过程中，教师可以自己搜集有关资料介绍给学生，也可鼓励学生自己通过多种渠道搜集数学知识应用的具体案例，并互相交流。创设应用数学知识的情境，为学生提供解决问题的条件和机会。

②建构数学背景，实现数学抽象。众所周知，数学概念是数学科学体系的源泉和根基，没有数学概念就没有数学科学。数学概念来源于实际，因此，回归数学概念的实际背景既是容易的又是必需的。与此同时，这也展示了数学的产生与发展历程，更有利于数学概念要素的抽象。

例题1-1 探究椭圆的离心率

思考：如何刻画椭圆的扁圆程度？

答案：用离心率刻画扁圆程度，e 越接近于 0，椭圆越接近于圆，反之，越扁。

由此梳理出"椭圆的焦距与长轴长的比 $e=\dfrac{c}{a}$ 叫椭圆的离心率"。同时分析，对于 $\dfrac{x^2}{a^2}+\dfrac{y^2}{b^2}=1$，在 a 一定的条件下，b 越小，对应的椭圆越扁，反之，e 越接近于 0，c 就越接近于 0，从而 b 越接近于 a，这时椭圆越接近于圆，于是，当且仅当 $a=b$ 时，$c=0$，两焦点重合，图形变成圆，方程变为 $x^2+y^2=a^2$（如图）。

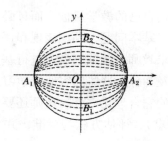

数学问题的背景，通常体现于问题深处，隐蔽性强，这往往是解题的突破点，需要解题者洞察与挖掘，从而去抽象问题规律。

3.关联的情境，较复杂的问题

（1）水平认知

《课标》中规定数学抽象素养的水平二为：能够在关联的情境中抽象出一般的数学概念和规则；能够用恰当的例子解释抽象的数学概念和规则；能够理解用数学语言表达的概念、规则推理和论证；在交流的过程中，能够用一般的概念解释具体现象。

关联，即互相贯连，指有相互联系。情境，即情景、环境。关联的情境，即在意义上有着互相联系的较为复杂的情景。上述水平可理解为以下四个层次：

①在较为复杂的生活情境或数学情境中，抽象出数学概念和规则。这是从特殊到一般的弱抽象过程。从数学概念的学习形式上看，是概念形成。

②在抽象出数学概念与规则后，再应用具体而恰当的实例解释它。

③除自然语言之外，还能在概念与规则的文字语言、符号语言或图形语言之间进行转换，以充分理解数学概念与规则。

④用一般的概念解释具体现象，是从一般到特殊的强抽象过程，是对抽象出来的概念与规则的实际应用。这就需要对概念与规则的内涵与外延有准确的认识。

（2）实践研究

①设计明确的学习目标。从系统论来看，概念的理解是一个系统工程，概念学习的最终目标是形成一个概念系统，围绕这个概念逐步构建一个概念网络，网络的结点越多，通道越丰富，对概念的理解越深刻。

规则学习的实质是通过新的数学规则与原有的数学知识体系在认知结构上的相互作用，形成新的构造结果，并在规则的应用活动中得到检验和修正，逐步形成完整、清晰的新的规则网络，从而构建、充实和完善个体认知结构。

在关联的情境中，为了正确地集中学生注意力，提供指导，为学生设计的学习任务必须目标明确。无论即将学习的数学概念与规则是多么抽象，在设计中必须将这些目标变为使学生能尽快掌握的、清楚的和实际的任务和指标。

　　教师不仅仅需要清晰地表达自己的教学目标，而且必须让学生明确他们自己的学习目标。这意味着要对数学概念、基本问题、预期表现和评估标准（数学课堂上主要由试题组成）进行充分的剖析，要求教师对预期的学习进行基本的说明——确定哪些是（或不是）最重要的学习内容，以及为什么这些内容值得学习。

　　实际上，除了厘清目标并使它合理化之外，教师还要帮助学生清楚地知道其预期表现（相应的检测试题及难度要求）、评估方法与标准，并牢记于心。这些预期表现将提示学生的理解程度。

　　②创设恰当的关联情境以获得数学概念与规则。熟悉的情境一般来自现实生活。教师可以引导学生对实际生活中的现象进行观察，利用数学与实际生活的联系创设关联的熟悉情境。

　　例题1-2　已知 A、B 两地相距 $2\,000$ 米，在 A 地听到爆炸声比在 B 地早 5 秒，且声速为 340 米/秒。求爆炸点的轨迹方程。

　　解析：由于声速的固定性，A、B 两处与爆炸点的距离的差为定值。因此，爆炸点在以 A、B 为焦点的双曲线上，从而设双曲线的标准方程求解。

　　在关联的熟悉的情境中，抽象出双曲线的概念，反映了双曲线的定义的本质——到两定点的距离差的绝对值为常数，从特殊到一般，从生活实例到数学概念。

　　当然，熟悉与陌生是相对的，再陌生的情境，多接触、多研究也就变得熟悉了。

　　情境，是情+境。它赋予了数学概念与规则的情和境，从而让学生对数学概念与规则的认识变得具体化、形象化、情趣化、背景化、问题化和思维化。在关联的情境中抽象出一般的数学概念与规则，可以通过以下方法实现：

　　a.通过新旧概念或规则之间的联系寻求新知的建构。学生学习的知识不是零散的，也不是片面的。特别是一些核心的概念与规则，它们是浓缩且"易于消化"的系统而整体的结构与体系。概念与规则只有在整体联系中才能真正被理解与掌握，从而实现其价值。例如余弦定理，是初中学习的勾股定理的拓展或其一般情况。

　　b.在关联中抓住核心特征。关联的情境，往往提供了大量的信息。要在这些信息中提取出关键的、有用的东西，即其核心特征。

　　③数学语言的转化。数学语言是数学思维的载体，数学学习实质上是数学思维活动，交流是思维活动中重要的环节，因此《课标》指出"动手实践、自主探索与合作交流是学生学习数学的重要形式"。联合国教科文组织将有效的数学交流作为学习数学的目标之一，实现有效交流的前提是学习和掌握数学语言。

　　数学语言可分为抽象性数学语言和直观性数学语言，包括数学概念、术语、符号、式子、图形等。各种形态的数学语言各有其优越性，如概念定义严密，揭示本质属性；术语引入科学、自然，体系完整规范；符号指意简明，书写方便，且集中表达数学内容；式子将关系融于形式之中，有助运算，便于思考；图形表现直观，有助记忆，有助思维，有益于问题解决。

数学语言又可分为文字语言、符号语言、图形语言三类。数学概念与规则，一般都可以用这三种语言分别予以表达。这在立体几何中体现得最为明显。例如：直线与平面平行，指一条直线与一个平面没有公共点。用图形语言表示为下图：

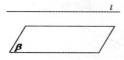

用符号语言表述为：$l // \beta$。

要在概念与规则的学习中，反复进行三种语言的转换训练。

（3）成果表述

创设关联的情境，以获得数学概念与规则，其方法有：

①通过联系生活实际创设关联的熟悉情境。现实生活是数学的源泉，联系生活实际，才能让学生真正理解数学知识的意义与价值。

例题1-3　公园内的水池问题

某公园准备在公园内由三条小道围成的绿地内建造一个圆形喷水池，使它的面积尽量大。

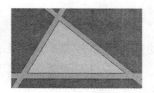

问题1：请在图中画出喷水池的位置。

问题2：若三条小道围成三角形三边的长度分别为6 m，10 m，8 m，请你计算该圆形喷水池的面积。该圆形喷水池的面积为（　　）。

A. π　　　　　　B. 2π　　　　　　C. 4π　　　　　　D. 9π

②通过知识的产生创设关联的科学情境。例如虚数的产生。从古代起，人们便能够解二次甚至某些高次方程，然而一个最其貌不扬的二次方程 $x^2 + 1 = 0$ 却使得数学家们狼狈不堪。难道存在平方为 -1 的数吗？经过长期的犹豫、徘徊，到了16世纪，一些勇敢的数学家做出了大胆的选择：引进虚数单位，并从而建立了一个复数系。

③通过问题创设关联的情境。

例题1-4　海上救援问题

某海上救援中心接到求救信号，一艘渔船在救援中心附近触礁，最多坚持半个小时。已知渔船位于救援中心东偏北30°，距离30海里处（如下图）。由于时间紧迫，从救援中心派救生船已来不及，现派在周围巡逻的巡逻艇去营救，已知巡逻艇的最快速度为50海里/时。

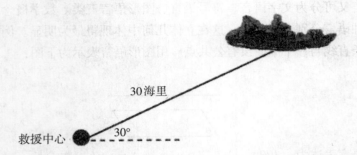

问题1：1号巡逻艇正位于救援中心正北方15海里处，且在渔船的正西方，若派它去，能否成功营救？请选择并用简要的语言叙述你的理由。（　　）

A.能　　　　　　　　B.不能

理由：

问题2：2号巡逻艇位于救援中心正东方向20海里处，那么派它去，能否成功营救？请选择并用简要的语言叙述你的理由。（　　）

A.能　　　　　　　　B.不能

理由：

二、提出数学命题与模型

数学抽象要求我们从事物的具体背景中抽象出一般的规律和结构，并用恰当的数学语言予以表达。数学命题与模型通常不只是对数学问题的陈述，还具有一定的工具性，可用于解决一类问题。通过提出数学命题与模型，养成一般性思考问题的习惯，把握事物本质，举一反三，以少应多，以简应繁，形成数学模型，用抽象的思维和方法解决数学问题。

1.数学命题与模型的基本认知

（1）数学命题与模型的概念

在一定范围内可以用语言、符号、式子表达的，可以判断真假的陈述句叫作命题。数学命题通常由条件和结论两部分组成，条件是已知事项，结论是由条件可以推出的未知事项，主要包括数学课程中的公式、公理、定理和法则等。一般把命题分为如下四类：定义型命题、公理、定理型命题、证明题。数学命题的特点主要表现为抽象性、符号性、逻辑性。

数学命题是数学概念与数学问题解决之间的桥梁。数学命题是数学课程的核心内容，因为它是数学逻辑与证明的基础，与数学概念、数学推理之间存在着密切的联系。同时，数学命题是数学概念的深化与拓展，在数学问题的解决中起着工具的作用。

数学模型是参照某种事物系统的特征或数量依存关系，采用数学语言，概括地或近似地表述出来的一种数学结构，这种数学结构是借助于数学符号构建出来的某种系统的纯关系结构。数学的最终目标是解决生产生活中的实际问题，而构建数学模型是解决问题的重要基础。建立模型就是针对一些对象，为了达到某种目的进行假设或者简化，运用数学工具获取数学结构，使用得到的数学结构来解释特定现象或者预测对象的未来发展等。

（2）提出数学命题与模型的意义

数学教学的主要内容包括概念、公理、定理、公式、数学思想等，而这些内容都与数学命题有关。命题是描述概念之间关系的语句，概念由命题揭示。数学中的公理、定理、公式、法则都属于数学命题的范畴，数学的许多思想方法都包含在数学命题的证明之中。通过数学命题的学习，不但可以培养学生的分析、综合运算能力，还能够提升学生的思维能力。

命题教学是最高效的培养学生的数学抽象素养和逻辑推理素养的方式，因为良好的命题教学设计，尤其是基于深度学习的命题教学设计，对锻炼学生的思维极为重要。同时，在数学命题的提出过程中，学生通过足够的时间和空间进行观察、实验、猜想、计算、推理与验证来形成自己的知识体系，因此，数学命题教学有利于培育学生核心素养。

高中数学教学的内容大都渗透了数学模型思想，例如分式是两个整式相除的数学模型，正负数则是相反意义的量的数学模型等。建立数学模型实际上就是用已经解决的问题、已经得到的结论去解决未解决的问题。从教学角度看，模型思想是一种解决数学问题的重要方式，因此高中数学教学中培养学生的模型思维具有理论意义和现实意义。

2.熟悉的情境，简单的问题

（1）相关水平认识

《课标》在附录1"数学学科核心素养的水平划分"的数学抽象素养水平一中，对提出命题与模型的要求是："能够在特例的基础上归纳并形成简单的数学命题；了解数学命题的条件与结论，能够在熟悉的情境中抽象出数学问题。"

从特殊到一般的归纳，就是正向思维的弱抽象，是数学抽象的最主要的一种形式。数学中的特例是非常重要的，这不仅是因为忽视特例可能会导致不易觉察的错误，更重要的是特例往往是研究、解决问题的起点和关键所在。数学方法中的归纳法就是由特例到一般的推理，特例常常是一般性结论的先导，一般情况是特例的发展与完善，从特例出发可进一步研究一般规律，掌握了一般规律，再用于特殊问题的解决，就是水到渠成的事情。

（2）实践研究

例题1-5　探究等比数列的对称性

目的： 通过特殊等比数列的项的特征，归纳出其对称性，并厘清其条件与结论。

情境： 数列 $\{a_n\}$ 中，$a_n = 2^n$。

$a_1 \cdot a_{10} = 2^1 \times 2^{10} = 2^{11}, a_2 \cdot a_9 = 2^2 \times 2^9 = 2^{11}, a_3 \cdot a_8 = 2^3 \times 2^8 = 2^{11}$。由此，你能得到什么一般性结论吗？若能，请证明。

解析：由上面的特例可得到等比数列的下述性质：

在有穷等比数列中，$a_1 \cdot a_n = a_2 \cdot a_{n-1} = \cdots = a_k \cdot a_{n-k+1}$（我们把它称为等比数列的对称性）。

证明：若此等比数列的公比 $q = 1$，则上述结论显然成立；

若公比 $q \neq 1$，则 $a_1 a_n = a_1 \cdot a_1 q^{n-1} = a_1^2 q^{n-1}, a_2 a_{n-1} = a_1 q \cdot a_1 q^{n-2} = a_1^2 q^{n-1}$，$\cdots$

所以 $a_1 \cdot a_n = a_2 \cdot a_{n-1} = \cdots = a_k \cdot a_{n-k+1} = a_1^2 q^{n-1}$。结论得证。

即：在有穷等比数列中，与首末两项"等距离"的两项之积等于首末两项的积。

（3）成果表述

在熟悉的情境下提出数学命题与模型的教学中，要重视以下几个问题。

①强化对命题的发现和探究的过程。大多数教师容易把教学的重心放在对命题的证明和应用上，如果命题的给出太突兀，没有创设适当的问题情境、没有结合学生原有的知识经验及认知发展水平或者没有联系学生的生活实际而直接给出数学命题，这会让学生在短时间内难以接受。这就是所谓的"填鸭式"教学。从深度学习的角度出发，应当经常问这两个问题：为什么要学习这个命题？这个命题是从哪里来的？这样，学生所学知识的连贯性和关联性就比较强，学习效果才明显。数学是现实世界抽象的产物，其抽象性，决定了学生在学习数学时的理解上的困难。因此，引导学生对数学对象的产生和发展的理解，即对数学知识的来龙去脉的理解，将会极大地提升学生对数学知识的理解。同时，数学知识的产生和发展的过程本身往往是数学家通过若干年（甚至若干代数学家通过几百年）的努力，其中所蕴含的科学与人文精神本身就是最好的教育素材。

②要对数学命题的本质进行深刻探究。曾经听过一位教师讲"基本不等式"时，先给出了它的三种证明的方法，以便让学生接受基本不等式的正确性，接着，举例讲解了它的应用，而把基本不等式的几何意义（几何解释）放在了这节课的最后5分钟。实际上，如果把基本不等式的几何意义放在前面，一开始就让学生从代数形式、几何形式，即数形结合的角度去观察、思考和理解基本不等式的话，可以更快速地让学生建立起新的数学命题的知识架构，从而更有效地加深对它的理解，并调动学生的学习积极性。这是因为，对数学对象的本质即内涵的探究，才能引导学生感悟数学的价值，激发学生学习数学的兴趣，提高数学教学的实效性，进而真正培育学生的数学学科核心素养。

3.关联的情境，较复杂的问题

（1）水平认知

《课标》在附录1"数学学科核心素养的水平划分"的数学抽象素养水平二中，对提出命题与模型的要求是："能够将已知数学命题推广到更一般的情形；理解数学命题的条件与结论。"

推广，就是要扩大事物使用的范围或起作用的范围。要把已知的数学命题推广，就是改变其作用的范围，对其条件或结论进行适当的延伸。这是一种正向思维的数学抽象。

（2）实践研究

"从特殊到一般，从具体到抽象"是人们认识复杂事物，探究其内在性质和规律的一般方法。特殊和一般是对立统一的，数学也被纳入这一规律的模式之中。"从特殊到一般"是一种重要的数学思想方法，即先观察一些特殊的案例，从个别现象出发，分析他们共同的特征，抽象其共性，然后得出一般性的结论，也就是归纳推理。这是一种命题范围由小及大的推理，本质是从已经被实践的东西推断出还未被实践的东西，因此归纳推理得到的结论是或然的，但是能够发现新的知识。得到这种具有或然性的结论是数学研究的根本。

生活中我们经常遇到求利润最大、用料最省、效率最高等问题，在数学中，这类问题通常称为最优化问题，在解决实际应用问题时，要把问题中所涉及的几个变量转化为函数关系，这需要通过建立数学模型完成。

例题1-6 探究函数图像的对称性

目的：对奇函数的图像关于原点对称这一性质的推广。

情境：我们知道，奇函数的定义为：如果对于函数 $f(x)$ 的定义域内任意一个 x，都有 $f(-x)=-f(x)$，那么函数 $f(x)$ 就叫作奇函数。由定义可知奇函数的图像关于原点对称。原点是一个特殊的点，其本质特征是关于点的对称关系。那么，如果是关于任意点 (a,b) 对称，又是什么样的呢？

解析：奇函数关于原点对称，从函数图像观察可知，就是函数中对应点的横坐标关于 y 轴对称，纵坐标关于 x 轴对称，由此我们猜测，是否关于任意点 (a,b) 的对称也就是函数上的对应点横坐标关于 $x=a$ 对称，纵坐标关于 $y=b$ 对称。根据对称的性质，横坐标关于 $x=a$ 对称，设其中一点的横坐标为 x，则另一个对称点的横坐标为 $-x+2a$；对应点的纵坐标分别为 $f(x),f(-x+2a)$，这两个纵坐标要关于 $y=b$ 对称，则有 $f(x)=-f(-x+2a)+2b$，整理可得 $f(a+x)-b=-f(a-x)+b$，这是我们分析和猜测的结果，要确定此关系式是否正确，我们需进行下一步的验证。

验证：奇函数关于原点对称，把 $a=0,b=0$ 代入 $f(x)=-f(-x+2a)+2b$ 中，可得 $f(-x)=-f(x)$，关系式成立；三角函数 $\sin x$ 关于 $(k\pi,0)(k\in\mathbf{Z})$ 中心对称，把 $a=k\pi,b=0$ 代入关系式中得：$\sin x=-\sin(-x+2k\pi)$，2π 是正弦函数的周期，关系式成立；正弦型函数 $y=A\sin(\omega x+\varphi)+b$ 关于 $(\frac{k\pi}{\omega}-\frac{\varphi}{\omega},b)$ 中心对称，把 $a=\frac{k\pi}{\omega}-\frac{\varphi}{\omega},b=b$ 代入关系式中得，$A\sin(\omega x+\varphi)+b=-A\sin\left\{\omega\left[-x+(\frac{2k\pi}{\omega}-\frac{2\varphi}{\omega})\right]+\varphi\right\}-b+2b$，化简得 $A\sin(\omega x+\varphi)+b=$

$-A\sin(-\omega x - \varphi) + b$，根据正弦函数的恒等变换可知，关系式亦成立。

从以上分析、推测和验证中可得函数 $f(x)$ 关于点 (a,b) 中心对称的概念：对于定义域内任意一个 x，都有 $f(x) = -f(-x + 2a) + 2b$，则称函数 $f(x)$ 关于点 (a,b) 中心对称。

由此我们可归纳出以下结论：

①若函数 $y = f(x)$ 满足 $f(x) = f(2-x)$，则函数 $y = f(x)$ 的图像关于 $x_0 = 1$ 对称；

②若函数 $y = f(x)$ 满足 $f(x) = -f(2-x)$，则函数 $y = f(x)$ 的图像关于（1，0）对称；

③若函数 $y = f(x)$ 满足 $f(a+x) = f(b-x)$，则函数 $y = f(x)$ 的图像关于 $x_0 = \frac{a+b}{2}$ 对称；

④若函数 $y = f(x)$ 满足 $f(a+x) = -f(b-x)$，则函数 $y = f(x)$ 的图像关于 $(\frac{a+b}{2}, 0)$ 对称；

⑤若函数 $y = f(x)$ 满足 $f(a+x) + m = -f(b-x) - n$，则函数 $y = f(x)$ 的图像关于 $(\frac{a+b}{2}, -\frac{m+n}{2})$ 对称。

（3）成果表述

将已知数学命题推广到更一般的情形的常用方法是类比联想。

最常用的两种类比方法：

①类比联想拓广性原则：在获得了某个特殊的结论后，再通过类比联想去拓广已有的结果，其关键在于使对象的类比关系明朗化。数学家拉普拉斯（1749—1827）曾说过："甚至在数学里，发现真理的主要工具是类比与归纳。"

我们根据两种对象的构造和性质在某些方面相似，推断这两种对象的构造和性质在其他一些方面也相似。这种类比方式可用框图表示如下：

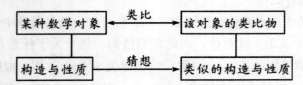

我们还可以把解决某个问题富有成效的经验或方法运用到与该问题类似的其他问题上去。这种类比方法可以用框图表示如下：

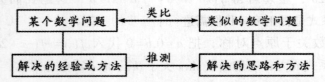

②结构关联对偶化原则：把一对数学模式按照对偶化原则联系起来，并从这个角度去进行新的研究。

例如，命题：当 2 个正数相等时，它们的乘积达到最大值。当 2 个正数相等时，它们的和达到最小值。

这两个命题在形式上显然是不相同的。但是，它们都建立在不等式

$\dfrac{a+b}{2} \leqslant \sqrt{ab}(a, b \in \mathbf{R}^+,$ 当且仅当 $a = b$ 时取等号)之上。所以，这两个命题事实上就存在一种（对偶）关系。一般来说，在这类共轭命题中，只要知道了其中的一个，我们就可以依据对偶的关系立即写出与之共轭的另外一个。

4.综合的情境，复杂的问题

（1）水平认知

《课标》在附录1"数学学科核心素养的水平划分"的数学抽象素养水平三中，对提出命题与模型的要求是："能够在得到的数学结论基础上形成新命题，能够理解数学结论的一般性。"

要在得到的数学结论的基础上形成新的命题，要研究三个方面：

一是新命题的一般性，即是否具有推广的价值；二是需要深入研究结论的本质，特别是对其使用条件进行严格的规定；三是对数学结论进行严格的证明，否则其一般性就不一定成立。

（2）实践研究

例1-7 行驶中物体与定点的距离问题

目的：在综合的生活情境中将问题数学化，并建立适当的数学模型解决问题。

如下图所示，某观测站 C 在城市 A 的南偏西20°的方向，从城市 A 出发有一条走向为南偏东40°的公路，在 C 处观测到距离 C 处31千米的公路上 B 处有一辆汽车正在沿着公路向城市 A 驶去，当行驶了20千米之后到达 D 处，根据实际的测量发现 C、D 两处的距离大约为21千米，请问此时的汽车距离城市 A 的距离是多少？

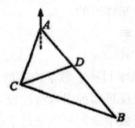

解析：根据题目可知，AD 所在的三角形为 $\triangle ACD$，在 $\triangle ACD$ 当中，题目已知的条件仅仅只有一条边和一个角，因此可以准确地推导出 CD 的长度是21千米，$\angle CAD = 60°$，接下来就应当借助其他三角形来解出另一条边或角。在 $\triangle BCD$ 当中，$BC = 31$ 千米，$CD = 21$ 千米，而 $BD = 20$ 千米，那么 $\cos B = \dfrac{20^2 + 31^2 - 21^2}{2 \times 20 \times 31} = \dfrac{23}{31}$，也就是说 $\sin B = \dfrac{12\sqrt{3}}{31}$，所以在 $\triangle ABC$ 当中，根据有关三角形定理可知，$\dfrac{AC}{\sin B} = \dfrac{BC}{\sin A}$，从而可得出 $AC = 24$ 千米。再将解题的思路放回到实际的 $\triangle ACD$ 当中，设所求边 AD 为 x，根据余弦定理可得：$CD^2 = AC^2 + AD^2 - 2AC \times AD \times \cos A$，代入已知数值可得：

$21^2 = 24^2 + x^2 - 2 \times 24 \times AD \times \frac{1}{2}$ ，化简可得： $x^2 - 24x + 135 = 0$ ，解出 $x = 15$ 。

（3）成果表述

《课标》指出："数学教学要紧密联系学生的生活实际，从学生的生活经验和已有的知识出发，创设有助于学生自主学习的、生动有趣的问题情境，引导学生通过实践、思考、探索、交流等活动，使学生通过数学活动，掌握基本的数学知识和技能，学会从数学的角度观察事物、思考问题，激发学生对数学的兴趣，以及学好数学的愿望。教学应该结合具体的数学内容采用'问题情境—建立模型—解释、应用与拓展'的模式展开。"在新课程概念的指导下，营造自主、合作、探究的学习氛围无疑就显得更加重要，而要成功营造这样一种学习氛围，数学问题情境的创设就成为教师们首先要考虑的一个重要的教学准备工作。

当然，任何数学模型的建构都离不开问题的数学化，"去除生活情境"是学生建构数学模型的前提与基础，也只有在求解环境得到"净化"后，学生才能顺利地捕捉到对解题有用的信息，从而从已有的认知网络中提取出有效的模型来化解问题。剥离生活情境，揭去了生活的"面纱"，留下了"纯真"的数学，学生直面数学化的问题，在核心知识的提取与整合过程中，已有的图文信息被融合到符合题意的数学模型之中，让问题解决和知能提升同步实现。这样的过程经历，丰富了学生的认知体验，使学生积累了宝贵的解题经验，提高了学生分析问题和解决问题的能力，如此教学应一以贯之地坚持下去。

从这个角度讲，数学不再是一个抽象的概念，而是一个生动的过程。学生数学核心素养的提高最终是通过数学思维来体现的。

5.提出数学命题与模型的教学

（1）注重教学内容的引入方式

在数学命题教学中，根据教学目标、教学内容的要求，以及各类数学命题的特点，对于不同的数学命题，教师需要反思哪种引入法比较合适，更能激发学生学习和探究的兴趣。例如，对于一些可操作的数学命题可以通过学生亲自动手实践操作引入。如在圆锥曲线的学习中，学习椭圆定义时，教师可以课前要求学生准备一根线和两颗图钉，课上引导学生利用准备的材料画出椭圆，让学生自己去发现椭圆的定义，然后根据椭圆的定义，学生利用求曲线方程的方法，通过建系、设点等一系列步骤自己推导出椭圆的方程。有些数学命题之间存在类似、相通的内在联系，教师还可以引导学生用类比法得出结论。如类比等差数列的定义、性质可以得到等比数列的定义及性质；类比椭圆的学习可以进一步了解双曲线、抛物线；有些数学命题与现实生活紧密相关，教师可以设计生活情境引入数学命题。如通过房价的增长、折纸的次数引入指数函数的定义。有些数学命题还可以通过矛盾引入。如通过 $\sin 60° = \sin(30° + 30°) \neq \sin 30° + \sin 30°$ ，推导一般情况下 $\sin(\alpha + \beta) \neq \sin\alpha + \sin\beta$ ，从而激发学生去探究" $\sin(\alpha + \beta) = ?$ "。

（2）注重教学和实际的联系

《课标》明确指出，教学应该加强和学生生活学习实际的联系，才能符合学生对数学知识的认知规律，深入培养学生对数学思想方法的理解能力。高中数学知识是比较抽象和晦涩的，如果将其与生活实际相联系，就能将抽象的知识转化为具体可感的例子，降低学生解决问题的难度，加深学生对数学方法的理解，激发学生对数学课程的兴趣。例如在讲解概率论的知识时，教师可以将学生常见的商场抽奖作为教学案例，让抽象的知识变得具体化，降低学习难度的同时，还能调动学生的好奇心和求知欲。

（3）重现知识形成过程

高中数学中的概念、定理是前人经过大量推理证明得到的，在课堂教学中，仅靠教师的讲解很难让学生深入认识这些结论，因此在教学中，教师可以组织学生重现当时的情境，让学生在身临其境的感受下理解、掌握这些概念和定理，让抽象晦涩的知识变得浅显易懂。通过建立相关数学模型，引导学生对重现过程中出现的问题进行分析，并将得到的答案和实际答案比较，分析其中的缺陷和错误。

三、形成数学方法与思想

数学思想是人们对数学知识和方法形成的规律性的理性认识和基本看法。数学的思想方法不仅是抽象的产物，其存在形式也是抽象的。数学思想方法的形成通常蕴含在数学概念与规则、数学原理、数学命题的抽象过程及数学问题的解决过程中[1]。

1.数学方法与思想的基本认知

（1）数学方法与思想的内涵

数学方法是指人们在参与数学活动时所使用的方式和手段。以方法为研究对象便产生了方法论，数学思想方法是对数学知识本质的认识，是人类从具体的数学内容中以及在数学的认识过程中提升的数学观点，在认识活动中反复被运用，并且带有普遍的指导意义，是建立数学体系和解决数学问题的指导思想。

（2）数学方法与思想的主要内容[1]

数学思想方法较之数学基础知识有更高的层次，有着观念性的地位。如果说数学知识是数学内容，可以用文字和符号来记录和描述，那么，数学思想方法则是数学意识，只能领会、运用，属于思维的范畴，用来对数学问题进行认识、处理和解决。数学思想方法与数学基本方法常常在学习数学知识的同时获得，应该领会它们在形成知识中的作用，然后对数学思想方法进行梳理、总结，逐个认识它们的本质特征、思维程序或者操作程序，逐步做到自觉地、灵活地施用于所有待解决的问题。实际上，数学中每一个问题的解决，几乎都要考虑到数学思想方法的运用。数学方法与思想的内容主要包括以下几个方面：

---

[1]史宁中，王尚志.普通高中数学课程标准（2017版）解读[M].北京：高等教育出版社，2018.

①从某些具体的数学认识过程中提炼出来的并在后续的认识活动中通过反复运用而证实正确的认识结果或观点；

②对数学的本质特征、数学与现实世界的关系以及数学的地位和作用、数学内部各部分之间对立统一关系的认识；

③关于数学概念、理论、方法的产生与发展规律的认识；

④重要的数学成果所显现的核心本质。

（3）高中数学中常用的思想方法

最常用的数学思想方法有：函数与方程思想、化归与转化思想、数形结合思想、分类与整合思想、特殊与一般思想、有限与无限思想和或然与必然思想。

当然，除了上面这七个高中常见的数学思想之外，还有其他很多的数学思想方法，例如类比的思想。运用类比的方法可以打破思维定式，甚至可以打破学科间的界限，通过偶然的发现去探索必然的结论。

（4）数学方法与思想的形成

教师作为教学的实施者，在教学各个环节中都应该呈现出数学方法和思想。主要从以下几方面来体现：

①在数学教学设计过程中挖掘数学思想方法。在教学设计过程中，数学教师把蕴含在教材中的数学思想方法提炼出来，其关键是在课堂教学中充分展示其提炼过程，让学生找到数学发现的着眼点，领悟数学创造的意图，掌握数学的研究范式。

②引导学生从不同内容、不同阶段体验思想方法。学生不可能通过一两节课就形成数学思想方法，同一种思想方法可能在不同的知识板块中出现，学生通过多次学习，对同一种思想方法的理解更深入。

2.熟悉的情境，简单的问题

《课标》将数学抽象的表现中的"形成数学方法与思想"的水平划分为水平一、二、三，下面分别予以论述。

（1）水平认知

《课标》在附录1"数学学科核心素养的水平划分"的数学抽象素养水平一中，对形成数学方法与思想的要求是："能够模仿学过的数学方法解决简单问题；能够在解决相似的问题中感悟数学的通性通法，体会其中的数学思想。"

模仿，就是照某种现成的样子学着做。通过反复模仿，学生就能把解决问题的方法真正烂熟于心，形成自己的解题方法；还能在模仿过程中，通过不断的思考与反省，发现其共性和它背后的数学本质，从而达到培育数学学科核心素养的目标。

通性通法是指解决一类具有相似性质的数学问题时所采用的具有某种规律性和普遍意义的常规模式和常用的数学解题方法。通性通法本身具有概括性（用一般形式解决特殊问题）、隐藏性（其关键在于要挖掘出隐藏在某一类相似问题内部的普遍规律）、发展性（可以不断地被完善）、相对性（相对于技巧性方法的特点和相对的适用范围）的特点。同时，从学习的层面来看，通性通法适用面广，易于学习和运用，是利用定式思维来解决问题的方法。因此，通性通法顺应了一般的思维规律，从它的来源到解决问题的过程均是自然、流畅的，容易被理解、掌握和运用。所以，通性通法受到高中学生的普遍欢迎。

通性通法一般是通过多题一解来形成和领悟的，即在解决一些相似的问题后，通过弱抽象这种正向思维的方法，发现其普遍的规律，并体会其中蕴含的数学思想。

（2）实践研究

例题1-8　集合的运算

目的：能够在解决相似问题的过程中感悟数学的通性通法，体会其中的数学思想。

情境：

1.学校小卖部进了两次货，第一次进的货是圆珠笔、钢笔、橡皮、笔记本、方便面、汽水共6种，第二次进的货是圆珠笔、方便面、铅笔、火腿肠共4种。问：两次一共进了几种货？

2.学校先举办一次田径运动会，某班有8名同学参赛。接着又举办了一次球类运动会，这个班有12名同学参赛。这个班这两次运动会都参赛的同学有3人。那么两次运动会中，这个班共有多少名同学参赛？

解析：这两个问题本质上都是研究集合中元素个数的问题，可归纳其求解的通性通法：

①用 $\text{card}(A)$ 表示有限集合 A 中元素的个数。对于任意两个有限集合 A,B，则 $\text{card}(A\bigcup B)=\text{card}(A)+\text{card}(B)-\text{card}(A\bigcap B)$。

②也可以用维恩图来求解。

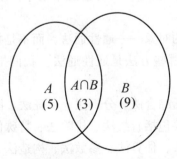

$$
\begin{array}{ccc}
A & A\cap B & B \\
(5) & (3) & (9)
\end{array}
$$

如上图，在图中对应于 $A\bigcap B$ 的区域里填上 3[因为 $\text{card}(A\bigcap B)=3$]，在 A 中且不包括 $A\bigcap B$ 的区域里填上 5[因为 $\text{card}(A)-\text{card}(A\bigcap B)=5$]，在 B 中且不包括 $A\bigcap B$ 的区域里填上 9 [因为 $\text{card}(B)-\text{card}(A\bigcap B)=9$]。然后，把这三部分中的数加起来得 17，即 $\text{card}(A\bigcup B)=17$。这种图解法对于解决一些比较复杂的问题（例如涉及三个以上集合的并、交的问题）更能显示出它的优越性。

两种方法均运用了数形结合的数学思想。

在熟悉的生活情境下，既容易在解决相似问题的过程中感悟数学的通性通法，体会其中的数学思想，还更容易模仿学过的数学方法解决简单问题。

例题1-9 婴儿性别与出生时间的关系问题

目的： 模仿"通过 2×2 列联表判断两个分类变量是否有关系"的方法。

情境： 调查在某段时间内某医院的婴儿出生的时间与性别的关系，得到下列的数据表。能否在犯错误的概率不超过 0.1 的前提下认为婴儿性别与出生时间有关系呢？

	晚上	白天	合计
男婴	24	31	55
女婴	8	26	34
合计	32	57	89

解析： 通过公式得 $k^2 = \dfrac{n(ad-bc)^2}{(a+b)(c+d)(a+c)(b+d)} \approx 3.689$ ，并且 $P(k^2 \geq 2.706) \approx 0.10$ ，而 $3.689 > 2.706$ 。

所以，可以在犯错误概率不超过 0.1 的前提下认为婴儿的性别与出生的时间有关系。

这个医学问题的研究，模仿了独立性检验的基本思想和方法。

（3）成果表述

①通性通法的主要内容。模仿是为了获得与已经解决过的问题相似的解答过程。模仿不仅可以增强个体的各种能力，同时也能帮助个体发现数学的规律，从而创造新的事物。

首先，要重视选择模仿的对象——通性通法，而不是技巧性的方法，以突现出其正面价值。因此，有必要厘清哪些方法是通性通法。我们把高中数学中的通性通法分成三类：

一是逻辑性方法，它包括综合法、分析法、反证法、同一法和类比法。

二是一般性方法，它主要包括直接法、排除法、特殊值法、换元法、定义法、公式法、向量法、斜率法、对立法、估算法、参数法、构造法、对称法、待定系数法、不完全归纳法、切线法、图像法和韦达定理法。

三是各知识板块中常用的方法，其中，函数、导数与不等式中主要有配方法、基本不等式法、分离法、判别式法、消元法、导数法、赋值法、放缩法、变换主元法、绝对值法、配凑法、比较法、标根法、有界性法、二分法、反函数法、倒序相加法；数列中主要有迭代法、累加法、累乘法、通和公式法、错位相减法、裂项法、分组求和法和数学归纳法；三角函数中主要有角的变换法、"1"的代换法、升降幂法和辅助角法；排列组合中主要有特殊优先法、插空法、捆绑法、枚举法和挡板法；解析几何中主要有设而不求法、点差法、相关点法与交轨法；立体几何中主要有坐标法、等积法与割补法等。

②模仿运用通性通法。在为解题带来方便的同时，模仿也是一把双刃剑。我们要注意警惕模仿可能带来的危害，即在模仿时由于惰性而缺乏创新，造成千篇一律。要尽最大努力从模仿走向创新，所以，在模仿运用通性通法的过程中要注意三个问题：

首先，要有明确的模仿的意识。古人说"上所施，下所效"，即学习就是一定程度上的模仿。学生在遇到新的数学情境与问题时，要明确地模仿以前解决过的类似问题的解题方法。特别是数学教师在课堂上，要旗帜鲜明地让学生模仿例题的解法、公式的推导方法等。

其次，要有明确的模仿目标。孔子说："择其善者而从之，其不善者而改之。"在数学课堂上主要表现为要善于甄别某种方法是否为通性通法。当然，通性通法有其发展性，即对不同水平的学生和对某一方法的不同理解与熟悉程度而言，通性通法也是相对的。某一个学生认为是技巧性的方法，对另一位学生而言，可能因为对其太熟练而信手拈来，从而化身为通性通法。

最后，还要探索模仿的方法。学习需要模仿，模仿也是学习。模仿的过程一般要经过注意、保持、动作再现与激发动机四个环节。要在模仿过程中反复探索这四个环节的优化方法。

3.关联的情境，较复杂的问题

（1）水平认知

《课标》在附录1"数学学科核心素养的水平划分"的数学抽象素养水平二中，对形成数学方法与思想的要求是："能够在新的情境中选择和运用数学方法解决问题；能够提炼出解决一类问题的数学方法，理解其中的数学思想。"

如果说水平一的要求主要是"模仿"，那么水平二则主要是"选择和提炼"。选择，是要从情境与问题入手，广泛联想，以获得多种可能的解题思路，再从中选择最简洁的方法解决问题。提炼，本义是指用化学或物理方法从化合物或混合物中提取所要的东西。这里，是指从相似的一类问题的解决方法中，归纳并发现其共性，寻求解决这类问题的通性通法。

（2）实践研究

例题1-10　点差法的提炼及其来源

目的：通过相似问题的解决，提炼出点差法，并进一步寻求方法的来源。

情境：分析下面两个问题的求解过程，总结它们的共同之处，将其提炼成通法。

问题1：斜率为2的椭圆 $\dfrac{x^2}{2}+y^2=1$ 的弦的中点的轨迹方程为（　　）。

A. $x+2y=0$ B. $x-2y=0$ C. $x-4y=0$ D. $x+4y=0$

问题2：定长为2的线段 AB ，其两端点在抛物线 $y=x^2$ 上移动，则线段 AB 中点 M 的轨迹方程是_____。

解析：

问题1：设弦的两端点分别为 $P(x_1,y_1),Q(x_2,y_2)$ ， PQ 的中点为 $M(x,y)$ ，则：$\dfrac{x_1^{\ 2}}{2}+y_1^{\ 2}=1,\dfrac{x_2^{\ 2}}{2}+y_2^{\ 2}=1$ 。两式相减得 $\dfrac{y_1-y_2}{x_1-x_2}=-\dfrac{x_1+x_2}{2(y_1+y_2)}$ ，所以 $k_{PQ}=-\dfrac{2x}{2\cdot 2y}$ ，而 $k_{PQ}=2$ ，所以 $x+4y=0$ 。所求弦的中点轨迹方程为 $x+4y=0$ （在椭圆内部分）。

问题2：设 $M(x_0,y_0),A(x_1,y_1),B(x_2,y_2)$ ，则 $y_1=x_1^{\ 2},y_2=x_2^{\ 2}$ ，两式相减，得 $\dfrac{y_1-y_2}{x_1-x_2}=2x_0=k_{AB}$ ，得 AB 的方程为 $y-y_0=2x_0(x-x_0)$ ，与抛物线方程联立得：$x^2-2x_0x+2x_0^{\ 2}-y_0=0$ ，所以 $x_1+x_2=2x_0,x_1\cdot x_2=2x_0^2-y_0$ ，由弦长公式得 $2=\sqrt{1+4x_0^{\ 2}}\cdot\sqrt{(x_1+x_2)^2-4x_1x_2}$ ，代入韦达定理，得 $(y_0-x_0^{\ 2})(1+4x_0^{\ 2})=4$ ，所以 AB 中点 M 的轨迹方程为 $(y-x^2)(1+4x^2)=4$ 。

两个问题的解法的共同之处：都把已知曲线上的两点的坐标分别代入曲线方程，再把两式相减，即可凑成类似于 $\dfrac{y_1-y_2}{x_1-x_2}$ 以及含 x_1+x_2,y_1+y_2 的式子，而 x_1+x_2,y_1+y_2 分别表示点 $A(x_1,y_1),B(x_2,y_2)$ 的中点横、纵坐标的2倍，从而求解。

结论：一般地，对焦点在 x 轴上的椭圆 $\dfrac{x^2}{a^2}+\dfrac{y^2}{b^2}=1(a>b>0)$ ，若斜率为 k 的直线交椭圆于点 $A(x_1,y_1),B(x_2,y_2)$ ，且弦 AB 的中点为 $M(x_0,y_0)$ ，由上述方法可得 $\dfrac{y_2-y_1}{x_2-x_1}\cdot\dfrac{y_0}{x_0}=-\dfrac{b^2}{a^2}$ ，所以 $k_{AB}\cdot k_{OM}=-\dfrac{b^2}{a^2}$ （ O 为原点）。我们把这种方法称为点差法。它可以用来解决与弦的中点相关的问题。这种方法中蕴含着数形结合、函数与方程的数学思想。

问题3：点差法的来源[①]

点差法的来源可追溯到圆。如下图，设 $\odot O$ 及弦 AB ，其中 AB 的中点为 M ，若弦 AB 所在直线与直线 OM 的斜率都存在，则 $k_{OM}\cdot k_{AB}$ 为一定值，且 $k_{OM}\cdot k_{AB}=-1$ 。

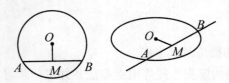

---

①周先华.高中数学解题方法[M].成都：电子科技大学出版社，2015.

椭圆 $\frac{x^2}{a^2} + \frac{y^2}{b^2} = 1(a > b > 0)$ 可以看成是由圆经过适当变换得来，那么椭圆中 $k_{OM} \cdot k_{AB}$ 是否仍为定值？能否求出定值？若设 $A(x_1, y_1), B(x_2, y_2)$，$k_{OM} = \frac{y_0}{x_0} = \frac{\frac{y_1 + y_2}{2}}{\frac{x_1 + x_2}{2}} = \frac{y_1 + y_2}{x_1 + x_2}$，

$k_{AB} = \frac{y_2 - y_1}{x_2 - x_1}$，怎样得到它们的积？显然，$k_{AB} \cdot k_{OM} = \frac{y_1 + y_2}{x_1 + x_2} \cdot \frac{y_2 - y_1}{x_2 - x_1} = \frac{y_2^2 - y_1^2}{x_2^2 - x_1^2}$，而把等式

$\begin{cases} \frac{x_1^2}{a^2} + \frac{y_1^2}{b^2} = 1, \\ \frac{x_2^2}{a^2} + \frac{y_2^2}{b^2} = 1 \end{cases}$ 两式求差即可得前式，所以，容易联想到把两点 A、B 坐标代入椭圆方程

中后求差，点差法由此得来。它也同样适用于其他圆锥曲线。

问题4：已知椭圆 $\frac{x^2}{16} + \frac{y^2}{4} = 1$ 内一点 $A(1, 1)$，求以 A 为中点的椭圆的弦所在的直线方程。（用点差法求解）

解析： 设弦的两端点为 $C(x_1, y_1), D(x_2, y_2)$，则 $\begin{cases} x_1^2 + 4y_1^2 = 16, \\ x_2^2 + 4y_2^2 = 16, \end{cases}$ 两式相减得

$\frac{y_2 - y_1}{x_2 - x_1} \cdot \frac{y_2 + y_1}{x_2 + x_1} = -\frac{1}{4}$，代入 $x_1 + x_2 = 2, y_1 + y_2 = 2$ 得 $k_{CD} = -\frac{1}{4}$。

则所求的方程为 $x + 4y - 5 = 0$。

（3）成果表述

低层次的数学学习所对应的是基础知识和技能，而数学思想方法的提炼则是数学学习的高层次。在数学学习的过程中，仅仅只是让学生明确数学概念、数学命题等基本知识是远远不够的，教师要更多地关注让学生体会通性通法的提炼过程，和蕴含于其中表层之下的数学思想。

提炼通法的方法主要有：

①从解决几个相似的问题的过程中，发现其共同点，从而归纳出解决这一类问题的通法；

②从解决某一个问题的不同解法中，发现其区别，从而提炼出解决这一类问题的不同思考方向的通法。

4.综合的情境，复杂的问题

（1）水平认知

《课标》在附录1 "数学学科核心素养的水平划分" 的数学抽象素养水平三中，对形成数学方法与思想的要求是："能够针对具体问题运用或创造数学方法解决问题；能够感悟通性通法的数学原理和其中蕴含的数学思想；在交流的过程中，能够用数学原理解释自然现象和社会现象。"

其中，数学原理是指数学中那些带有普遍性的、最基本的、可以作为其他规律的基础的规律或具有普遍意义的道理。例如，生活中有大量的最大值、最小值问题，其解决的通法常常是利用函数的单调性求最值，而求导数是研究函数单调性的通性通法。其中既蕴含着函数与方程的数学思想，又体现了"利用函数求最值"这一基本的数学原理。

（2）实践研究

例题1-11　数列求和

目的：通过等差数列求和公式的推导，总结在综合的数学情境下，提炼通性通法的方法，并感悟通性通法的数学原理和数学思想。

情境：《必修4》在《等差数列前 n 项和》一节，先介绍了高斯求解 $1+2+3+\cdots+100$ 时的思路，提出能不能将这种方法推广到求一般等差数列的前 n 项和。利用这种从特殊到一般的思想方法，学生自然而然地能模仿高斯求和的方法推导前 n 项的和。

$$S_n = a_1 + (a_1+d) + (a_1+2d) + \cdots + [a_1+(n-1)d] ①,$$
$$S_n = a_n + (a_n-d) + (a_n-2d) + \cdots + [a_n-(n-1)d] ②,$$
①+②得 $2S_n = \underbrace{(a_1+a_n)+(a_1+a_n)+(a_1+a_n)+\cdots+(a_1+a_n)}_{n个} = n(a_1+a_n)$ ，

因此得到等差数列 $\{a_n\}$ 前 n 项和的公式 $S_n = \dfrac{n(a_1+a_n)}{2}$ 。

请将这种求和方法进行推广。

解析：上述方法充分运用了"等差数列与首、尾等距的两项的和相等"，从而将求 S_n 转化为求"首尾两项和"。这种方法及思想也可用于具有类似性质的函数问题中。此方法蕴含了类比与归纳的数学思想。我们把这种方法称为"倒序相加法"：

若对 $\forall x \in \mathbf{R}$ ，有 $f(x)+f(a-x)=b$ （其中 a,b 均为实常数）恒成立，且 $x_1+x_n = x_2+x_{n-1} = x_3+x_{n-2} = \cdots = a$ ，则 $S = f(x_1)+f(x_2)+f(x_3)+\cdots+f(x_{n-1})+f(x_n)$ 的值，可利用倒序相加法求解。

第一步：把上式右边倒序排列得 $S = f(x_n)+f(x_{n-1})+f(x_{n-2})+\cdots+f(x_2)+f(x_1)$ ；

第二步：两式相加得

$2S = [f(x_1)+f(x_n)]+[f(x_2)+f(x_{n-1})]+\cdots+[f(x_n)+f(x_1)] = n[f(x_1)+f(x_n)] = nb$ ；

第三步得结果： $S = \dfrac{1}{2}nb$ 。

此方法的适用范围是：数列（或函数）求和问题，当它的与首末两项等距离的两项之和为定值时可用。

再应用倒序相加法解决下列问题：

①设 $f(x) = \dfrac{1}{2^x + \sqrt{2}}$ ，则 $f(-5)+f(-4)+\cdots+f(0)+\cdots+f(5)+f(6)$ 的值为(　　)。

A. 2　　　　　　B. 3　　　　　　C. $\sqrt{2}$　　　　　D. $3\sqrt{2}$

② 函数 $f(x)$ 对任意实数 x 都有 $f(x)+f(1-x)=\dfrac{1}{2}$。数列 $\{a_n\}$ 满足 $a_n=f(0)+f(\dfrac{1}{n})+f(\dfrac{2}{n})+\cdots+f(\dfrac{n-1}{n})+f(1)$。求数列 $\{a_n\}$ 的前 n 项的和。

③ $\sin^2 1°+\sin^2 2°+\sin^2 3°+\cdots+\sin^2 89°=$ _____。

（3）成果表述

①对通性通法的再认识。广义地看，数学方法是人们从事数学活动时所采用的方法。人民教育出版社蔡上鹤老师认为，数学方法是以数学为工具进行科学研究的方法，是人们用数学语言来表达事物的状态、关系及过程，经过推导、运算和分析以形成解释、判断和语言的方法。数学思想，是现实世界的空间形式和数量关系反映到人的意识之中，再经过思维活动所产生的结果，是对数学对象的本质的认识，是对具体的数学概念、命题、规律和方法等的认识过程中所提炼出来的基本观点和根本想法。

显然，数学思想要高于数学方法，而数学方法通常附属于数学思想，或者说是数学思想的附属品。例如，极限思想是整个微积分学的核心思想，而微积分的发展过程中所产生的各种数学方法、技巧就是极限思想的产物。掌握通性通法是掌握数学思想方法的必要基础，而学习通性通法的终极目标就是领悟其蕴含的数学思想，形成数学观念，达到学习数学思想方法的最高层次。

当然，通性通法具有相对性。我们习惯把使用时间长，适用面广，推理明晰、过程较长，容易被大多数人理解并掌握的，已被推广和公认的，具有普遍意义，运用定式思维方式来解决问题的解题方法称为通性通法。相反地，使用时间较短，适用面较窄，运算简单，过程短，较难理解且只有少数人掌握（即通常人们称之为难以想到的），未得以推广和公认，用创造性思维方式来解决问题的解题方法则被称为技巧性方法（或简称为巧法）。然而，在通性通法和巧法之间并不存在绝对的分界线。事实上，我们更应该灵活地理解通性通法和巧法。对通性通法的理解受到很多因素的影响，例如个体的解题水平、观察问题的角度、问题本身的结构等。通性通法蕴含着数学思想，体现了数学的原理；同时，通性通法具有相对性，既体现在通性通法与巧法的相对性，又体现在通性通法自身的发展性，通过一步步地提高通性通法的层次，可以拓展通性通法的适用范围，甚至创造出新的通性通法。

②形成数学方法与数学思想的教学。通性通法与数学思想的教学要回归自然，在教学中要注重让学生对通性通法的来源、生成与发展过程进行亲身体验，对数学思想要重在让学生感悟，真正做到让学生理解数学的本质。这主要通过强化概念教学，帮助学生理解通性通法的来龙去脉，从而使其数学思维清晰化和精确化。

形成数学思想方法的过程要循序渐进，尊重学生的认知规律，由易到难，由具体到抽象，在教学活动中一步步地实现通性通法的提炼；然后在反复应用通性通法的过程中，对通性通法的数学原理和它所蕴含的数学思想先有所感触，然后才能有所领悟，而不能追求快速的"解读"而由教师直接代劳得出结论。

要对通性通法的解题过程进行优化，培养数学思维的严谨性和深刻性。

四、认识数学结构和体系

数学抽象的表现的最高形式，是对数学结构和体系的认识。通过这种抽象，可以看清数学知识的发生和发展过程、数学理论体系的完善过程以及不同数学研究领域的相互联系和统一性。

1.数学结构与体系的基本认知

（1）高中数学的结构与体系的概念

①结构与体系。结构，就是各个组成部分的搭配和排列；体系，是指若干有关事物或某些意识互相联系而构成的一个整体。也可以理解为是结构的"结构"。

《课标》中提出了高中数学课程的四大目标："四基""四能"、发展学生的数学学科核心素养以及提高学生学习数学的兴趣。实现这些目标的基础是什么？是学生对数学的结构与体系的认识和建构。

对高中数学的结构与体系的认识，要基于课程标准所规定的课程目标和内容，以及高中学生的学情，要适应高中学生的认知特点，和他们进一步学习数学需要，并有利于促进学生的未来发展。这样，在教师的引导下，把一些零散的、相对独立的数学概念和规则、数学命题与模型、数学思想与方法等加以整合，使得它们形成具有联系的、动态而相对完善的数学系统，就构成了高中数学的结构与体系。

②高中数学的结构与体系的内容。《课标》中，把高中数学课程内容分成四条主线，即四个主题的内容：函数、几何与代数、概率与统计、数学建模和数学探究活动。这四条主线贯穿于必修、选择性必修和选修课程之中。每个主题下包含若干个单元（即专题），各个专题又包含着相互联系的知识点。这样，主题、单元和知识点构成了一个相互关联的网络结构。

因此，我们可以把高中数学的体系与结构分成三个部分：

陈述性内容。即那些对数学事实、概念、规则、关系、性质、命题、公理、定理、推论、原理等的说明、论证和引申。

结构性内容。数学学科的严密的逻辑性，决定了数学知识要按照一定的结构、方式构成层次分明、条理清楚的网络结构。高中学生要在积累足够的陈述性内容的基础上，对所掌握的知识进行重组与整合，使之形成一个一个的知识板块，再对这些知识板块进行再组织、分类与概括，按自己独有的理解形成一个有条理和层次的知识网络。这些复杂的组织结构，彼此之间独立而又有重叠，形成不同层次概念体现出的层级式结构、以概念的逐步发展出发的链式结构和在核心概念下构建成的中心——边缘式结构等形式。结构性内容是高中数学知识体系的核心。

策略性内容。课程标准要求"提高从数学角度发现和提出问题的能力、分析和解决问题的能力"，即要用所学知识解决问题。因此，高中数学结构与体系还应该包括解决问题的策略性内容。它主要包含解决数学问题的思想方法，例如化归与转化、函数与方程、数形结合、正难则反等思想。

三种内容互相联系，缺一不可，整合在一起，就形成了数学结构与体系。

《课标》中对数学抽象的表现中的"认识数学结构和体系"的水平划分仅仅出现在水平二和水平三之中，下面分别予以论述。

2.关联的情境，较复杂的问题

（1）水平认知

《课标》中的数学抽象素养水平二中，对认识数学结构和体系的要求为："能够（在关联的情境中）理解和构建相关数学知识之间的联系。"

联系，指彼此接上关系，即联络，它表达的是事物之间的有机关联。同时它也是一个哲学概念，指事物内部矛盾双方或事物之间所发生的关系。

事物的联系是普遍存在的、多种多样的。任何事物内部不同的部分和要素是相互联系的，同时，任何事物都不可能孤立存在，都同其他事物处于一定的相互联系之中，甚至整个世界都是相互联系的统一的整体。

因此，在《课标》对"认识数学结构与体系"的数学抽象的水平二的要求下，从体现数学学科核心素养的四个方面来看可做如下理解：

从情境与问题角度，它要求的是关联的情境，较复杂的问题；

从知识与技能角度看，其认知需求是"理解和构建"，属中等层次，其知识要求是相关数学知识之间的联系；

从思维与表达角度来看，强调理解与构建这个数学抽象的过程，并使用精确、简约的数学语言去表达；

从交流与反思的角度来看，是能用数学知识的联系的一般性解释具体的现象。

理解，就是"懂"的意思；而构建，是指抽象事物的建立。因此，要从知识的横向或纵向及应用的角度出发，梳理并理解知识之间的相同点和不同点，特别是知识点的内部矛盾双方和知识之间所发生的关系。

（2）实践研究

例题1-12 三角形的面积问题

目的： 通过生活中的面积问题，归纳高中阶段求三角形面积的各种方法，从而系统地描述三角形面积，理解求三角形面积的各个公式之间的关系。

情境： 成都市在城市环境建设中，要把一个三角形的区域改造成市内公园，经过测量得到这个三角形区域的三条边长分别为68 m，88 m，127 m，这个区域的面积是多少？

解析： 令 $a=68,b=88,c=127$ ，根据余弦定理的推论得 $\cos B = \dfrac{a^2+c^2-b^2}{2ac} =$

$\dfrac{68^2 + 127^2 - 88^2}{2 \times 68 \times 127} \approx 0.753\,2$ ，于是 $\sin B = \sqrt{1 - 0.753\,2^2} \approx 0.657\,8$ 。所以三角形面积

$S = \dfrac{1}{2} ac \sin B = \dfrac{1}{2} \times 68 \times 127 \times 0.657\,8 \approx 2\,840.4$ ，问题得解。

显然，这是已知三边求三角形面积的通法之一。结合初、高中已学内容，我们可以梳理求三角形面积的下述方法：

令 $\triangle ABC$ 的三个内角 A,B,C 所对的边分别为 a,b,c ，S 表示 $\triangle ABC$ 的面积，h_a 表示边 a 上的高，h_b 表示边 b 上的高，h_c 表示边 c 上的高，R 表示 $\triangle ABC$ 的外接圆半径，r 表示 $\triangle ABC$ 的内切圆的半径，p 表示 $\triangle ABC$ 的周长的一半，则

① $S = \dfrac{1}{2} a h_a = \dfrac{1}{2} b h_b = \dfrac{1}{2} c h_c$ ；

② $S = \dfrac{1}{2} bc \sin A = \dfrac{1}{2} ac \sin B = \dfrac{1}{2} ab \sin C$ ；

③ $S = \dfrac{abc}{4R}$ ；

④ $S = p \cdot r$ ；

⑤ $S = 4R^2 \sin A \sin B \sin C$ ；

⑥ $S = \sqrt{p(p-a)(p-b)(p-c)}$ （海伦-秦九韶公式）；

⑦三角形的面积向量公式：令 $\overrightarrow{CA} = a,\overrightarrow{CB} = b$ ，则 $S = \dfrac{1}{2}\sqrt{(|a| \cdot |b|)^2 - (a \cdot b)^2}$ 。

当然，还有其他很多可以计算三角形面积的公式，要想完全归纳是不可能的，但是这七个公式形式上均比较简单。这样的梳理，可让学生找到三角形的内切圆、外接圆、正弦定理、余弦定理、平面向量、三内角、三边及周长与面积之间的联系。这样，不仅丰富了学生的数学知识，还帮助他们理解了三角形面积与相关知识的联系，认识了数学结构与体系，培育了学生的数学抽象素养。

（3）成果表述

①认识数学结构和体系的抽象，主要有3种途径：

a.在高观点下对已学知识的系统梳理，这主要是从知识的纵深发展角度所做的梳理。例如从二项式定理角度来看，完全平方公式 $(a+b)^2 = a^2 + 2ab + b^2$ 是其特殊情况，即当 $(a+b)^n = \sum\limits_{k=0}^{n} C_n^k a^{n-k} b^k$ 中 $n = 2$ 时，而二项分布就是其通项公式。

b.系统描述某个数学领域的知识体系，这主要是从知识的横向联系角度所做的描述。例如在向量中，要建立向量与坐标、投影等之间的联系，并运用其解决几何中的证明与计算问题。

c.利用数学中的某些核心概念串联相关的知识，统一处理表面上不同的问题，这主要是从知识的应用层面进行梳理。例如利用距离公理分析两点间的线段长度（从数轴上的两点，到平面内两点，再到空间中两点），以及两异面直线间的距离、线面距离、两平面间的距离等问题。这样，学生对距离这个概念不仅仅有了更为一般性的认识，而且

可以看清楚其背后的数学结构。

②引导学生自主建构数学知识结构与体系的教学形式有：

a.以串联数学知识点的方式，建构单元数学知识结构。例如，在必修一第三章"函数的应用"教学结束后，可以引导学生归纳出本章的知识结构框图（如下图），这对于认识数学的结构起着至关重要的作用。

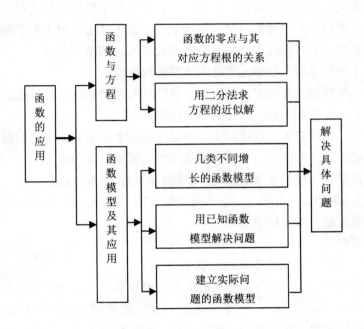

b.问题的一题多解。一题多解，既能加强学生对数学知识的关联能力，又能培育学生的发散和创造性思维，对正向思维的弱抽象、逆向思维的强抽象等素养的提高都有十分重要的作用。

c.问题的多题一解。多题一解，本质上是使用类比的方法，通过核心概念的内在联系，把一些表面上看似毫不相干的问题串联起来。

数学知识之间是有机联系的，具有严密性、系统性的特点。教师应逐步引导学生将平时积累的知识，通过一定的标准分类，使之条理化、系统化，并在对知识内在联系分析、比较的基础上，将所学的知识进行串联，形成知识的系统性，达到"学一点懂一片，学一片会一面"的目的。教师要引导学生在正常的学习中，将数学知识串联起来，使孤立的、分散的、繁杂的知识形成一个各部分有机联系的完整的知识体系，加深对所学知识的理解，举一反三、触类旁通。

3.综合的情境，复杂的问题

（1）水平认知

《课标》在附录1"数学学科核心素养的水平划分"的数学抽象素养水平三中，对认识数学结构和体系的要求是："能够通过数学对象、运算或关系理解数学的抽象结构，能够感悟高度概括、有序多级的数学知识体系。"

现代数学的发展，使数学对象变得日益符号化、抽象化、形式化、公理化。数学对象从本质上来自现实世界，那些表现为纯粹思想事物的数学形式和关系，是人类对现实世界的数学性质和规律的创造性的反映。它们可能以极度抽象的形式存在着，并通过各种复杂的反映方式，揭示现实世界的客观规律，推动科学数学化的进程。

数学运算，是指在明晰运算对象的基础上，依据运算法则解决数学问题的素养。它是数学学科核心素养的六大内容之一，是解决数学问题的基本手段。

数学关系主要反映的是数学元素之间的联系和性质。

知识体系是跟知识碎片相对应的概念，是高度有序的知识集合。也就是说，它由两部分组成：一是大量的知识点，二是有序的结构。

什么是有序？你一定见过这样的人：对某个领域非常精通，无论问他什么问题，他都能从你的话题切入，旁征博引，将大量的原理、机制、知识点……——娓娓道来，清晰而严谨。这就是有序——在他的脑海中，所有的知识点都连接在一起。他知道某一个知识点"应该放在哪里"，也知道"它会通向何方"。如果说知识碎片是一张张街景的速写，那知识体系就是一幅完整的地图。

（2）实践研究

例题1-13 含参一元二次不等式问题

目的： 以含参一元二次不等式的求解出发，引导学生完成对含参一元二次不等式的讨论，发现"三个二次"之间的关系，形成一元二次式的知识结构和求解一元二次方程、一元二次不等式和二次函数的问题的通法，积累数学探究的经验，在综合的数学情境下，认识和理解数学知识结构和体系。

情境： 求 $f(x)=(1-a)\ln x - x + \dfrac{ax^2}{2}$ 的单调区间。

解析： 分五种情况对参数 a 展开讨论。本问题的解决中涉及一元二次不等式的二次项系数的正负讨论、一元二次方程的两根大小的讨论，以及一元二次方程的根与定义域端点的大小比较等。当然，类似问题中，还可能存在二次方程有无实根的讨论。

从数学知识结构上，一元二次不等式、二次函数和一元二次方程三者之间的关系为：

判别式 $\Delta = b^2 - 4ac$	$\Delta > 0$	$\Delta = 0$	$\Delta < 0$
二次函数 $y = f(x) = ax^2 + bx + c$ $(a>0)$ 的图像			

续表

判别式 $\Delta = b^2 - 4ac$	$\Delta > 0$	$\Delta = 0$	$\Delta < 0$
一元二次方程 $ax^2 + bx + c = 0$ $(a>0)$ 的根	有两相异实根 $x_1, x_2 (x_1 < x_2)$	有两相等实根 $x_1 = x_2 = -\dfrac{b}{2a}$	没有实数根
一元二次不等式 $ax^2 + bx + c > 0$ $(a>0)$ 的解集	$\{x \mid x < x_1 \text{或} x > x_2\}$	$\{x \mid x \neq -\dfrac{b}{2a}\}$	$\mathbf{R}$
一元二次不等式 $ax^2 + bx + c < 0$ $(a>0)$ 的解集	$\{x \mid x_1 < x < x_2\}$	$\varnothing$	$\varnothing$

从解题方法体系上，所有二次函数、一元二次方程与一元二次不等式问题均可利用二次函数的图像来研究，即把求一元二次方程与一元二次不等式问题均转化为二次函数的图像问题求解。求解时要从下面四个角度去观察：

①看开口方向（由二次项系数的正负确定）；

②看判别式的正负（由图像与 x 轴的交点的个数确定）；

③看对称轴与区间端点的位置关系（由图像的单调性、最值点确定）；

④看特殊点（一般指区间的端点）的函数值的正负。

从分类讨论的优先顺序来看，一般应先讨论开口方向，再讨论二次方程是否有根，接着讨论两根的大小，最后才讨论根与区间端点大小。

（3）成果表述

学生通过高中数学的学习，能够在各种情境中抽象出数学概念、命题、方法和体系，积累从具体到抽象的数学活动经验，并在日常生活中养成一般性的思考问题的习惯，准确地把握事物的本质，并运用数学抽象的思维方法来思考和解决问题，是《课标》对数学学科核心素养的基本要求之一，即"用数学的眼光观察世界"。梳理和认识数学结构与体系，可以有下面这些策略：

①单元复习，梳理知识，形成数学知识网络结构。单元复习，可以是一个很小的单元，例如几个小节的内容，甚至就一个小节的内容；也可以是一个章节的内容，或者几大章节的内容，或者一本教材的内容等。单元复习中，可以引导学生回忆知识点，特别是主干的、核心的知识点，并用知识结构图表示出来以强化其结构特征。这样，就能形成学生对某个数学领域的知识结构的比较系统的描述从而形成对数学结构与体系的理解。

②微专题复习，纵向延伸，高观点下对已学数学知识的系统梳理。微，就是"小"的意思。专题，就是针对某个特定的问题设计成的课题。因此，微专题复习，就是选取一个针对性强的、很小的数学知识点展开复习。例如前文对含参数的一元二次不等式的

讨论、多面体的外接球问题、二元变量代数式的最值问题、圆锥曲线的离心率的求法、椭圆中的定点问题、抛物线的定值问题、三角形的面积求法等等，都容易纵向延伸，把从初中甚至小学阶段开始学的数学知识，以更高的观点，全新的方式重新认识它们，从而形成这些知识的新的结构。

③微专题复习，通性通法提炼，利用核心概念串联知识点，用相同方法处理表面上不同的问题。微专题复习的另一种有效的方式就是以研究解题方法和思想为核心，把表面上几乎不相关的问题联系起来，观察、分析它们的共性，再回归到某一个核心的概念上或方法、思想上，从而求解。

第三节　培育数学抽象核心素养的课堂实录

教学内容：人教 A 版选修 2-3，1.1 节 "分类加法计数原理与分步乘法计数原理"（第一课时）。

教材赏析：两个计数原理是人类在大量的实践经验的基础上归纳出的基本规律，是解决计数问题的最基本、最重要的方法，它们不仅是推导排列数、组合数计算公式的依据，而且其基本思想方法也贯穿在解决本章应用问题的始终，在本章中是奠基性的知识。由于排列、组合及二项式定理的研究都是作为两个计数原理的典型应用而设置的，因此，理解和掌握两个计数原理，是学好本章内容的关键。

从认知基础的角度看，两个计数原理实际上是学生从小学就开始学习的加法运算与乘法运算的拓展应用，是体现加法与乘法运算相互转化的典型例证。从思想方法的角度看，运用分类加法计数原理解决问题是将一个复杂的计数问题分解为若干 "类别"，再分类解决；运用分步乘法计数原理解决问题则是将一个复杂的计数问题分解为若干 "步骤"，先对每个步骤分类处理，再分步完成。综合运用两个计数原理就是将综合问题分解为多个单一问题，再对每个单一问题各个击破。也就是说，两个计数原理的灵魂是化归与转化的思想、分类与整合的思想和特殊与一般的思想的具体化身。

从数学本质的角度看，以退为进，以简驭繁，化难为易，化繁为简，是理解和掌握两个计数原理的关键，运用两个计数原理是知识转化为能力的催化剂。本节课从两大计数原理的得来入手，让学生从数学情境中抽象出两大原理，并运用它们以更简洁的方法解决新的数学问题，在此过程中体会数学概念与规则的获得、数学命题与模型的提出，感悟数学思想与方法的形成，并认识数学结构与体系。

一、情境创设，提出问题

师：中国梦，航天梦。近年来，我国科技发展突飞猛进，"神十"的发射更是让世人瞩目，下面我们就一起来回顾这令人激动的时刻。

（播放视频："神十"升天，飞入太空。）

师："神十"升天，国人欢呼，世界瞩目。你知道它的"身份证号码"吗？它的国际编号为2013-029A。

师：人造天体的编号规则有这样几条：

①发射年份+四位编码；

②四位编码前三位为阿拉伯数字，第四位为英文大写字母；

③前三位数字不能同时为0；

④英文字母不得选用I，O（I易与1混淆，O易与0混淆）。

师：按照这样的编号规则，2013年的人造天体所有可能的编码有多少种？

学生略做思考。

师：欣赏完激动人心的视频，我们来看看这个问题的设问方式，"按照这样的编号规则，2013年的人造天体所有可能的编码有多少种？"这就是一个典型的计数问题。所谓计数就是数数。其实类似的问题有很多，幼儿园时我们数有多少只鸭子？我们班有多少同学？甚至我们穿的校服上衣和裤子有多少种不同的搭配种数等等，我们将这种方法数的计算问题都称之为计数问题，即计算完成一件事的方法数的问题。

师：小时候，我们是怎么数的呀？

生：一个一个地数。

师：当这个数很大时，列举的方法很难实施。比如，刚才这个问题"一个一个地去数"可以吗？比较复杂。看来我们有必要探究更有效的计数方法。

今天我们先来学习计数问题中两种最基本、最重要的方法。

课例赏析：创设情境，提出问题。教师通过播放"神十"升天，飞入太空的视频，勾起学生的爱国热情和学习兴趣。然后从"神十"的"身份证号码"出发，引出人造天体的编号问题，通过问题设疑，引导学生在不断思考中获取两个计数原理的发现过程。

创设恰当的情境，把创设合适的教学情境和提出合适的问题置于教学活动的每一个环节，真正形成和发展数学学科核心素养，有利于提高学生对数学的兴趣和学习数学的积极性，这样的教学才是理想的数学教学。创设合适的情境与问题，是发展数学学科核心素养的必要条件。同时，以核心素养的培育为目标的情境创设与问题设计，被赋予了新的教学功能——不同的情境与问题对应于不同的素养组合及其水平级别。

二、触动与尝试

师生共同探究，得出分类加法计数原理。

师：这个问题研究四位编码，比较复杂，怎么办？我们不妨先退回来研究一位、两位的情形，从中探索出规律，从而解决四位的情形。

师：请看下面的3个问题。

问题1：如果用一个大写的英文字母或一个阿拉伯数字给卫星编号，那么总共能够编出多少种不同的号码？

问题2：从甲地到乙地，可以乘动车，也可以乘汽车。一天中，动车有5班，汽车有6班。那么一天中乘坐这些交通工具从甲地到乙地共有多少种不同的走法？

问题3：这两个计数问题有什么共同特点呢？

学生思考，并列成表格，根据共性总结成一个命题，即如果完成一件事有两类不同方案，在第一类方案中有 m 种不同的方法，在第二类方案中有 n 种不同的方法，那么完成这件事共有 $N = m + n$ 种不同的方法。

师：根据特点给它起个名字，就叫分类加法计数原理。

师：原理是在大量观察的基础上经过归纳、概括而得出的基本规律。同学们还要特别注意，这里的关键词是"完成一件事""分类""加法""每类中的任一种方法都能独立完成这件事"。

师：同学们试一试，能用自己得到的原理解决具体的问题吗？

师：在填写高考志愿时，一名高中毕业生了解到，A，B两所大学各有一些自己感兴趣的强项专业，具体情况如下表。

问：如果这名同学只能选一个专业，那么他共有多少种选择呢？

A大学	B大学
生物学	数 学
化 学	会计学
医 学	信息技术学
物理学	法 学
工程学	

学生思考后举手主动回答：（1）共5+4=9（种）。

师：如果还有C大学呢？请看变式——在填写高考志愿时，一名高中毕业生了解到，A，B，C三所大学各有一些自己感兴趣的强项专业，具体情况如下表。

A大学	B大学	C大学
生物学	数 学	新闻学
化 学	会计学	金融学
医 学	信息技术学	人力资源学
物理学	法 学	
工程学		

问：如果这名同学只能选一个专业，那么他共有多少种选择呢？

学生思考后举手回答：共有5+4+3=12（种）。

师：看来加法原理不仅对完成一件事有两类不同方案的情况适用，也对分三类方案的情况适用，对分 n 类的情况同样适用。

师：一般地，如果完成一件事有 n 类不同方案，在第1类方案中有 m_1 种不同的方法，在第2类中有 m_2 种不同的方法 …… 在第 n 类中有 m_n 种不同的方法，那么完成这件事共有 $N = m_1 + m_2 + \cdots + m_n$ 种不同方法。

师：下面，我们看大家能否用这个原理解决更复杂的问题！

课例赏析：师生共同对实例进行探究，从以退为进的实例出发，通过先"两类"后"多类"，最后归纳出原理。让学生通过对两个来自于实际生活情境中的问题的共性的研究，发现分类加法计数原理。体现从特殊到一般的同向思维的弱抽象，是数学抽象素养形成的最主要形式，是获得数学概念与规则的最重要方法。分类加法计数原理的形成，也是初步提出数学命题与模型的过程，两者均是数学抽象的重要表现。

显然，知识的生成过程是这节课的重点。让学生亲自参与数学概念与规则的形成过程，而不是直接照搬教材结论，然后靠大量重复训练来达到强化记忆的效果。

学生的数学学科核心素养水平的达成不是一蹴而就的。要积累基本的数学活动经验，真正实现以学生为主体的课堂，从而使学生提高数学学习兴趣、增强学好数学的自信心、养成良好的数学学习习惯、发展自主学习能力，从而促进学生数学学科核心素养的不断提升。

三、牵动与协作

类比转化探究，得出分步乘法计数原理。

师：我们再来看2个问题。

问题4：如果用前六个大写英文字母中的一个和1~9九个阿拉伯数字中的一个，组成形如 A_1,B_2 的编码给卫星编号，那么总共能编出多少个不同的号码？

问题5：从甲地到丙地，要从甲地先乘动车到乙地，再于次日从乙地乘汽车到丙地。一天中，动车有3班，汽车有2班，那么乘坐这些交通工具，从甲地到丙地共有多少种不同的走法？

学生先思考上面两个问题，再小组分享，由小组代表分别回答问题4、5。

师：类比加法计数原理，归纳问题4和问题5的共同特点，我们可以得到什么结论？

学生思考后举手回答，得出下述结论：

如果完成一件事需要两个步骤，做第1步有 m 种不同的方法，做第2步有 n 种不同的方法，那么完成这件事共有 $N = m \times n$ 种不同的方法。

师：我们称它为分步乘法计数原理。同学们还要特别注意，这里的关键词是"完成一件事""分步""乘法""每步中的任一种方法都不能独立地完成这件事,只有各个步骤都完成才算做完这件事情"。

师:下面我们看看怎样利用分步乘法计数原理解决问题。

我班有男生28名,女生21名,现要从中选出男、女生各一名代表班级参加公益活动,共有多少种不同的选法?

学生思考后,教师解答。

师:再思考其变式问题——我班有男生28名,女生21名,任课老师10名,现要从中选出男、女生各一名代表班级参加公益活动,还要从中选派1名老师作领队,组成代表队,共有多少种不同选法?由此又可以得到什么结论呢?

学生先思考并完成变式后再小组讨论,归纳结论。

学生小组代表回答:一般地,如果完成一件事要 n 个步骤,做第1步有 m_1 种不同的方法,做第2步有 m_2 种不同的方法……做第 n 步有 m_n 种不同的方法,那么完成这件事共有 $N = m_1 \times m_2 \times \cdots \times m_n$ 种不同方法。

师:我们已经归纳了两个计数原理,他们的共性是为了计数,区别是因为问题特征不同,有时需要分类,有时需要分步。希望大家以后用这两个原理解决问题时,能清楚地用原理表达完成一件什么事,怎么完成,是分步还是分类完成。

课例赏析:师生共同对实例进行探究,并由学生归纳出原理。先"分类"后"分步",先"加法"后"乘法",逐步过渡,引导学生在加法与乘法相互转化的过程中提炼归纳两个计数原理。在此过程中,体现从特殊到一般的同向思维的弱抽象,是数学抽象素养形成的最主要形式,是获得数学概念与规则的最重要方法。

同时,从分类加法计数原理到分步乘法计数原理,体现类比联想的数学抽象的同向思维过程,同时也是提出数学命题与模型的方法。在这种从具体实例到两大抽象原理的形成过程中,还可以让学生感悟从特殊到一般的数学思想方法。

数学思想是人们对数学知识与方法形成的规律性的理性认识和基本看法,它既可以是从某些具体的数学认识过程提升而来,再在后续的认识活动中通过反复运用而证实正确的认识结果,又可以是对数学本质和特征、数学与现实世界的关系以及数学的地位和作用、数学内部各部分之间的关系的认识。数学的思想方法是抽象的产物,其存在形式也是抽象的。其形成通常蕴含于数学概念与规则、命题的抽象过程及数学问题的解决过程中。

四、律动与整合

师:下面我们来做几个练习。

练习1:书架的第1层放有4本不同的数学书,第2层放有3本不同的语文书,第3层放有2本不同的化学书。

（1）从书架的第1、2、3层各取一本书，有多少种不同取法？

（2）从书架中任取1本书，有多少种不同的取法？

（3）从书架中取2本不同学科的书，有多少种不同的取法？

学生解答上面三个问题，再由学生举手展示。

师：还记得人造天体编号的问题吗？请同学们试一试，我们现在能解决了吗？请看练习2。

练习2：(引例回放)"神十"的国际编号为2013–029A。人造天体的编号规则有：

①发射年份+四位编码；

②四位编码前三位为阿拉伯数字，第四位为英文大写字母；

③前三位数字不能同时为0；

④英文字母不得选用I，O（I易与1混淆，O易与0混淆）。

根据这样的编号规则，2013年的人造天体所有可能的编号有多少种？

学生思考并在学案上作答，然后由学生主动在展示台讲解，其他学生补充，教师评价。

师：下面继续完成练习3。

练习3：某座山，若从东侧通往山顶的道路有3条，从西侧通往山顶的道路有2条，那么游人从上山到下山共有多少种不同的走法？

学生在学案上作答，然后由学生主动在展示台讲解，其他学生补充，教师评价。

师：你能举出生活中或其他学科中的运用两个原理的计数问题吗？

学生举手回答：如汽车牌照，身份证后4位，从综合楼1楼到4楼……

数学来自生活，又应用于生活。生活丰富多彩，世界奥秘无穷，在知识的天空里，让我们借助数学的力量，像"神十"一样展翅飞翔吧！

课例赏析：通过反复演练与反馈，强化两大计数原理的规律，巩固提升。从选择两个原理解决计数问题的关键出发，通过"各取""任取"等关键词的辨别，引导学生真正弄清"完成一件事"的具体含义，领会准确区分"分步"和"分类"的要领。

大量的学生活动，如独立思考与练习，分组合作学习，小组展示与分享、交流本身就是数学学习兴趣的培养与发展，让素养的培养在学习的体验过程中实现。

素养不是知识，知识的积累是素养形成的必要而不充分条件。怎样让知识的学习过程成为素养的形成过程？其首要的是改变知识观，不要再把知识当作客观真理或固定事实，而是要使其成为探究的对象和可利用的资源，让知识成为教学探究活动的副产品。即知识是过程，而非产品。两大原理的应用，就是体现从一般到特殊的强抽象，是逆向思维的数学抽象方式。它往往能发现原命题中的前提是否为相应结论的充要条件，可以加深对有关概念的本质特性的认识，从而促进概念的精确化；在解决问题过程中，对数学对象的本质进行深入探究，以强化对所获得的数学概念与规则的认识。在进行两大原理应用的过程中，通过研究、总结他们各自不同的适用范围，训练数字抽象思维中的悖向思维能力；在命题的辨析过程中，通过类比分析，寻求其异同，体现数学审美思维能力中的对称性、简单性、统一性和奇异性。

五、跃动与反思

师：请大家在小组内分享一下这一节课上你最大的收获有哪些。

学生思考、分享、交流。

师：我们今天探讨了一个问题，就是如何计数，得出了计数方法的两个原理。这两个计数原理是怎么来的？

生：是我们从实际生活中归纳出来的。

师：那么应用这两个计数原理的关键是什么？

生：就是关注它们的应用场合，有的要分类，有的要分步，有的既要分类又要分步。

师：这两个计数原理的不同点有哪些？

生：分类加法计数原理中每类中的任一种方法都能独立地完成这件事；分步乘法计数原理中，每步中的任一种方法都不能独立地完成这件事，只有各个步骤都完成才算做完这件事情。

它们的异同点如下表：

	分类加法计数原理	分步乘法计数原理
相同点	用来计算完成一件事的方法种数	
不同点	分类、相加；每类方案中的每一种方法都能独立完成这件事情	分步、相乘；每步依次完成才算完成这件事情（每步中的任一种方法都不能独立完成这件事）
注意点	类类独立，不重不漏	步步相依，缺一不可

课例赏析：归纳小结，认知升华。从放手让学生自主小结出发，再通过提纲挈领的表格式小结，引导学生进一步加深对两个计数原理本质的认识。通过归纳、总结和思辨，形成解决计数问题基本方法的较为完整的数学知识结构与体系。

第二章

培育直观想象核心素养

第一节　直观想象的内涵与价值

一、直观想象的内涵

直观想象是指借助几何直观和空间想象感知事物的形态与变化，利用空间形式，特别是图形，理解和解决数学问题的素养。主要包括：借助空间形式认识事物的位置关系、形态变化与运动规律；利用图形描述、分析数学问题；建立形与数的联系，构建数学问题的直观模型，探索解决问题的思路。

1.借助空间形式认识事物的位置关系、形态变化与运动规律

在具体的数学情境中，能够建立实物的几何图形，体会图形与图形、图形与数量的关系，体会图形的运动规律。在具体的数学情境中，能够借助图形性质发现数学规律；能够描述简单图形的位置关系和度量关系及其特有性质。在具体的数学情境中，能够通过直观理解数学问题；能够用图形描述和表达数学问题，启迪解决问题的思路，能够利用图形的直观进行交流。

2.利用图形描述、分析数学问题

能够在实际和数学情境中，想象并构建相应的几何图形，借助图形提出数学问题，发现图形与图形、图形与数量的关系，探索图形的运动规律。能够掌握研究图形与图形、图形与数量关系的基本方法；能够借助图形性质探索数学规律；能通过计算、分析、论证，解决实际问题或数学问题。能够通过想象提出数学问题；能够用图形探索解决问题的思路。在交流的过程中，能够利用直观想象探讨数学问题。

3.建立形与数的联系，构建数学问题的直观模型，探索解决问题的思路

能够在科学情境中，借助图形，通过想象提出数学问题，构建数学模型。能够综合利用图形与图形、图形与数量关系，建立数学各分支之间的联系；能够借助直观想象建立数学与其他学科的联系，并形成理论体系的直观模型。能够通过想象对复杂的数学问题进行直观表达，反映数学问题的本质，形成解决问题的思路。在交流的过程中，能够利用直观想象探讨科学问题的本质及其与数学的联系。

二、直观想象的学科教育价值

直观想象是发现和提出问题、分析和解决问题的重要手段，是探索和形成论证思路、进行数学推理、构建抽象结构的思维基础。

直观想象主要表现为：建立形与数的联系，利用几何图形描述问题，借助几何直观理解问题，运用空间想象认识事物。

通过高中课程的学习，学生能提升数形结合的能力，发展几何直观和空间想象能力；增强运用几何直观和空间想象思考问题的意识；形成数学直观，在具体的情境中感悟事物的本质。

几何直观是影响中小学生数学核心素养培育的重要因素之一，培养和发展学生的几何直观，是数学课程"图形与几何"领域的核心目标之一。培养和发展学生的几何直观，需要依托数学课程的每个领域，不仅仅是"图形与几何"领域的任务。同时，有效的培养工作必须依托具体的数学课程教学，落实在课程内容之中、课堂教学细节之中。为此，教师具有培养学生几何直观的自觉意识是重要的，而将几何直观的培养自始至终落实在数学教学的每个环节，是更为重要的。这种工作以保护学生先天的几何直观的潜质作为前提，以有效提升学生的几何直观水平作为目标，最终形成针对几何的敏锐洞察力和深厚的数学素养。

数学学科本身就是一门对空间形式和数量关系专门进行研究的科学，对空间形式进行研究，其实就是对图形的形状、结构以及位置关系进行研究，直观想象能力是这其中必须要运用到的能力。直观想象能力作为数学教学中需要培养的学生基本能力之一，它的意义非常重大。

第二节　基于直观想象素养表现的实践研究

一、利用图形描述数学问题

在高中数学教材设计中，有许多借助图形直观描述数学问题的例子，下面不妨从两个方面来分析如何借助几何直观描述数学问题。

1.熟悉的情境，简单的问题

从学生认知维度来挖掘教材，努力将教材的"学术形态"改造为"教育形态"，将教师的教学语言转化为学生的学习语言，借助于熟悉的情境和具体直观，清晰描述数学问题。

（1）在集合的基本运算教学中，要能使用维恩图或者数轴分析集合的基本关系与基本运算，体会图形对理解抽象概念的作用，比如对定理 $card(A \bigcup B) = card(A) + card(B) - card(A \bigcap B)$ 的理解，我们就可以借助维恩图形成直观的认识。通过维恩图可以直观地理解集合间的关系、集合的运算。

（2）在探究函数单调性、奇偶性时，首先从学生熟悉的一次函数 $f(x)=x$ 和二次函数 $f(x)=x^2$ 的图像呈现的升降和对称直观认识到一类函数具有的图形特征，进而抽象为代数特征，得到函数单调性和奇偶性的定义。探究发现的方法就是从学生熟悉的函数图像入手，去描述这一类函数具有的共同特征，从而发现函数这一性质。事实上，借助函数图形去发现、分析并解决问题，是一种重要的研究方法，比如利用函数图像分析函数的零点、方程的根等问题，在实际生活中，也常常建立函数模型，去分析变化趋势，比如股票、气温变化等。

（3）在统计中，我们主要解决两个问题，一个是从总体中获取一个样本，另一个是如何利用样本估计总体。在分析样本数据时，我们往往可以借助频率分布直方图整理数据，从而能更加直观地分析样本分布，进而估计总体分布。

（4）在分析探究一元二次不等式的解时，利用函数思想，借助初中学生已建构的二次函数知识体系，利用二次函数的图像，直观求得一元二次不等式的解。

（5）在研究平均值不等式时，首先从第24届国际数学家大会的会标引入，引导学生分析该几何图形中的一些等量关系和不等量关系，从中抽象出 $a^2 + b^2 \geq 2ab(a,b \in \mathbf{R})$，进而引入基本不等式 $\frac{a+b}{2} \geq \sqrt{ab}(a,b \in \mathbf{R}^+)$，同时教材以学生初中所学圆的知识：弦长不大于直径，让学生进一步形成对基本不等式的直观认识（如下图）。

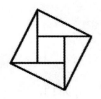 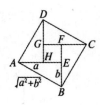 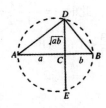

总之，直观想象是发现和提出数学问题、分析和解决数学问题的重要手段，是探索和形成论证思路、进行逻辑推理、构建抽象结构的思维基础。

2.关联的情境，较复杂的问题

通过实践与探索总结如何利用图形描述数学问题，具体从一些实际问题的求解中，引导学生利用图形描述数学问题，发展学生的几何直观，培育学生的直观想象素养。

例题 2-1 已知 α，β 是三次函数 $f(x) = \dfrac{1}{3}x^3 + \dfrac{1}{2}ax^2 + 2bx$ 的两个极值点，且 $\alpha \in (0,1)$，$\beta \in (1,2)$，则 $\dfrac{b-3}{a-2}$ 的取值范围是（ ）。

A. $\left(-\infty, \dfrac{2}{5}\right)$ B. $\left(\dfrac{2}{5}, 1\right)$ C. $(1, +\infty)$ D. $\left(-\infty, \dfrac{2}{5}\right) \cup (1, +\infty)$

解析： 本题有两个关键突破点。

第一：引入二次函数描述二次方程 $x^2 + ax + 2b = 0$ 的根的分布。

第二：通过对代数式 $\dfrac{b-3}{a-2}$ 的结构特征的直观感知，联系直线的斜率公式，用数形结合的方法求解。

具体解答如下：

因为 $f(x)$ 有两个极值点，

所以 $f'(x) = x^2 + ax + 2b$ 有两个零点 α、β。

又 $0 < \alpha < 1$，$1 < \beta < 2$，

所以 $\begin{cases} f'(0) > 0, \\ f'(1) < 0, \\ f'(2) > 0, \end{cases}$

而 $\begin{cases} 2b > 0, \\ 1 + a + 2b < 0, \\ 4 + 2a + 2b > 0, \end{cases}$

又 $\dfrac{b-3}{a-2}$ 表示动点 $P(a、b)$ 和定点 $A(2、3)$ 连线斜率，

作出可行域如下图，可知直线经过 AB 时斜率最小，此时 $k = \dfrac{1-3}{-3-2} = \dfrac{2}{5}$。直线经过 AD 时斜率最大，此时 $k = \dfrac{0-3}{-1-2} = 1$。

故 $\dfrac{2}{5} < \dfrac{b-3}{a-2} < 1$，选B。

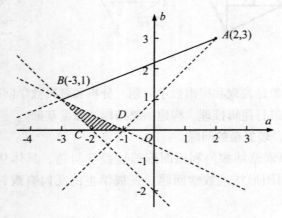

本题中利用几何直观描述代数问题体现有二：其一是利用二次函数的图像描述二次方程根的分布；其二是利用直线斜率描述代数式 $\dfrac{b-3}{a-2}$，并在运动变化中发现其取值范围。

为此我们可以从以下几个维度去培养学生利用图形描述数学问题的能力。

（1）有意识引导学生利用图形去发现一些数学问题，从图形的位置关系、长度关系、面积关系、相似关系、全等关系、不等关系、对称关系等发现和描述一些代数问题。

（2）有意识引导学生分析代数式的几何意义，发现代数与几何的联系，从而利用图形描述数学问题。

（3）有意识引导学生分析代数式的结构形态特征，直观联想已有代数式的结构，建立两者之间的联系，从而描述数学问题。

二、利用图形理解数学问题

直观想象是依据几何图形和空间想象来认识事物的形态变化及运动规律，利用几何图形和空间位置描绘、分析、解决相关的数学问题。具体包含：①依据空间想象了解事物的位置、形态、运动的变化情况；②利用几何图形描绘、分析数学问题；③建立数形联系，构建直观模型，探索解决思路。直观想象素养的提升有利于发现、解决数学问题，有利于论证、推理数学问题。

下面，笔者从三个角度阐述如何用图形去理解数学问题。

1.熟悉的情境，简单的问题

案例2-1　"平面"第一课时

教学目标：通过实物演示、思维诱导，逐步培养学生的空间想象能力。

教学过程：

步骤一：情境引入

公主到了出嫁的年龄，国王想找一个聪明人做自己的女婿，于是就在王宫门口贴出了一张告示，上面说：如果有人能够种四棵树，使得其中任意两棵树之间的距离相等，就将公主嫁给他。

多数学生会在平面内思考而受阻，教师适时点拨，引导学生想到三棱锥。

适时引入：尽管我们初中学过平面几何，但如果只局限在平面上，很多问题是解决不了的，因此我们即将学习一门新的课程——立体几何。

评析：通过问题的提出，很快把学生引入课堂上来。由于知识的局限性，学生对于这个问题一时反应不过来，多数学生都设法在一个平面内解决问题而无法获得突破，从而形成学生认知上的冲突，激发学生的研究兴趣，充分调动学生学习的积极性。同时，应注意学生的反应，把学生的思维从平面引向空间，为学习立体几何知识做好心理准备。

步骤二：讲解新课

（1）平面的特点

思考题1：请同学们利用类比学习的方法，由直线的特点，类比出平面的特点。

思考题2：生活中的面以及常见的平面图形与几何中的平面是相同的吗？

引导学生发现：平面图形与平面的区别是可度量与不可度量；联系是平面图形可以表示平面的一部分。

（2）平面的画法

引导：大家还记得直线是怎样画的吗？学生讨论后作答。

思考题3：把平面图形放在空间中，它的位置可以是水平放置，也可以是竖直放置，不同的放置方法，它的画法一样吗？在立体几何中，通常画平行四边形来表示平面，出示教具，学生由观察容易得出，当平面竖直放置时，一般画成矩形。

提问：当平面水平放置时，应画成什么形状呢？先由学生讨论，然后通过几何画板课件引导学生观察。

结论：当平面水平放置的时候，通常把平行四边形的锐角画成45°，横边画成邻边的2倍长。

（3）平面的表示方法

点的表示：大写的英文字母 A，B，C；

线的表示：小写的英文字母 a，b，c，d 或 AB，CD。

练习：观察图形模型，说明它们的位置关系有什么不同。

学生讨论后教师用实物教具帮助学生理解。通过几个简单的直观图的对比，初步建立学生的"空间感"。

教师归纳总结：画空间图形应注意，画两个平面相交时，如果一个平面的一部分被另一个平面遮住，应把被遮住的部分画成虚线或不画。

（4）探究两个相交平面的画法

教师出示两个相交平面的实物教具。

画两个相交平面的步骤：

第一步：画出边线 AB，CD；

第二步：找交点 M，作线段 MN（两个平面的交线）；

第三步：过 A，B，C，D 作 MN 的平行线段；

第四步：完成两个平行四边形；

第五步：看不到的线用虚线或擦去。

引导：利用课件立刻作出图形，展现实际的思考过程，并利用画板的动态拖拉技术，让学生观察，从视觉上降低学生思考的负荷，使学生很容易理解整个图形实际上是由 AB，CD 按一定方向拉伸得到，由此，学生就不难理解为什么先画出边线 AB，CD 了。

步骤三：小结与反思

教师在实践课堂教学之前应该做到以下几点：

（1）对本节教学包含的数学原理和规律要有深刻的理解；

（2）教师备课这一环节很重要，要根据学生现有的知识水平和可能达到的能力设计好相关的问题，注意层次，使学生在课堂上始终处于思维活跃状态；

（3）高效是课堂教学的最终目标，教学过程中应该注意在呈现知识的方式方法上力求因学生而变，选择恰当的案例，科学提取案例所包含的原理和规律，另外还要关注学生的最近发展区，科学选择恰当的辅助方法，以最利于学生理解的数学语言，达到科学高效的教学目标。

结合以上案例，笔者认为：

第一，直观想象是人类的一种特殊思维活动。提升学生的直观想象素养，能让学生更好地运用直观想象能力发现问题、思考问题、解决问题，促进个人未来发展。生动的直观想象能让学生的思维积极调动起来。当然，强调直观想象在培养学生数学素养中的地位和作用时，也要关注逻辑推理。图形揭示问题很直观，但"形缺数难以入微"。图形时常会欺骗眼睛，"以理服人"才是数学的特征。即使很直观的结论，我们也要设计环节让学生体会到"直观想象中也是讲道理的"，直观想象的合理要用逻辑推理的严谨去验证。

第二，要重视数学文化的挖掘，让学生深刻体会到数学文化的魅力，体会到数学文化在揭示数学学科本质上的重要作用，从而真正理解数学知识，形成正确的数学观。数学文化对于学生数学核心素养的养成具有重要的意义。

第三，课堂是提升学生核心素养的主阵地。课堂上，教师要善于利用生活中的直观资源，积极创设具有挑战性、趣味性的数学情境，以此激发学生的学习兴趣，引发学生积极思考，积累直观经验，提高运用能力。

第四，要丰富探究体验，开展探究活动，拓宽潜能空间。教师如果能巧设问题，引发学生积极思考，让学生乐于探究，将极大促进学生直观想象、数学运算、逻辑推理等数学核心素养的提升。

如何在课程改革全面深化的当前，在课堂教学中提升学生的直观想象素养，是一线数学教师面临的新课题。数学教师要大胆借鉴国内外先进的核心素养培养策略，积极尝试素养课堂的教学实践，从而培育学生直观想象素养，促进学生数学思维发展。

2.关联的情境，较复杂的问题

借助中点的对称性质，直观研究下表中的问题：

表1

代数式	自然语言	图像语言	结论
$f(x)=f(-x)$	自变量互为相反数，函数值相等	点 $(x,f(x)),(-x,f(-x))$ 关于 y 轴对称	$y=f(x)$ 图像关于 y 轴对称
$f(a+x)=f(a-x)$	自变量为 $a+x,a-x$，函数值相等	点 $(a+x,f(a+x)),(a-x,f(a-x))$ 关于 $x=a$ 成轴对称	$y=f(x)$ 图像关于 $x=a$ 成轴对称
$f(x)=f(2a-x)$	自变量为 $x,2a-x$，函数值相等	点 $(x,f(x)),(2a-x,f(2a-x))$ 关于 $x=a$ 成轴对称	$y=f(x)$ 图像关于 $x=a$ 成轴对称
$f(a+x)=f(b-x)$	自变量为 $a+x,b-x$，函数值相等	点 $(a+x,f(a+x)),(b-x,f(b-x))$ 关于 $x=\dfrac{a+b}{2}$ 成轴对称	$y=f(x)$ 图像关于 $x=\dfrac{a+b}{2}$ 成轴对称
举例说明	若 $\sin x=\sin(p-x)$，则 $y=\sin x$ 的图像关于直线 $x=\dfrac{p}{2}$ 成轴对称		

表2

代数式	自然语言	图像语言	结论
$f(x)=-f(-x)$	自变量互为相反数，函数值互为相反数	点 $(x,f(x)),(-x,f(-x))$ 关于原点 $(0,0)$ 对称	$y=f(x)$ 图像关于原点 $(0,0)$ 成中心对称
$f(a+x)=-f(a-x)$	自变量为 $a+x,a-x$，函数值互为相反数	点 $(a+x,f(a+x)),(a-x,f(a-x))$ 关于 $(a,0)$ 对称	$y=f(x)$ 图像关于点 $(a,0)$ 成中心对称
$f(x)=-f(2a-x)$	自变量为 $x,2a-x$，函数值互为相反数	点 $(x,f(x)),(2a-x,f(2a-x))$ 关于 $(a,0)$ 对称	$y=f(x)$ 图像关于点 $(a,0)$ 成中心对称
$f(a+x)=-f(b-x)$	自变量为 $a+x,b-x$，函数值互为相反数	点 $(a+x,f(a+x)),(b-x,f(b-x))$ 关于 $\left(\dfrac{a+b}{2},0\right)$ 对称	$y=f(x)$ 图像关于点 $\left(\dfrac{a+b}{2},0\right)$ 成中心对称
$f(a+x)+f(a-x)=2m$	自变量为 $a+x,a-x$，函数值和为常数 $2m$	点 $(a+x,f(a+x)),(a-x,f(a-x))$ 关于 (a,m) 对称	$y=f(x)$ 图像关于点 (a,m) 成中心对称
$f(a+x)+f(b-x)=2m$	自变量为 $a+x,b-x$，函数值和为常数 $2m$	点 $(a+x,f(a+x)),(b-x,f(b-x))$ 关于 $\left(\dfrac{a+b}{2},m\right)$ 对称	$y=f(x)$ 图像关于点 $\left(\dfrac{a+b}{2},m\right)$ 成中心对称
举例说明	若 $-\sin x=\sin(2p-x)$，则 $y=\sin x$ 的图像关于点 $(p,0)$ 成中心对称		

表3

代数式	自然语言	图像语言	结论
$f(x+a)=f(x)$	自变量为 x，$x+a$，函数值相等	每间隔 a 个单位，点重复出现	函数周期 $T=a$
$f(a+x)=-f(x)$	自变量为 x，$x+a$，函数值互为相反数	每间隔 $2a$ 个单位，点重复出现	函数周期 $T=2a$
$f(x+a)=\dfrac{1}{f(x)}$	自变量为 x，$x+a$，函数值互为倒数	每间隔 $2a$ 个单位，点重复出现	函数周期 $T=2a$
$f(x+a)=-\dfrac{1}{f(x)}$	自变量为 x，$x+a$，函数值互为负倒数	每间隔 $2a$ 个单位，点重复出现	函数周期 $T=2a$
$f(x+a)=f(a-x)$，$f(x+b)=f(b-x)$	图像关于 $x=a$ 成轴对称，且图像关于 $x=b$ 成轴对称		函数周期 $T=2\|a-b\|$
$f(x+a)=-f(a-x)$，$f(x+b)=-f(b-x)$	图像关于 $(a,0)$ 成中心对称，且图像关于 $(b,0)$ 成中心对称		函数周期 $T=2\|a-b\|$
$f(x+a)=f(a-x)$，$f(x+b)=-f(b-x)$	图像关于 $x=a$ 成轴对称，且图像关于 $(b,0)$ 成中心对称		函数周期 $T=4\|a-b\|$
举例说明	若 $\sin\left(\dfrac{p}{2}-x\right)=\sin\left(\dfrac{p}{2}+x\right)$ 且 $-\sin(p-x)=\sin(p+x)$，则函数周期 $T=4\|p-\dfrac{p}{2}\|$		

根据代数恒等式的结构特征，我们可以借助图像的直观，从形的角度去解读这些抽象的恒等式，体会由数到形，再由形到数的过程。

3.综合的情境，复杂的问题

当然，除了利用函数图像的直观去解读一些抽象的函数恒等式，也可以利用图像的直观，在实际生活中去理解和掌握一些变化趋势，比如利用天气变化曲线，可以直观判定和掌握一段时间内天气变化的状况，利用股票走势图，可以帮助我们分析股票行情的变化，为炒股者的决策提供重要的依据。

例题 2-2 屠呦呦，第一位获得诺贝尔科学奖项的中国本土科学家，在 2015 年获得诺贝尔生理学或医学奖，理由是她发现了青蒿素。这种物质可以有效降低疟疾患者的死亡率，从青蒿中提取的青蒿素抗疟性超强，几乎达到 100%。据监测：服药后每毫升血液中的含药量 y (微克)与时间 t (时)之间近似满足如下图所示的曲线。

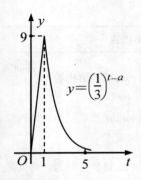

（1）写出服药一次后 y 与 t 之间的函数关系式 $y=f(t)$；

（2）据进一步测定：每毫升血液中含药量不少于 $\frac{1}{3}$ 微克时，治疗有效，求服药一次后治疗有效的时间是多长？

解：（1）由函数的图像可得：$f(x)=\begin{cases}9t, & 0\leqslant t\leqslant 1,\\ (\frac{1}{3})^{t-3}, & t>1。\end{cases}$

（2）当 $0\leqslant t\leqslant 1$ 时，由 $9t\geqslant\frac{1}{3}$ 得 $t\geqslant\frac{1}{27}$，

所以 $\frac{1}{27}\leqslant t\leqslant 1$；

当 $t>1$ 时，由 $(\frac{1}{3})^{t-3}\geqslant\frac{1}{3}$ 得 $t\leqslant 4$，

所以 $1<t\leqslant 4$。

$4-\frac{1}{27}=\frac{107}{27}$ 小时，所以服药一次后治疗有效时间为 $\frac{107}{27}$ 小时。

本题用函数图像模拟了服药后每毫升血液中的含药量 y（微克）与时间 t（时）之间近似满足的关系，能帮助我们做出直观的分析。

4.利用图形理解数学问题典型实例

利用图形理解数学问题要以具体数学实例为背景，合理联系，充分想象，善于总结，才能起到好的作用。下面以利用图像理解中学数学的几个难点问题为例具体阐释。

（1）利用图像直观理解不等式恒成立与存在性问题

①对任意 $x\in A$，不等式 $a<f(x)$ 恒成立，等价于 $a<[f(x)]_{\min}$；

②存在 $x\in A$，使不等式 $a<f(x)$ 成立，等价于 $a<[f(x)]_{\max}$；

③$x\in A$，不等式 $a<f(x)$ 无解，等价于 $a\geqslant[f(x)]_{\max}$；

④对任意 $x\in A$，不等式 $a>f(x)$ 恒成立，等价于 $a>[f(x)]_{\max}$；

⑤存在 $x\in A$，使不等式 $a>f(x)$ 成立，等价于 $a>[f(x)]_{\min}$；

⑥$x\in A$，不等式 $a>f(x)$ 无解，等价于 $a\leqslant[f(x)]_{\min}$。

以上问题的理解，对于初学者来说是非常抽象、困难的，因此，我们可以借助图像

的直观，将其转化为直线 $y=a$ 和函数 $y=f(x)$ 的图像的高低问题，让学生形成具体直观的认识。

例题 2-3　已知函数 $f(x)=\begin{cases}-x^2+x, & x\leqslant 1,\\ \log_{\frac{1}{3}}x, & x>1\end{cases}$，$g(x)=|x-k|+|x-1|$，若对任意的 $x_1,x_2\in$ **R**，都有 $f(x_1)\leqslant g(x_2)$ 成立，则实数 k 的取值范围为_____。

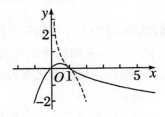

解析：对任意的 $x_1,x_2\in$ **R**，都有 $f(x_1)\leqslant g(x_2)$ 成立，即 $[f(x)]_{\max}\leqslant[g(x)]_{\min}$，

观察 $f(x)=\begin{cases}-x^2+x, & x\leqslant 1,\\ \log_{\frac{1}{3}}x, & x>1\end{cases}$ 的图像可知，

当 $x=\dfrac{1}{2}$ 时，函数 $[f(x)]_{\max}=\dfrac{1}{4}$；

因为 $g(x)=|x-k|+|x-1|\geqslant|x-k-(x-1)|=|k-1|$，所以 $[g(x)]_{\min}=|k-1|$，

所以 $|k-1|\geqslant\dfrac{1}{4}$，解得 $k\leqslant\dfrac{3}{4}$ 或 $k\geqslant\dfrac{5}{4}$。

故实数 k 的取值范围是 $\left(-\infty,\ \dfrac{3}{4}\right]\cup\left[\dfrac{5}{4},\ +\infty\right)$。

（2）利用图像直观理解斜三角形问题

解三角形，本身就是用数研究形，建立边、角关系，所以在解决这一类问题时，都需要先画出图像，直观分析已知条件，然后思考如何建立它们之间的内在关系，合理地选择定理和其他三角形已有知识求解。

例题 2-4　三角形 ABC 中，D 是 BC 上的点，AD 平分 $\angle BAC$，$BD=2DC$。

（1）求 $\dfrac{\sin\angle B}{\sin\angle C}$；

（2）若 $\angle BAC=60°$，求 $\angle B$。

解：（1）由正弦定理得 $\dfrac{AD}{\sin\angle B}=\dfrac{BD}{\sin\angle BAD}$，$\dfrac{AD}{\sin\angle C}=\dfrac{DC}{\sin\angle CAD}$ 因为 AD 平分 $\angle BAC$，$BD=2DC$，所以 $\dfrac{\sin\angle B}{\sin\angle C}=\dfrac{DC}{BD}=\dfrac{1}{2}$。

（2）法一：因为 $\angle C=180°-(\angle BAC+\angle B)$，$\angle BAC=60°$，

所以 $\sin\angle C=\sin(\angle BAC+\angle B)=\dfrac{\sqrt{3}}{2}\cos\angle B+\dfrac{1}{2}\sin\angle B$，由（1）知，$2\sin\angle B=\sin\angle C$，

所以 $\tan\angle B=\dfrac{\sqrt{3}}{3}$，$\angle B=30°$。

　　法二：结合几何图形特点，由（1）小问知道 $AB=2AC$，所以取 AB 的中点为点 E，连接 CE，因为 $\angle BAC=60°$，所以 $\triangle ACE$ 是等边三角形，$BE=CE$，$\angle AEC=60°$，则 $\angle B=30°$。

　　此题第二问巧用几何图形使得代数问题在图形上一目了然，此外也可以延长 AC 到 F 点使得 $AB=AF$，连接 BF，根据已知条件能得到 $\triangle ABF$ 也是等边三角形，去证明 BC 是角平分线，也可以得到结论。

　　总之，数形结合就是根据数学问题的条件和结论之间的内在联系，既分析其代数意义，又揭示其几何直观图像，使数量关系的精确刻画与几何图形的直观形象结合在一起，充分利用这种结合，寻找解题思路，使问题化难为易，化繁为简，从而得到解决。

　　（3）直观想象在立体几何中的应用

　　立体几何的教学对培养学生的空间想象能力，具有独特而显著的作用，因此抓好立体几何教学对培养学生的直观想象尤为重要。教材首先借助图像、实物模型，让学生对一些基本概念、定理、公理建立直观认识。比如：

　　①线面平行

　　定义：直线与平面无公共点。

　　判定或证明线面平行的依据：

　　a.定义法(反证)：$l \cap \alpha = \varnothing \Rightarrow l//\alpha$ (用于判断)；

　　b.判定定理：$\left.\begin{array}{l} a//b \\ a \not\subset \alpha \\ b \subset \alpha \end{array}\right\} \Rightarrow a//\alpha$，"线线平行 $\Rightarrow$ 面面平行"(用于证明)；

　　c. $\left.\begin{array}{l} \alpha//\beta \\ a \subset \alpha \end{array}\right\} \Rightarrow a//\beta$，"面面平行 $\Rightarrow$ 线面平行"(用于证明)；

　　d. $\left.\begin{array}{l} b \perp a \\ b \perp \alpha \\ a \not\subset \alpha \end{array}\right\} \Rightarrow a//\alpha$。

　　②面面平行

　　定义：$\alpha \cap \beta = \varnothing \Rightarrow \alpha//\beta$。

　　判定定理：如果一个平面内的两条相交直线都平行于另一个平面，那么两个平面互相平行。

　　符号表述：

　　如下图a，$a \subset \alpha$，$b \subset \alpha, a \cap b = O, a//\beta, b//\beta \Rightarrow \alpha//\beta$。

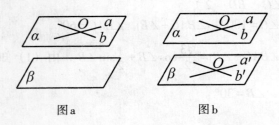

图a　　　　　　　　　图b

推论：一个平面内的两条相交直线分别平行于另一个平面的两条直线，那么这两个平面互相平行。（如上图b）

其他判定方法：垂直于同一条直线的两个平面互相平行。符号表述：$l\perp\alpha,l\perp\beta\Rightarrow\alpha//\beta$。

面面平行的性质：$\left.\begin{array}{l}\alpha//\beta\\a\subset\alpha\end{array}\right\}\Rightarrow a//\beta$（面面平行 $\Rightarrow$ 线面平行）；

$$\left.\begin{array}{l}\alpha//\beta\\\alpha\bigcap\gamma=a\\\beta\bigcap\gamma=b\end{array}\right\}\Rightarrow a//b\,。$$

③线面垂直

定义：若一条直线垂直于平面内的任意一条直线，则这条直线垂直于平面。

符号表述：任意直线 $a\subset\alpha,l\perp a$，则 $l\perp\alpha$。

判定定理：$a\subset\alpha$，$b\subset\alpha,a\bigcap b=O,l\perp a,l\perp b\Rightarrow l\perp\alpha$（线线垂直 $\Rightarrow$ 线面垂直）。

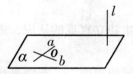

性质：$l\perp\alpha,a\subset\alpha\Rightarrow l\perp a$（线面垂直 $\Rightarrow$ 线线垂直）；$a\perp\alpha,b\perp\alpha\Rightarrow a//b$。

证明或判定线面垂直的依据：a. 定义（反证）；b. 判定定理（常用）；c. $\left.\begin{array}{l}a//b\\a\perp\alpha\end{array}\right\}\Rightarrow b\perp\alpha$

（较常用）；d. $\left.\begin{array}{l}\alpha//\beta\\a\perp\alpha\end{array}\right\}\Rightarrow a\perp\beta$；e. $\left.\begin{array}{l}\alpha\perp\beta\\\alpha\bigcap\beta=b\\a\subset\alpha\\a\perp b\end{array}\right\}\Rightarrow a\perp\beta$（面面垂直 $\Rightarrow$ 线面垂直）。

④线面斜交

直线与平面所成的角（简称线面角）：平面的斜线与该斜线在平面内射影的夹角即为线面角。

注：若 $l\subset\alpha$ 或 $l//\alpha$，则直线 l 与平面 α 所成的角为 $0°$；若 $l\perp\alpha$，则直线 l 与平面 α 所成的角为 $90°$。

⑤面面垂直

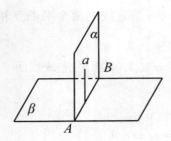

定义：若二面角 $\alpha - AB - \beta$ 的平面角为 $90°$，则 $\alpha \perp \beta$。

判定定理：如果一个平面经过另一个平面的一条垂线，那么这两个平面互相垂直。

符号语言： $a \subset \alpha, a \perp \beta \Rightarrow \alpha \perp \beta$ (线面垂直 $\Rightarrow$ 面面垂直)。

性质：若 $\alpha \perp \beta$，二面角的一个平面角为 $\angle MON$，则 $\angle MON = 90°$；

$$\left.\begin{array}{l} \alpha \perp \beta \\ \alpha \cap \beta = AB \\ a \subset \alpha \\ a \perp AB \end{array}\right\} \Rightarrow a \perp \beta \text{ (面面垂直 } \Rightarrow \text{ 线面垂直)}。$$

以上都是先借助实物帮助学生建立直观的认识，进而进行定义、定理、性质的证明或者应用。

为了帮助学生更好地培育空间想象能力，发展直观想象核心素养，教师可以从以下方面入手：

勤动手。学生刚开始学习立体几何时，最有效的教学方法是引导学生自己制造模具，手脑并用，实物演示，化抽象为直观。为了让学生对几何体及其各元素关系获得清晰的直观印象，除运用多媒体演示外，还可以指导学生制作许多常用的小型学具，如空间四边形、正三棱锥、正四棱锥、正三棱柱、正方体、球等模型，学生可以通过眼看、手摸、脑想，直观地看清各种"线线""线面""面面"关系及其所成角和距离，还可以构造出空间基本元素不同位置关系的各种图形，并对其进行变化如拆分和拼凑训练，使学生掌握图形的基本特征，形成空间观念。例如，研究点、线、面位置关系时可以用细竹签一一演示各种关系；研究三个面在空间中的各种位置情况，可以先用硬纸片做模型摆出各种不同的可能空间位置，然后再利用多媒体演示来进一步加深印象；研究侧面是全等的等腰三角形的棱锥是否正棱锥，可以用硬纸片、小木棍制作棱锥从而观察。

勤画图。通过画图提高对空间图形的理解和认识能力，特别是三视图与直观图的相互转化问题、多面体与球切接问题、涉及拆与补的情况等，多结合实际模型和多媒体展示，加强学生对立体图形性质的理解，借助图形推理论证，培养学生的学习兴趣和良好的解题习惯。在教学的全过程中要有步骤地帮助学生掌握绘制直观图的一般方法，有计划地提高学生的绘图能力。

善转化。这里的转化是指文字语言、图形语言、符号语言的互相转化。立体几何中出现的定理和性质都是以文字形式给的，证明之前必须先把它们转化为图形语言，再转化为符号语言，这是一种学习立体几何的基本功训练，要让学生勤总结、多积累。

（4）利用图形直观，理解平面向量问题

向量兼具数与形的双重属性，作为代数对象，向量可以运算；作为几何对象，向量可以刻画直线、平面、切线等几何问题。因此，向量是沟通代数与几何的天然桥梁。我们在帮助学生理解平面向量的基本概念、运算法则、基本定理时，也应该借助图像的直观，让学生建立对平面向量问题的直观认识，体会到由数到形，由形到数的过程。

①向量的概念

既有大小又有方向的量，叫作向量。向量常用有向线段来表示。

零向量：长度为0的向量叫零向量，记作 $\mathbf{0}$，零向量的方向是任意的。

单位向量：长度为一个单位长度的向量叫作单位向量(与 $\mathbf{a}$ 共线的单位向量是 $\pm\dfrac{\mathbf{a}}{|\mathbf{a}|}$)。

相等向量：长度相等且方向相同的两个向量叫相等向量，相等向量有传递性。

平行向量(也叫共线向量)：方向相同或相反的非零向量叫作平行向量，记作 $\mathbf{a}//\mathbf{b}$ ，规定零向量和任何向量平行。

注意：a.相等向量一定是共线向量，但共线向量不一定相等；b.两个向量平行与两条直线平行是不同的两个概念，两个向量平行包含两个向量共线，但两条直线平行不包含两条直线重合；c.平行向量无传递性(因为有 $\mathbf{0}$)。

②向量的线性运算

向量加法：利用平行四边形法则进行，但平行四边形法则只适用于不共线的向量，除此之外，向量加法还可利用三角形法则。

向量的减法：用三角形法则，设 $\overrightarrow{AB}=\mathbf{a}$, $\overrightarrow{AC}=\mathbf{b}$ ， $\mathbf{a}-\mathbf{b}=\overrightarrow{AB}-\overrightarrow{AC}=\overrightarrow{CA}$ ，由减向量的终点指向被减向量的终点。注意此处减向量与被减向量的起点相同。

平面向量的基本定理：如果 e_1 和 e_2 是同一平面内的两个不共线向量，那么对该平面内的任一向量 $\mathbf{a}$ ，有且只有一对实数 λ_1 、 λ_2 ，使 $\mathbf{a}=\lambda_1 e_1+\lambda_2 e_2$ 。

平行向量定理： $\mathbf{a}//\mathbf{b}\Leftrightarrow \lambda\mathbf{b}=\mathbf{a}$ 。

直观想象力的培养不是一朝一夕的事。在高中教学过程中，不仅要通过讲练结合，以循序渐进的方式提高学生的直观想象能力，还建议从其他几个方面抓起，比如：

重视多媒体教学手段的运用。色彩绚丽的画面、扣人心弦的声响，能让学生的多种感官参与感知，在脑海中留下具体、鲜明、深刻的印象，有利于学生从无意识记忆向有意识记忆发展。教师要与时俱进，不断学习，适时恰当地选用多媒体来辅助教学，以形象具体的"图、文、声、像"来创造教学的立体化情境，使抽象的教学内容直观化、清晰化；使学生思维活跃、兴趣盎然地参与教学活动；使其重视实践操作，科学地记忆知识。这有助于学生发挥学习的主动性，积极思考，使课堂从以教师教学为主变成学生自学为主，从而提高教学质量，优化教学过程，增强教学效果。

创设想象的气氛与环境。鼓励学生大胆想象，奠定想象的情感基础。只有在欢愉舒畅的自由氛围中，学生才能够、才敢于去尽情想象。如跟学生讲话时，要尽可能使用他们的语言，缩短与学生的距离；讲课时面带微笑，使学生们感到亲切；要注意留给学生充分想象的时间等等。同时，教师还要鼓励学生大胆进行猜测想象。学生由于身心各方面发展水平的约束，产生一些离奇甚至荒谬的想法是难免的。在这种情况下，教师首先要认真分析学生们的思维过程，在对其进行耐心引导与纠正的同时，要肯定孩子大胆想象的精神。对于学生来讲，错误的想法可以纠正，但想象的积极性一旦消失，则无法挽回。

开展专题探究课。可以在组织教学的过程中，适时开展一些探究课，有目的性地去引导学生对教学内容做进一步的思考，逐渐沉淀思维，同时课后也应注重开展一些专题方面的训练，强化学生的意识。

在直观想象核心素养的形成过程中，学生能够进一步发展几何直观和空间想象能力，增强运用图形和空间想象思考问题的意识，提升数形结合的能力，感悟事物的本质，是形成和发展学生创造能力的源泉。在数学教学的过程中逐步高效地培养学生的直观想象素养能力，将是我们为之努力奋斗的方向。

三、利用图形探索和解决数学问题

直观想象核心素养的一个重要表现就是能够构建数学问题的直观模型，利用图形探索和解决问题。在高中阶段主要体现在以下方面。

1.利用图形解决立体几何问题

（1）与三视图有关的问题

解决有关三视图的问题时，根据三视图首先得到几何体的空间结构图形，然后运用有关立体几何的知识进行计算即可，其关键在于如何根据"长对正，高平齐，宽相等"正确判定几何体的空间结构。

例题 2-5 某几何体的三视图如下图，若该几何体的所有顶点都在一个球面上，则该球面的表面积为（   ）。

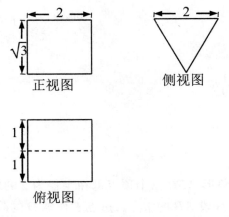

正视图　　　　　　　　侧视图

俯视图

A. 4π　　　　　B. $\dfrac{28\pi}{3}$　　　C. $\dfrac{44\pi}{3}$　　　　　D. 20π

该题属于利用三视图求几何体的体积及表面积题目中较好的创新题目，视角比较新颖，是一个好题。

求几何体的体积的方法：

a.计算柱、锥、台的体积关键是根据条件找出相应的底面积和高；b.注意求体积的一些特殊方法，如分割法、补体法、转化法等，它们是计算一些不规则几何体体积时常用的方法，应熟练掌握；c.求以三视图为背景的几何体的体积，应先根据三视图得到几何体的直观图，然后根据条件求解。

求几何体的表面积的方法：a.求表面积问题的解题思路是将立体几何问题转化为平面问题，即空间图形平面化，这是解决立体几何问题的主要出发点；b.求不规则几何体的表面积时，通常将所给几何体分割成基本的柱、锥、台体，先求这些柱、锥、台体的表面积，再通过求和或作差求得几何体的表面积。

（2）与球体有关的问题

与球有关的组合体问题有两种情况，一种是内切，一种是外接。球与旋转体的组合通常作它们的轴截面解题；球与多面体的组合，通过多面体的一条侧棱和球的球心，或切点、接点作出截面图，把空间问题化归为平面问题。

例题 2-6　已知 H 是球 O 的直径 AB 上一点，$AH：HB = 1：2$，$AB \perp$ 平面 α，H 为垂足，α 截球 O 所得截面的面积为 π，则球 O 的体积为（　　）。

A. 9π　　　B. $\dfrac{3\pi}{4}$　　　C. $\dfrac{9\sqrt{2}\pi}{8}$　　　D. $4\sqrt{3}\pi$

解析：易知点 H 为截面圆的圆心，取截面圆上一点 M，连接 HM, OM，设球 O 的半径为 R，

则由 $AH：HB = 1：2$，得 $AH = \dfrac{2}{3}R$，

所以 $OH = \dfrac{R}{3}$；

因为截面面积为 π，

所以 $HM = 1$；

在 $\text{Rt}\triangle HOM$ 中，$R^2 = \dfrac{1}{9}R^2 + 1$，

所以 $R = \dfrac{3\sqrt{2}}{4}$；

所以 $V = \dfrac{9\sqrt{2}}{8}\pi$，选C。

例题 2-7 已知正三角形 ABC 三个顶点都在半径为 2 的球面上，球心 O 到平面 ABC 的距离为 1，点 E 是线段 AB 的中点，过点 E 作球 O 的截面，则截面面积的最小值是（ ）。

A. $\dfrac{7\pi}{4}$ B. 2π C. $\dfrac{9\pi}{4}$ D. 3π

解析： 设正 $\triangle ABC$ 的中心为 O_1，连接 O_1A。根据球的截面圆性质、正三角形的性质与勾股定理，经过点 E 的球 O 的截面，当截面与 OE 垂直时截面圆的半径最小，相应地截面圆的面积有最小值，由此算出截面圆半径的最小值，从而可得截面面积的最小值。

设正 $\triangle ABC$ 的中心为 O_1，连接 O_1A，连接 O_1O、O_1C、O_1D、OD。

因为 O_1 是正 $\triangle ABC$ 的中心，A、B、C 三点都在球面上，

所以 $O_1O \perp$ 平面 ABC，结合 $O_1C \subset$ 平面 ABC，可得 $O_1O \perp O_1C$；

因为球的半径 $R = 2$，球心 O 到平面 ABC 的距离为 1，得 $O_1O = 1$，

所以 $\text{Rt}\triangle O_1OC$ 中，$O_1C = \sqrt{R^2 - O_1O^2} = \sqrt{3}$；

又因为 E 为 AB 的中点，$\triangle ABC$ 是等边三角形，所以 $AE = AO_1 \cos 30° = \dfrac{3}{2}$；

因为过 E 作球 O 的截面，当截面与 OE 垂直时，截面圆的半径最小，

此时截面圆的半径 $r = \dfrac{3}{2}$，

可得截面面积为 $S = \pi r^2 = \dfrac{9}{4}\pi$，

故选C。

本题已知球的内接正三角形与球心的距离，求经过正三角形中点的最小截面圆的面积，着重考查了勾股定理、球的截面圆性质与正三角形的性质等知识，属于中档题。解题的关键是要理解经过点 E 的球 O 的截面，当截面与 OE 垂直时截面圆的半径最小。此类题的解答要充分借助球体帮助理解，作出截面图，把空间问题化归为平面问题。

2.利用图形解决函数问题

（1）利用函数图形解决与函数零点有关的问题

判断函数零点个数的方法有以下几种：

①解方程法：若对应方程 $f(x)=0$ 可解，通过解方程，则有几个解就有几个零点；②零点存在性定理法：利用该定理不仅要判定函数在区间上是连续不断的曲线，$f(a)\cdot f(b)<0$，还必须结合函数的图像与性质（如单调性、奇偶性、周期性、对称性）才能确定函数有多少个零点；③数形结合法：转化为两个函数的图像的交点个数问题.先画出两个函数的图像，看其交点的个数，其中交点的个数，就是函数零点的个数。

已知函数有零点（方程有根）求参数取值范围常用的方法有以下几种：

①直接法：直接根据题设条件构建关于参数的不等式，再通过解不等式确定参数范围；②分离参数法：先将参数分离，转化成求函数值域问题加以解决；③数形结合法：先对解析式变形，在同一平面直角坐标系中，画出函数的图像，然后通过数形结合求解。

例题2-8　已知函数 $f(x)$ 为偶函数且 $f(x)=f(x-4)$，又 $f(x)=\begin{cases}-x^2-\dfrac{3}{2}x+5,0\le x\le 1,\\ 2^x+2^{-x},\qquad 1<x\le 2,\end{cases}$

函数 $g(x)=(\dfrac{1}{2})^{|x|}+a$，若 $F(x)=f(x)-g(x)$ 恰好有 4 个零点，则 a 的取值范围是 _____。

有关分段函数的图像与性质的考查题目往往与函数的零点、基本性质、单调性、奇偶性的考查结合在一起，解决问题的关键是根据函数解析式分析其图像特征，通过数形结合思想解决有关问题。

（2）利用函数图像解决与函数基本性质有关的问题

无论是函数的单调性、奇偶性还是周期性，都既有代数上的定义，又有几何上的直观，因而解决函数基本性质有关问题时必须结合函数图像进行。

例题2-9　函数 $f(x)=\begin{cases}ax^2+x-1,& x>2\\ ax-1,& x\le 2\end{cases}$，是 **R** 上的单调递减函数，则实数 a 的取值范围是（　　）。

A.$-\dfrac{1}{4}\le a<0$ 　　B.$a\le -\dfrac{1}{4}$ 　　C.$-1\le a\le -\dfrac{1}{4}$ 　　D.$a\le -1$

解析： 因为 $f(x)=\begin{cases}ax^2+x-1,& x>2\\ ax-1,& x\le 2\end{cases}$，是 **R** 上的单调递减函数，所以 $\begin{cases}a<0,\\ -\dfrac{1}{2a}\le 2,\\ 2a-1\ge 4a+2-1\end{cases}$

$\Rightarrow a\le -1$，故选 D。

解决分段函数问题的基本出发点是分段函数分段算，本题容易遗漏不等式 $2a-1\ge 4a+2-1$，将分段函数在 **R** 上单调递减的充要条件错误地等价为在各自分段上单调递减即可，而忽视了还需保证在分段的转折点处，函数的图像不上升。此题必须画出图形帮助理解，否则很容易犯错。

再如已知函数 $f(x)=\begin{cases}\log_2(1-x)+1, & -1<x<k, \\ x^3-3x+2, & k\leqslant x<a,\end{cases}$ 若存在 k 使得函数 $f(x)$ 的值域为 $[0,2]$，则实数 a 的取值范围是_____。

解析：因为 $y=\log_2(1-x)+1$ 在 $[-1,k)$ 上是减函数，所以 $\log_2(1-k)+1<\log_2(1-x)+1\leqslant 2$，由函数 $f(x)$ 的值域知 $\log_2(1-k)+1\geqslant 0$，解得 $-1<k\leqslant\frac{1}{2}$。令 $g(x)=x^3-3x+2$，则 $g'(x)=3x^2-3=3(x-1)(x+1)$，知 $g(x)$ 在 $(k,1)$ 上为减函数，在 $(1,+\infty)$ 上为增函数。又由 $g(x)=x^3-3x+2\leqslant 2$，得 $0\leqslant x\leqslant\sqrt{3}$，且 $g(0)=g(\sqrt{3})=2$，则必有 $0\leqslant k\leqslant\frac{1}{2}$。易知 $a\in[1,\sqrt{3}]$。

解答本题时，如果不能正确作出函数的图像，就无法利用数形结合法直观求解，另外，如果确定出函数图像后，不能正确求得切线 k 的取值范围，也不能得到正确的结果，因此解答本题的关键是求出 k 的范围，不然会误认为 $a\in[0,\sqrt{3}]$。

（3）利用函数图像解决综合问题

例题2-10 已知函数 $f(x)=\begin{cases}-x^3+x^2, & x<1, \\ c(e^{x-1}-1), & x\geqslant 1。\end{cases}$

（1）若 $f[f(-1)]=e-1$，求 c 的值；

（2）函数 $y=f(x)$ 的图像上存在两点 A、B 使得 $\triangle ABC$ 是以坐标原点 O 为直角顶点的直角三角形，且斜边 AB 的中点在 y 轴上，求实数 c 的取值范围；

（3）当 $c=e$ 时，讨论关于 x 的方程 $f(x)=kx$（$k\in\mathbf{R}$）的实根的个数。

解析：（1）问相当于分段函数求值，看清自变量在哪一区间内，代入求值即可得到结果；（2）由 $\angle AOB$ 是直角得，$\overrightarrow{OA}\cdot\overrightarrow{OB}=0$，从而求解；（3）注意分类讨论的思想，做到不重不漏，在利用函数的单调性解题时，可优先考虑利用导数，这样比较简单。

我们可以充分利用下面这些结论找出函数性质帮助画图：

①有关对称的结论：

a.若函数 $f(x)$ 满足 $f(a+x)=f(a-x)$ 或 $f(2a-x)=f(x)$，则函数 $f(x)$ 的图像关于直线 $x=a$ 对称；b.若函数 $f(x)$ 满足 $f(a+x)=-f(a-x)$ 或 $f(2a-x)=-f(x)$，则函数 $f(x)$ 的图像关于点 $(a,0)$ 对称。

②有关函数 $f(x)$ 以 $2a$ 为周期的结论：

a. $f(x+2a)=f(x)$；b. $f(x+a)=f(x-a)$；c. $f(x+a)=-f(x)$；d. $f(x+a)=\frac{1}{f(x)}$；

e. $f(x+a)=-\frac{1}{f(x)}$。

③有关对称性和周期性的结论：

a.若函数 $f(x)$ 关于点 $(a,0),(b,0)$ 对称，则 $2|b-a|$ 是函数 $f(x)$ 的一个周期；b.若函数 $f(x)$ 关于直线 $x=a,x=b$ 对称，则 $2|b-a|$ 是函数 $f(x)$ 的一个周期；c.若函数 $f(x)$ 关于直线 $x=a$ 对称，且关于点 $(b,0)$ 对称，则 $4|b-a|$ 是函数 $f(x)$ 的一个周期。

3.利用图形解决三角函数问题

三角函数本身属于代数知识，但三角函数线是三角函数的几何表示，利用三角函数线可以解决以下两类问题：

（1）利用三角函数线比较大小

例题2-11 分别比较 $\sin\dfrac{2\pi}{3}$ 与 $\sin\dfrac{4\pi}{5}$、$\cos\dfrac{2\pi}{3}$ 与 $\cos\dfrac{4\pi}{5}$、$\tan\dfrac{2\pi}{3}$ 与 $\tan\dfrac{4\pi}{5}$ 的大小。

解析： 在直角坐标系中作单位圆如下图所示。以 x 轴非负半轴为始边作 $\dfrac{2\pi}{3}$ 的终边与单位圆交于 P 点，作 $PM\perp x$ 轴，垂足为 M。由单位圆与 x 轴正方向的交点 A 作 x 轴的垂线与 OP 的反向延长线交于 T 点，则 $\sin\dfrac{2\pi}{3}=\overline{MP},\cos\dfrac{2\pi}{3}=\overline{OM},\tan\dfrac{2\pi}{3}=\overline{AT}$。

同理，可作出 $\dfrac{4\pi}{5}$ 的正弦线、余弦线和正切线，$\sin\dfrac{4\pi}{5}=\overline{M'P'}$，$\cos\dfrac{4\pi}{5}=\overline{OM'}$，$\tan\dfrac{4\pi}{5}=\overline{AT'}$。由图形可知，$\overline{MP}>\overline{M'P'}$，符号均为正，则 $\sin\dfrac{2\pi}{3}>\sin\dfrac{4\pi}{5}$；$\overline{OM}>\overline{OM'}$，符号均为负，则 $\cos\dfrac{2\pi}{3}>\cos\dfrac{4\pi}{5}$；$\overline{AT}<\overline{AT'}$，符号均为负，则 $\tan\dfrac{2\pi}{3}<\tan\dfrac{4\pi}{5}$。

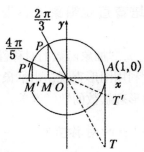

利用三角函数线比较三角函数值的大小时，一般分三步：①准确地作出角的位置；②比较三角函数线的长度（注意三角函数线的方向）；③确定有向线段的正负。

（2）利用三角函数线解不等式

例题2-12 利用三角函数线，求满足下列条件的 α 的范围。

（1）$\sin\alpha<-\dfrac{1}{2}$；（2）$\cos\alpha>\dfrac{\sqrt{3}}{2}$。

解析：（1）如图①，过点 $(0,-\dfrac{1}{2})$ 作 x 轴的平行线交单位圆于 P,P' 两点，则

$$\sin\angle xOP=\sin\angle xOP'=-\dfrac{1}{2},\angle xOP=\dfrac{11\pi}{6},\angle xOP'=\dfrac{7\pi}{6},$$

故 α 的范围是 $\{\alpha | \frac{7\pi}{6} + 2k\pi < \alpha < \frac{11\pi}{6} + 2k\pi, k \in \mathbf{Z}\}$。

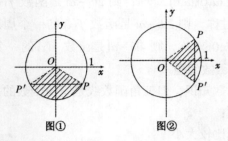

图①   图②

（2）如图②，过点 $(\frac{\sqrt{3}}{2}, 0)$ 作 x 轴的垂线与单位圆交于 P, P' 两点，则

$$\cos \angle xOP = \cos \angle xOP' = \frac{\sqrt{3}}{2}, \angle xOP = \frac{\pi}{6}, \angle xOP' = -\frac{\pi}{6},$$

故 α 的范围是 $\{\alpha | -\frac{\pi}{6} + 2k\pi < \alpha < \frac{\pi}{6} + 2k\pi, k \in \mathbf{Z}\}$。

利用三角函数线求解不等式，通常采用数形结合的方法，求解关键是恰当地寻求特殊点。一般来说，对于 $\sin x \geqslant b, \cos x \geqslant a$（或 $\sin x \leqslant b, \cos x \leqslant a$），只需作直线 $y = b, x = a$ 与单位圆相交，连接原点和交点即得角的终边所在的位置，此时再根据方向即可确定相应的 x 的范围；对于 $\tan x \geqslant c$（或 $\tan x \leqslant c$），则取点 $(1, c)$，连接该点和原点即得角的终边所在的位置，并反向延长，结合图像可求解。

第三节　培育直观想象核心素养的课堂实录

教学内容：人教 A 版必修一，"抽象函数的对称性和周期性"一节。

教学目标设计：引导学生利用图形直观，由抽象函数满足的恒等式判定函数的图像性质。培养学生由数到形，由形理解数的数学素养。

一、复习引入，感知中点的对称直观

师提出问题：（1）初中学过哪些中点坐标公式？

（2）点 $A(x, y)$ 关于点 $B(m, n)$ 对称点的坐标是什么？

（3）点 $A(x, y)$ 关于直线 $x = m$ 对称点的坐标是什么？

二、类比结构，理解内涵

师：下面三个表格，我们逐一来探究并完成。（见第 48～49 页表 1～3）

师：在探究过程中，我们从哪些角度去分析了这些数学问题？

学生先填表，后逐一回答。

三、明晰内涵，内外拓展

练习1：设 $f(x)$ 是在 **R** 上的奇函数且 $f(x+2)=-f(x)$，当 $0 \leqslant x \leqslant 1$ 时，$f(x)=x$，则 $f(7.5)=($ 　 $)$。

A. 0.5　　　B. -0.5　　　C. 1.5　　　D. -1.5

生：由 $f(x+2)=-f(x)$，分析得出函数周期为4，$f(7.5)=f(-0.5)=-f(0.5)=-0.5$，所以答案为B。

师：本题主要考查函数奇偶性和周期性的性质与结构特点。

练习2：定义在 **R** 上的函数 $f(x)$ 满足 $f(x+6)=f(x)$。当 $-3 \leqslant x < -1$ 时，$f(x)=-(x+2)^2$，当 $-1 \leqslant x < 3$ 时，$f(x)=x$。则 $f(1)+f(2)+f(3)+\cdots+f(2012)=($ 　 $)$。

A. 335　　　B. 338　　　C. 1678　　　D. 2012

生：由 $f(x+6)=f(x)$，可知函数的周期为6，所以 $f(-3)=f(3)=-1$，$f(-2)=f(4)=0$，$f(-1)=f(5)=-1$，$f(0)=f(6)=0$，$f(1)=1$，$f(2)=2$，所以在一个周期内有 $f(1)+f(2)+f(3)+f(4)+f(5)+f(6)=1+2-1+0-1+0=1$，所以 $f(1)+f(2)+\cdots+f(2012)=f(1)+f(2)+335 \times 1=338$，选B。

师：本题是对函数周期性的结构考查。

练习3：已知函数 $f(x)$ 满足 $f(x+1)=-f(x)$，且 $x \in [0,2]$ 时，$f(x)=(x-1)^2$，则 $f(x)-f(\frac{1}{2})=0$ 在 $(0,6)$ 上的所有根之和为（　　）。

A. 17　　　B. 18　　　C. 19　　　D. 20

生：本题由 $f(x+1)=-f(x)$ 知，函数周期为2，进而作出函数的图像，结合图像的周期性和对称性，可以知道答案为B。

师：利用函数的周期性质，感受图像的对称直观。

练习4：已知函数 $f(x)=\ln x+\ln(2-x)$，则（　　）。

A. $y=f(x)$ 在 $(0,2)$ 单调递增　　　B. $y=f(x)$ 在 $(0,2)$ 单调递减

C. $y=f(x)$ 的图像关于直线 $x=1$ 对称　D. $y=f(x)$ 的图像关于点 $(1,0)$ 对称

生：由题意知，$f(2-x)=\ln(2-x)+\ln x=f(x)$，所以 $y=f(x)$ 的图像关于直线 $x=1$ 对称，C正确，D错误；又 $f'(x)=\frac{1}{x}-\frac{1}{2-x}=\frac{2(1-x)}{x(2-x)}$（$0<x<2$），所以 $y=f(x)$ 在 $(0,1)$ 上单调递增，在 $[1,2)$ 上单调递减，A，B错误，故选C。

练习5：已知函数 $f(x)(x \in \mathbf{R})$ 满足 $f(-x)=2-f(x)$，若函数 $y=\frac{x+1}{x}$ 与 $y=f(x)$ 图像的交点为 (x_1,y_1)，(x_2,y_2)，$\cdots$，(x_m,y_m)，则 $\sum_{i=1}^{m}(x_i+y_i)=($ 　 $)$。

A. 0　　　　B. m　　　　C. $2m$　　　　D. $4m$

生：答案选C。

练习6：已知函数 $f(x)$ 的定义域为 R。当 $x<0$ 时，$f(x)=x^3-1$；当 $-1\leqslant x\leqslant 1$ 时，$f(-x)=-f(x)$，当 $x>\frac{1}{2}$ 时，$f(x+\frac{1}{2})=f(x-\frac{1}{2})$。则 $f(6)=$（ ）。

生：答案选D。

练习7：偶函数 $y=f(x)$ 的图像关于直线 $x=2$ 对称，$f(3)=3$，则 $f(-1)=$_____。

生：由偶函数 $y=f(x)$ 的图像关于直线 $x=2$ 对称可以知道函数的周期为4，$f(-1)=f(3)=3$。

师：从练习4至练习7，都要求从抽象的解析式中抽象出函数性质，结合图形解决问题。

四、举一反三，巩固拓展

练习8：函数 $f(x)$ 是定义在 $(-2,2)$ 上的奇函数，当 $x\in(0,2)$ 时，$f(x)=2^x-1$，则 $f(\log_2\frac{1}{3})$ 的值为（ ）。

A. -2　　　　B. 2　　　　C. 7　　　　D. -7

生：由奇函数的性质及对数运算法则可求答案，由题意得，$f(\log_2\frac{1}{3})=f(-\log_2 3)=-f(\log_2 3)=-(2^{\log_2 3}-1)=-(3-1)=-2$，故选A。

师：该题考查函数的奇偶性、对数的运算法则，属基础题，正确运用对数的运算法则是解题关键。

练习9：已知 $f(x)$ 在 R 上满足 $f(x+4)=f(x)$，当 $x\in(0,2)$ 时，$f(x)=2x^2$，则 $f(2017)=$（ ）。

A. -2　　　B. 2　　　C. -98　　　D. 98

生：因为 $f(x+4)=f(x)$，所以 $f(x)$ 的周期为4，所以 $f(2007)=f(504\times4+1)=f(1)=2$，故选B。

师：本题是对函数周期性的考查。

练习10：定义在 R 上的奇函数 $f(x)$ 满足 $f(x-2)=-f(x)$，且在[0,1]上是增函数，则有（ ）。

A. $f(\frac{1}{4})<f(-\frac{1}{4})<f(\frac{3}{2})$　　　　B. $f(-\frac{1}{4})<f(\frac{1}{4})<f(\frac{3}{2})$

C. $f(\frac{1}{4})<f(\frac{3}{2})<f(-\frac{1}{4})$　　　　D. $f(-\frac{1}{4})<f(\frac{3}{2})<f(\frac{1}{4})$

生：因为 $f(x-2)=-f(x)$，所以函数周期 $T=4$，且函数图像关于 $x=-1$ 对称，由奇函数和单调性得到 $f(-\frac{1}{4})<f(\frac{1}{4})<f(\frac{3}{2})$，故选B。

师：本题是函数单调性和周期性的交汇问题。

练习11：函数 $f(x)=\dfrac{2^x+a}{2^x-a}$ 为奇函数，则实数 a 的值为_____。

生：函数 $f(x)=\dfrac{2^x+a}{2^x-a}$ 为奇函数，可得 $\dfrac{2^{-x}+a}{2^{-x}-a}=-\dfrac{2^x+a}{2^x-a}$，化简即可得出 $\dfrac{1+a\cdot 2^x}{1-a\cdot 2^x}=$ $-\dfrac{2^x+a}{2^x-a}$，故 a＝1或－1。

师：本题考查了奇函数的性质，考查学生的计算能力，属于基础题。

练习12：设 $f(x)$ 是定义在 R 上的奇函数，且对任意实数 x 恒有 $f(x+2)=-f(x)$，当 $x\in[0,2]$ 时，$f(x)=2x-x^2$。

（1）求证：$f(x)$ 是周期函数；

（2）当 $x\in[2,4]$ 时，求 $f(x)$ 的解析式；

（3）计算 $f(0)+f(1)+\cdots+f(2018)$ 的值。

生：（1）因为 $f(x+2)=-f(x)$，所以 $f(x+4)=-f(x+2)=f(x)$，因此，$f(x)$ 是以4为周期的函数。

（2）$x\in[-2,0]$ 时，$-x\in[0,2]$，$f(-x)=-2x-x^2$；因为 $f(x)$ 是奇函数，所以 $f(x)=-f(-x)=-(-2x-x^2)=2x+x^2$；当 $x\in[2,4]$ 时，$x-4\in[-2,0]$，所以 $f(x-4)=2(x-4)+$ $(x-4)^2$；因为 $f(x)$ 以4为周期，所以 $f(x)=f(x-4)=(x-4)^2+2(x-4)=x^2-6x+8$。

（3）由（1）、（2）可知 $f(0)=0,f(1)=1,f(2)=0,f(3)=-1$，所以 $f(0)+f(1)+\cdots+f(2018)=$ $504\times[f(0)+f(1)+f(2)+f(3)]+f(2016)+f(2017)+f(2018)=1$。

师：本题再一次考查了结合函数性质由数到形，由形到数的转化。

五、课堂小结，强化认知

师：本节课有哪些收获？

生：根据代数恒等式的结构特征，我们可以借助图像的直观，利用形的角度去解读这些抽象的恒等式，体会由数到形，由形认识数的过程，在以后的学习中，一定树立这个意识，培养直观想象能力。

第三章

培育逻辑推理核心素养

第一节 逻辑推理的内涵与价值

一、逻辑推理的内涵

逻辑推理主要包括两类：一类是从特殊到一般的推理，推理形式主要有归纳、类比，即合情推理；另一类是从一般到特殊的推理，推理形式主要有演绎，即演绎推理[①]。逻辑推理素养是指从一些事实和命题出发，依据规则推出其他命题的素养。

为了让读者更加容易理解合情推理和演绎推理，我们举一个生活中的例子。甲村有A，B，C，D等几位青壮年，A去广州市做建筑工人一年挣了十万元，B知道了"A去广州做建筑工人一年挣十万元"（A命题）这个事实，就进行类比，得到"B去广州做建筑工人一年挣十万元"（B命题）这个命题。像这样由特殊（A命题）到特殊（B命题）的推理形式，就是本文要讨论的类比推理。显然，"A去广州做建筑工人一年挣十万元"是当前推理的事实，是真命题，即A命题为真；但是，"B去广州做建筑工人一年挣十万元"是通过类比推理得到的一个命题，这个命题不一定为真，也就是说，B去到广州做建筑工人一年可能不止挣十万元，也可能不足十万元，即B命题是或然的。通过这个例子，我们不仅形象化地理解了类比推理，而且知道了类比推理的结果是或然的，不是必然的。我们继续深入研究刚才的例子：第二年，B和C都去广州做建筑工人，一年也各挣了十万元，当D知道了A，B，C都去广州做建筑工人一年各挣了十万元，D就会进行归纳，猜想得出"青壮年去广州做建筑工人一年能挣十万元"这个命题，这就是本文要研究的归纳推理。显然，归纳推理得出的命题仍然是不确定的，即或然的。总的来说，合情推理主要包括类比推理和归纳推理，其结果是或然的。至此，我们对类比推

[①]中华人民共和国教育部.普通高中数学课程标准：2017年版[M].北京：人民教育出版社，2018.

理、归纳推理有了一个生活化的理解。但是在数学上，我们通常不满足于由特殊到特殊的推理，我们希望得到一个一般性的、更大范围的、普适性的命题或者结论，所以我们往往在从 A 命题到 B 命题的类比推理之后，继续到 C 命题以及更多命题，然后进行归纳，得到适用于更大范围的命题，所以，我们通常将类比推理、归纳推理都看成是从特殊到一般的推理形式：合情推理。

上文提到了合情推理的结果是或然的，那为什么我们还要如此重视合情推理呢？在高中新课改以前，"轻归纳，重演绎"，赶进度，追求"短、平、快"的教学方式是普遍现象；而且还形成了"轻来龙去脉、重类型强化，轻结论探索、重结论运用"的所谓"高效教学"的风气。长此以往，是不利于数学学科核心素养发展的。纵观科学史上的重大结论，大部分都是以合情推理（类比、归纳等）做出猜想，然后再运用演绎推理去证明的。下面，我们就举例说明演绎推理。已知"青壮年去广州做建筑工人一年能挣十万元"，那么我们可以推出"甲村的 A（B,C,D）去广州做建筑工人一年能挣十万元"这样的命题，且是真命题，即由一般性的命题推出特殊的命题。通过以上的例子，我们更加形象地理解了演绎推理，并且知道演绎推理的结果是必然的。

总的来说，数学逻辑推理素养是依托于逻辑推理而凝练出的个人的一种外显的逻辑推理能力和内隐的逻辑推理思维品质，内隐的逻辑推理思维品质与外显的逻辑推理能力是数学逻辑推理素养的两个不同方面。内隐的逻辑推理思维品质是指能够根据问题的相似性、关联性，联系、发展地看问题，通过类比、归纳、外推等思维活动，猜想某些或然的结论或者提出或然的新的命题，即内隐的逻辑推理思维品质侧重于在抽象的大脑空间进行类比、猜想、探索、预演等活动；外显的逻辑推理能力通常是指根据公式、定理等，用演绎的方式求解问题或证明命题的能力，即外显的逻辑推理能力侧重于现实空间表达、书写、验证。当然，数学逻辑推理思维品质水平越高，类比、归纳出的事物性质、特点也就越精准，对于数学逻辑推理外显能力的方向性指导意义也就越大。也就是说，内隐的逻辑推理思维品质能够为外显的逻辑推理能力指明方向。

二、逻辑推理的价值

1.学科价值

《课标》指出，逻辑推理是得到数学结论、构建数学体系的重要方式，是数学严谨性的基本保证，是人们在数学活动中进行交流的基本思维品质。

数学的学习和研究往往开始于具体问题和特殊情况，在得到某一特殊情况的结论后，通过归纳、类比等逻辑推理方式，得出具有一般性和普适性的结论或者命题，最后运用演绎推理去论证，将最原始的、特殊情况下的结论发展为一般规律，构建完整的数学理论体系。因此，数学逻辑推理素养从学科价值来说，是重要方式和基本保证。

下面以"三角形两边之和大于第三边"为例加以说明，我们先观察几个特殊的三角形边长，以 (a,b,c) 的形式表示如下：$(3,4,5)$，$(1,2,2)$，$(1,1,1)$，$(1,1,\sqrt{3})$。我们发现任何一个三角形的两边之和都大于第三边，于是我们猜想到"三角形两边之和大于第三边"，这是通过合情推理的方式得出的结论，不一定是正确的，所以，我们要运用演绎推理进行论证，才能保证结论的严谨性。我们运用"两点间线段最短"这个公理，容易证明"三角形两边之和大于第三边"这个猜想命题是真命题，那么，这个命题经过合情推理、演绎推理就发展成了一个一般性规律。我们还可以进行进一步探索，将三角形与四面体进行类比推理，得出"四面体三侧面面积之和大于底面面积"这样的命题，这个命题同样是或然的，需要运用演绎推理进行论证以保证结论的严谨性。由此可以看出，逻辑推理素养既是发现命题的重要方式，也是数学学科中构建完整命题体系和数学严谨性的基本保证。

纵观数学发展史，19 世纪以前，数学和现实几乎紧密相连，从 19 世纪中期的"符号逻辑"（希尔伯特的形式主义学派）到 20 世纪中期的"结构-公理化"（布尔巴基学派）可以看出，数学脱离了实际很难继续发展。因此，高中数学教学应该通过典型实际例子的分析和学生的自主探索活动，让学生体会数学问题的实际背景，理解数学概念、结论产生的背景条件和结论逐步形成、完善的过程。高中数学逻辑推理核心素养的培育亦然，应在上述过程中，让学生体会其中蕴含的数学思想，体验寻找和发现真理的方法，养成在数学活动中进行交流的逻辑推理素养。

2.育人价值

《课标》指出，通过高中数学课程的学习，学生能掌握逻辑推理的基本形式，学会有逻辑地思考问题；能够在比较复杂的情境中把握事物之间的关联，把握事物发展的脉络；形成重论据、有条理、合乎逻辑的思维品质和理性精神，增强交流能力。

当今教育，其目标是追求人的全面发展，而教育活动参与的主体人群是教师和学生，下面从教师发展和学生发展两个方面阐述逻辑推理的育人价值。

从教师发展层面，《中小学教师职业道德规范》第六条便提到了"终身学习"，所以，作为教师，也要不断追求自身专业技能的提升。随着高考改革和新高考的到来，培育学生的学科核心素养不只是给教师带来的极大挑战，更是教师提升专业技能的大好契机。为了培育学生逻辑推理核心素养，要求教师在备课的时候有意识地设计相关环节，让学生在教学过程中感受合情推理、演绎推理；教学完成后，可以通过学生的反馈，进行教学反思，改进下一次的教学。我们可以尝试这样思考：我的整个课堂设计的逻辑是否合理？这次针对这个知识点设计的较好的逻辑推理提问，是否可以类比迁移到下一个知识点……这样，教师就有了培育学生逻辑推理核心素养的意识，并且也在有意识地提升自身的逻辑推理素养，运用于自己的教学设计、课堂教学等，从而促进自身的专业发展。

从学生发展层面，教育家加里宁说过："数学是锻炼思维的体操。"在严密的逻辑推理过程中，待学生掌握推理的基本形式后，可以像做体操一样锻炼自己的思维，学会有逻辑地思考问题。此外，学生在学习高中数学的过程中，会体验"怎样提出问题""怎样探索、分析问题""怎样猜想结论""怎样论证结论""结论还可以做哪些引申和外延"等，这些都需要在高中数学逻辑推理素养的培育过程中，让学生慢慢感受和体会。最后，我们期望学生能将这些思维品质内化于心，变成个人终身的能力、品格，这样也就实现了逻辑推理素养的育人价值。

第二节　基于逻辑推理素养表现的实践研究

一、掌握推理的基本形式和规则

推理的基本形式有合情推理和演绎推理。合情推理具有猜测和发现结论、探索和提供解决问题的思路和方向的作用；演绎推理则具有证明结论，整理和构建知识体系的作用，是公理体系中的基本推理方法[①]。《课标》将学生的逻辑推理素养划分为三个水平，下面就按照这三个水平举例说明。

1.熟悉的情境，简单的问题

《课标》对逻辑推理素养水平一的要求是：能够在熟悉的情境中，用归纳或类比的方法，发现数量或图形的性质、数量关系或图形关系。能够在熟悉的数学内容中，识别归纳推理、类比推理、演绎推理；知道通过归纳推理、类比推理得到的结论是或然成立的，通过演绎推理得到的结论是必然成立的。能够通过熟悉的例子理解归纳推理、类比推理和演绎推理的基本形式。了解熟悉的数学命题的条件与结论之间的逻辑关系；掌握一些基本命题与定理的证明，并有条理地表述论证过程。能够了解熟悉的概念、定理之间的逻辑关系。能够在交流过程中，明确所讨论问题的内涵，有条理地表达观点。

根据该要求，要注意培养学生具有"在熟悉的情境中，用归纳或类比的方法，发现数量或图形的性质、数量关系或图形关系"的能力，并且知道归纳或者猜想的结论是或然的，知道可以运用演绎推理经过严格的数学逻辑推理证明猜想的结论正确与否。

总之，水平一的要求植根于熟悉的情境、简单的问题，即基本知识和基本技能；侧重于合情推理，通过归纳、类比猜想出结论，侧重于发现命题和结论，但是也要求掌握基本的演绎推理规则，即利用所学知识或者基本常识进行简单的演绎推理。那么，在这个部分我们该怎么做呢？下面通过三个例题加以说明。

例题 3-1　王员外家宴请宾客，都快到吃饭的时间了，只有李员外和张员外到了，着急的王员外说了句"该来的还没来"，结果李员外生气地走了；着急的王员外又说了句"不该走的却走了"，结果张员外也生气地走了。请问为什么？

这是一个典型的与逻辑推理相关的生活情境，可以让学生体会逻辑推理与实际生活

[①] 史宁中，王尚志.普通高中数学课程标准（2017年版）解读[M].北京：高等教育出版社，2018.

的紧密联系。王员外说"该来的还没来",李员外就会根据这个事实进行演绎推理,"该来的"宾客"还没来",那么我来了,我就是"不该来的",所以我还是走了吧;王员外又说"不该走的却走了",张员外就会根据这个事实进行演绎推理,"不该走的"宾客"走了",李员外走了,李员外就是不该走的,而这里只有我和李员外,我就是"该走的",所以我还是也走了吧。

新的课程标准将逻辑推理能力上升到逻辑推理核心素养。学生高中毕业以后,以及进入社会乃至很多年以后,可能很多知识已经遗忘,但是通过学习知识而获得的核心品质却能够保留,成为其基本思维品质。

例题 3-2 已知数列 $\{a_n\}$ 的第 1 项 $a_1 = 1$,且 $a_{n+1} = \dfrac{a_n}{1+a_n}$($n = 1,2,3,\cdots$),试归纳出这个数列的通项公式。

根据课程标准的要求,我们教学的时候,要注意引导学生观察已知的数据,通过归纳的方法,发现数量关系,即有意识地引导学生掌握归纳推理的基本形式和规则,进一步培育学生的合情推理素养。在例题 3-2 中,要归纳出通项公式,由于题目只有第 1 项数据,所以我们可以引导学生先根据递推关系依次写出第 2 项、第 3 项,甚至第 4 项、第 5 项,然后将这些数据依次排列整齐,方便观察,得到如下形式:

$$n = 1,\ a_1 = 1 ;$$
$$n = 2,\ a_2 = \frac{1}{2} ;$$
$$n = 3,\ a_3 = \frac{1}{3} ;$$
$$n = 4,\ a_4 = \frac{1}{4} ;$$
$$\cdots$$

根据以上数据,引导学生得出:数列的前 4 项都等于相应序号的倒数。然后,引导学生运用基本推理形式之归纳推理,得出通项公式:

$$a_n = \frac{1}{n}, n \in \mathbf{N}^* 。$$

最后,我们可以问同学们几个问题:

①我们根据前几项猜想归纳出了数列的通项公式?(4 项)

②这个通项公式针对数列的其他项是否一定成立?(不一定)

③怎样才能证明归纳猜想结果一定成立或者是针对部分成立?(演绎推理)

通过这几个问题,学生能够明白,归纳猜想的结论是或然的,可以通过演绎推理的方式来证明,而演绎推理证明的结论是必然的。

根据建构主义理论,我们要充分发挥学生个体的主观能动性,在整个学习过程中,要求学生能够以原有的经验为基础,通过与外界的相互作用来建构新的理解,在头脑中去主动建构数学知识。在例题 3-2 中,我们要考虑到高中学生经过小学和初中数学的学习，已经具备了观察数字找规律的基本素养（原有经验），在培育高中学生归纳推理核心素养（水平一）的时候，只需要结合高中数列基本知识，引导学生主观能动地去构建新的知识体系：归纳、猜想数列的通项公式（建构新知识）。

在学生已经具备归纳、类比的逻辑推理素养后，我们可以再结合维果斯基的"最近发展区"理论，设置问题②、③，引导学生主观能动地思考如何判定自己的归纳、猜想的结果是否正确，进一步培育学生的演绎推理素养（水平一）。这样，我们在平时例题教学的过程中，就能做到有意识地引导学生掌握推理的基本形式和基本规则，从而将培育学生的逻辑推理素养融入平时的课堂教学中去，让教师感觉培育学生逻辑推理素养如信手拈来一般。

例题3-3　四棱锥中的平行问题

如图，在四棱锥 $P-ABCD$ 的底面 $ABCD$ 中，$AB /\!/ DC$。回答下面的问题：

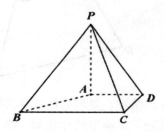

（1）在侧面 PAB 内能否作一条直线段使其与 DC 平行？如果能，请写出作图过程并给予证明；如果不能，请说明理由。

（2）在侧面 PBC 内能否作一条直线段使其与 AD 平行？如果能，请写出作图过程并给予证明；如果不能，请说明理由。

解析：直线与直线、直线与平面、平面与平面的平行和垂直等位置关系是高中立体几何内容的重点，也是教学的难点。设计探索性问题，让学生在运用平行和垂直相关定理进行判断、说理的活动过程中，培育和提升逻辑推理素养。

如上述（1）问，答案是能作出平行线。具体作法是，在侧面 PAB 内作 AB 的平行线；因为 $AB /\!/ DC$，根据平行公理，这条平行线也必然平行于 DC。在这个过程中，要求学生知道在平面内作与平面外直线平行的直线，需要寻求平面外直线与这个平面之间的关联，可以培育逻辑推理素养[①]。

总之，针对"熟悉的情境，简单的问题"，我们可以根据实际情况，综合教育学原理、新课程标准、教材具体知识、学生具体情况（学情），合理设计教学，选择学生感兴趣的"生活情境"、相对严谨的"数学情境"等进行师生共同讨论、研究学习，合理设计教学，让学生在运用基本知识解决问题的过程中，形成对推理形式和规则的认识，有意识地培育学生逻辑推理核心素养。

---

①中华人民共和国教育部.普通高中数学课程标准:2017年版[M].北京：人民教育出版社，2018.

2.关联的情境，较复杂的问题

根据《课标》对培养学生逻辑推理素养水平二的要求，我们在教学中，要注意培养学生"在关联的情境中，发现并提出数学问题，用数学语言予以表达；能够理解归纳、类比是发现和提出数学命题的重要途径"的能力。为了能够具体说明，我们以例题的形式来展示。

例题 3-4 四边形内一点到四个定点距离之和最小问题

如图，某镇有 A、B、C、D 四个村庄，且 $ABCD$ 构成一个如图所示的凸四边形。2009 年 8—9 月，干旱严重，A、B、C、D 四个村庄严重缺水，该镇决定在四个村庄附近钻一口深水井以解决村民饮水问题。已知该地区地下水等可能分布，要求深水井到四个村庄的输运水管的长度总和最小，求深水井应该在什么位置？

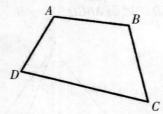

解析： 本题是一个生活化的情境，要求运用数学逻辑推理解决实际问题。为了能够帮助学生在潜意识水平掌握推理的基本形式和规则，结合教学实际，我们坚持以生活化的情境来提升学生的兴趣。《课标》提出"在关联的情境中，发现并提出数学问题，用数学语言予以表达""通过对条件和结论的分析，探索论证思路，选择合适的方法予以证明"的水平二的要求，因此，学生应该能够运用已有的知识储备，对某些关联的问题进行类比、归纳推理，猜想出结论，再运用演绎推理进行探索论证。针对本题，我们可以设置一系列问题引导学生探索、构建一个递进式的证明思路，引导学生在这个过程中认识、理解、掌握推理的基本形式和规则，进一步培育学生的逻辑推理素养。问题设置示例如下：

①如果只考虑 A、C 两个村庄，深水井应该选在什么位置？（类比推理）

②如果只考虑 B、D 两个村庄，深水井应该选在什么位置？（类比推理）

③问题①②与原题有什么联系？（归纳推理）

④如何表达证明过程？（演绎推理）

相信学生在教师的引导下完成类似于上述的 4 个小问题后，应该已经能够解决例题 3-4 了，而且在这个过程中，也让学生更加深刻地体会到了逻辑推理的基本形式和规则，让学生在理解类比推理的形式和规则的基础上，再进行相应的演绎推理，完整地感受合情推理和演绎推理同时运用，打出一套"组合拳"的威力！

3.综合的情境，复杂的问题

根据《课标》对培养学生逻辑推理素养水平三的要求，我们在教学中，要注意培养学生"在综合的情境中，用数学的眼光找到合适的研究对象，提出有意义的数学问题"的能力，使学生能够体会常用逻辑推理方法中所蕴含的数学思想，针对较为复杂的数学问题，能够构建过渡性命题，一步一步探索论证的途径，解决问题，甚至能跨学科地运用数学的眼光和思维进行表达和交流。

由于水平三要求较高，可能只有少数学生能够达到，所以体现水平三的知识载体可能会超越教材，但又植根于教材。水平三的要求侧重于数学眼光和应用数学的意识，不仅要求能够运用合情推理猜想数学结论，而且要求能够运用演绎推理进行论证，甚至将数学思想运用到其他学科。所以，在"掌握推理的基本形式和规则"板块，要求学生不仅理解推理的规则和形式，而且要求能够灵活运用，下面通过3个例题说明。

例题 3-5 已知椭圆 $\frac{x^2}{16}+\frac{y^2}{7}=1$，定点 $G(1,2)$，M 为椭圆上动点，B 为右焦点，求 $|MG|+\frac{4}{3}|MB|$ 的最小值。

教师在引导学生解决这类问题的时候，可以先根据人教A版（2007版）教材选修2-1（76页）的阅读材料，引导学生运用数学的眼光，类比、猜想、探索求解论证的方法（合情推理）；然后运用演绎推理进行试解、试证（演绎推理），求解最值；最后指导学生将这一类问题进行归纳，运用归纳推理，得到一般性结论。在这个过程中，让学生再次感受类比推理、演绎推理、归纳推理等推理形式的有机组合，提高学生的逻辑推理素养水平，达到水平三的标准。

例题 3-6 已知椭圆 $C:\frac{x^2}{a^2}+\frac{y^2}{b^2}=1(a>b>0)$ 的离心率为 $\frac{\sqrt{3}}{3}$，且椭圆 C 过点 $P\left(1,\frac{2\sqrt{3}}{3}\right)$。

（1）求椭圆 C 的方程；

（2）设椭圆 C 的右焦点为 F，直线 l 与椭圆 C 相切于点 A，与直线 $x=3$ 相交于点 B，求证：$\angle AFB$ 的大小为定值。

解析：（1）过程略，椭圆方程为 $\frac{x^2}{3}+\frac{y^2}{2}=1$。

（2）从学生角度来看，本题让学生证明结果为定值，但又没有告诉学生定值是多少，有一定的方向性，但又不明确，所以很多学生无从下手。

从素养立意考查的角度来看，本题故意设置若隐若现的命题证明，是为了考查学生"掌握推理的基本形式和规则""能够在复杂的综合的情境中运用数学的眼光去看待问题、数学的思维去解决问题"的能力，因此这道题在考查学生逻辑推理核心素养方面，提供了一个非常好的情境。

从教学设计的角度来看，我们可以设计如下的步骤，来引导学生利用逻辑推理来思考以及"掌握推理的形式和规则"：

①思考可否通过特殊情况找到这个"定值"。（从特殊情况入手，先得到一个特殊情况下的命题或者结论。）

②类比、归纳、猜想其他情况下角的大小也是这个"定值"。

③引导学生证明任何一种情况下角的大小仍然是这个"定值"。（知道演绎推理这种形式推出的结论是必然的，并运用演绎推理证明这个命题。）

最后，我们可以通过本题小结的方式，总结本题（需要证明的结论是"半透明"的）的解题思路：特殊情况（命题A）→类比、归纳一般情况（命题B）→演绎推理证明命题B；然后跳出本题，运用类比迁移的推理方式，引导学生思考，类似的（需要证明的结论是"半透明"的）证明题是否都可以这样解决？这样的教学设计，能培育学生"掌握推理的基本形式和规则"的素养。

例题3-7　覆盖问题

设桌面上有一个由铁丝围成的封闭曲线，周长是 $2L$。回答下面的问题：

（1）当封闭曲线为平行四边形时，用直径为 L 的圆形纸片是否能完全覆盖这个平行四边形？请说明理由。

（2）求证：当封闭曲线是四边形时，若为正方形，面积最大。

首先，针对这类问题，需要引导学生完成从生活语言到数学语言的转化，表达清楚什么是完全覆盖。用生活语言可以表述为，周长为 $2L$ 的平行四边形包含的点都在直径为 L 的圆面内，显然这个层面的表述是无法进行论证的；用数学语言可以表述为，周长为 $2L$ 的平行四边形内的任意一点到圆心的距离不大于 $\frac{L}{2}$，可是，这样的表述又脱离了完全覆盖的背景；因此，我们对条件进行加强，在表述中加上条件——"让平行四边形的对称中心与圆的圆心重合"。

如果学生能够得到可以完全覆盖的结论，但只是证明了平行四边形对角线的长度不大于 L，说明学生已经有了论证的思路，能够完成合情推理过程，但还没有理解完全覆盖的几何本质。

如果学生进一步证明平行四边形四个顶点到对称中心距离不大于圆的半径，但没有说明平行四边形内其他点的情况，说明学生理解了完全覆盖的几何本质，但证明过程还不够严谨，可以认为达到逻辑推理素养水平二的要求。为了能让学生达到水平三的要求，仍然需要继续引导学生思考和完善解答过程。

如果学生能够完整证明平行四边形上的点到对称中心距离都不大于圆的半径，说明学生已经基本掌握了数学证明，可以认为达到逻辑推理素养水平三的要求。

为了完成原命题的证明，我们可以引导学生探索、构建一个递进式的证明路径，由最特殊的、最简单的正方形验证结论成立，再利用类比推理逐步放宽条件，过渡到任意四边形，经过合情推理，猜测结论仍然成立。接下来，引导学生进一步利用所学过的数学知识进行演绎推理，严密地论证上述路径的每一步都是成立的，那么原命题也就成立

了。下面给出一个示例:

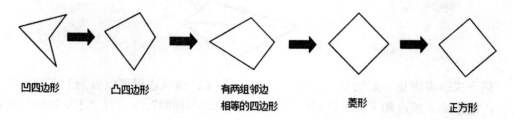

凹四边形　　　凸四边形　　　有两组邻边　　　　菱形　　　　正方形
　　　　　　　　　　　　　　　相等的四边形

我们将上图中周长都为 $2L$ 的四边形的面积分别记作 S_1、S_2、S_3、S_4、S_5,则 $S_5 = \dfrac{L^2}{4}$。

第一步,证明 $S_4 < S_5$。如下图,菱形的边长为 $\dfrac{L}{2}$,设菱形的对角线长分别为 $2a$ 和 $2b(a \neq b)$,则 $S_4 = 2ab$,且 $a^2 + b^2 = \dfrac{L^2}{4}$,由基本不等式得 $a^2 + b^2 > 2ab$,即 $S_4 < S_5$。

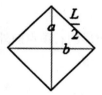

第二步,证明 $S_3 < S_5$。如下图所示,已知 $a + b = L$ 且 $a > b$,$S_3 = 2\left[\dfrac{1}{2}x(y_1 + y_2)\right] = x(y_1 + y_2)$,在直角三角形中,直角边小于斜边,所以 $x < b$;

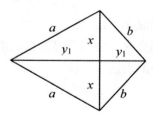

在三角形中,两边之和大于第三边,所以 $y_1 + y_2 < a + b$,

根据不等式原理,有 $x(y_1 + y_2) < b(a + b) = ab + b \cdot b$,

进一步放大得到,$ab + b \cdot b < ab + ab = 2ab = S_4$,即 $S_3 < S_4 < S_5$。

第三步,证明 $S_2 < S_5$。为了证明 $S_2 < S_5$,我们先构造一个过渡的 S_2',如下图所示,其中 $a + b = c + d = L$,且 $b < a$,$d < c$,可知该四边形的上下两个顶点位于椭圆上,容易得到,当 $a = b$ 且 $c = d$ 时,S_2' 取最大值 S_4,又因为 $b < a$,$d < c$,故无法取等号,所以 $S_2' < S_4 < S_5$;

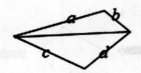

接下来，考虑更一般的情况，设 $a+b<L<c+d$ ，则四边形可以分为上下两个三角形，四边形的上顶点和下顶点分别位于两个不同的"半椭圆"上，且"下半椭圆"的短轴更长，根据椭圆内接三角形的性质，显然当 $a+b=c+d$ 时，该四边形面积最大，且为 S_2' ，即 $S_2<S_2'<S_5$ ；

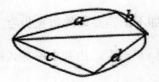

综上可知， $S_2<S_5$ 。

第四步，证明 $S_1<S_5$ 。将凹四边形的右顶点向外拉伸，得到如下图所示的对应凸四边形，设其面积为 S_1' ，显然 $S_1<S_1'<S_5$ 。

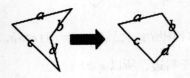

综合以上四步可知，原命题成立。（证毕）

总体而言，水平三有更高的要求：会用严谨的数学语言表达论证过程；能够合理地运用数学语言和思维进行跨学科的表达与交流[1]。

二、发现和提出命题

在掌握了推理的基本形式和规则之后，我们要求学生能够运用类比、归纳等合情推理发现和提出命题。发现和提出命题也是逻辑推理的重要表现形式之一，而且很多大数学家都认为有时候发现和提出命题比证明命题更重要。纵观科学史上重大结论的发现，大部分都是在某些生活现象中以或然的合情推理做出猜测，然后再进行演绎推理证明，著名的哥德巴赫猜想也是如此。

一线教师在平时的课堂教学中，如何恰当地引导学生运用类比推理、归纳推理等合情推理去发现和提出命题呢？下面举例说明。

---

[1]史宁中，王尚志.普通高中数学课程标准（2017年版）解读[M].北京：高等教育出版社，2018.

1.熟悉的情境，简单的问题

能够在熟悉的情境中，发现数量或图形的特征、数量关系或图形关系。能够在数学的教学内容中，发现问题，找出逻辑规律，并提出命题，有条理地表达自己的观点和猜想，是《课标》对水平一的要求。

水平一根植于熟悉的情境，简单的问题，即基本知识和技能，侧重于发现问题。那么，问题是怎么提出的？概念是怎么形成的？诸如此类的问题，才是教师应该引导学生去发现并思考的。因此，在教学过程中，我们应该怎么引导学生发现问题并提出命题呢？下面通过两个例题加以说明。

例题3-8　一名法官在审理一起珠宝盗窃案时，四名嫌疑人甲、乙、丙、丁的供词如下。

甲说："罪犯在乙、丙、丁三人之中"；乙说："我没有作案，是丙偷的"；丙说："甲、乙两人中有一人是小偷"；丁说："乙说的是事实"。经过调查核实，四人中有两人说的真话，另外两人说的是假话，且四人中只有一人是罪犯，由此可以判断罪犯是谁？

对于此类题型，我们可以从两个方面去讨论。一方面是猜想，然后得出矛盾：首先引导学生找出题目中的关键所在，即两人说假话，两人说真话，且只有一人犯罪；其次可以猜想罪犯是甲，于是乎从他们的供词可以发现甲、乙、丁在说谎，与条件矛盾；再猜想罪犯是乙，从供词可以发现甲、丙说真话，乙、丁在说谎，符合题设条件；再猜测丙是罪犯，则可以发现甲、乙、丁说的真话，丙在说谎，不满足题意；同理猜测丁是罪犯，则可以发现乙、丙、丁都在说谎，也与条件矛盾。通过上面的猜测并发现问题，可以找出罪犯是乙。另一方面是归纳已知条件，找出问题所在：由题可知，乙、丁两人观点一致，即同真同假，猜测乙、丁说的是真话，那么甲、丙说的是假话，由乙说的是真话，推出丙是罪犯，由甲说假话，推出丙不是罪犯，两个结论矛盾，于是乎说明乙、丁两人说的假话，甲、丙两人说的是真话，由甲、丙供词可得，乙是罪犯。

在教学中，学生是主体，教师只是发挥引导作用，需要引导学生从语言或者事实现象中发现问题，通过猜想和推理论证得出结论。

例题3-9　已知各项都为正数的数列 $\{a_n\}$ 满足 $a_1=1$ ， $a_n^2-(2a_{n+1}-1)a_n-2a_{n+1}=0$ 。求数列 $\{a_n\}$ 的通项公式。

通过归纳的方法，发现数量之间的关系，是解决数列问题的关键。本题要归纳通项公式，根据题意知道首项以及后一项与前一项之间的关系，因此教师可以提出以下几个问题：

①通项公式是后面的项与前一项的关系吗？

②通项公式中有哪些项是已知的？哪些项是未知的？

③需要求解通项公式时，已知第一项，我们如果能找到后面几项，是不是能发现规律，猜测出通项公式呢？

引导学生根据递推关系依次写出第2项、第3项，甚至第4项、第5项，得到如下数据：

$$n=1，\quad a_1=1;$$
$$n=2，\quad a_2=\frac{1}{2};$$
$$n=3，\quad a_3=\frac{1}{4};$$
$$n=4，\quad a_4=\frac{1}{8};$$
$$n=5，\quad a_5=\frac{1}{16};$$
$$\cdots$$

通过观察每一项的数据，每一项的值与项数之间的关系，以及数据中每一项与前一项之间的关系，引导学生发现并提出一个猜想：数列的首项为1，后一项是前一项的$\frac{1}{2}$倍，从而得出通项公式为$a_n=\frac{1}{2^{n-1}}$，最后通过演绎推理进行合理的证明。（证明过程如下）

由$a_n^2-(2a_{n+1}-1)a_n-2a_{n+1}=0$得：$2a_{n+1}(a_n+1)=a_n(a_n+1)$。因为数列$\{a_n\}$的每一项都是正数，所以$a_n+1>0$，得：$\frac{a_{n+1}}{a_n}=\frac{1}{2}$，故$\{a_n\}$是首项为1，公比为$\frac{1}{2}$的等比数列，因此$a_n=\frac{1}{2^{n-1}}$。

"熟悉的情境，简单的问题"（水平一）的要求，即在掌握基本知识的基础上，发现生活中的现象规律，并提出问题，从而进行合理猜测。所谓"千里马常有，而伯乐不常有"，有时缺的并不是美，而是发现美的眼睛。同样的道理，在数学教学过程中，教师应该善于引导学生发现数学问题，找出规律或事实所在，并根据实际情况进行合理猜测，从而有意识地培养学生的逻辑推理能力。

2.关联的情境，较复杂的问题

《课标》对学生逻辑推理素养水平二的要求是：在关联的情境中，发现并提出数学问题，用数学语言予以表达；能够根据自己的知识储备，进行有关联的探索论证。下面通过举例来具体说明。

1666年的秋天，在英国北部林肯郡一个名叫乌尔斯索普的村庄里，发生了这样一件小事。一天傍晚，学习了一天的牛顿感到有些疲倦，他想休息一下，于是信步来到自家的苹果园里，坐在一棵苹果树下，欣赏着满园的果实。面对这美妙和谐的大自然，牛顿总是隐隐约约感到在神秘的自然界中，有某种规律支配着物体的运动，可是这个规律是什么呢？苹果的阵阵幽香，使牛顿不知不觉又沉浸于对天体运动之谜的思考之中，这时一个苹果恰好从树上落下来，他忽然想到，为什么苹果总是垂直落向地面呢？为什么苹果不向外侧或向上运动，而总是向着地球中心运动呢？毫无疑问，这是地球向下拉着它，有一种向下的拉力作用在苹果上，而且这个向下的拉力方向必须指向地球中心，而不是指向地球的其他部分，所以苹果总是垂直下落，或者说总是朝向地球的中心。这个力就是我们现在说的万有引力。

伟大的物理学家牛顿在发现万有引力的时候，就是根据生活中苹果垂直落向地面这一现象规律或事实，发现问题，提出问题，从而进行合理猜测的。这个过程中牛顿表现出来的逻辑推理素养，便是水平二的要求。

从这个例子中，我们也可以看出，逻辑推理并不只存在于数学这一门学科中，在其他学科中，也有重要作用。

3. 综合的情境，复杂的问题

《课标》对学生逻辑推理素养水平三的要求是在综合的情境中，用数学的眼光找到合适的研究对象，构建数学体系的公理化思想。下面举例说明。

案例3-1　在人教 A 版（2007版）数学必修1关于"幂函数性质"的教学过程中，先让学生观察几个特殊幂函数 $y = x^{-1}$，$y = x^{\frac{1}{2}}$，$y = x$，$y = x^2$，$y = x^3$ 的图像，如下图，提出以下几个问题来引导学生思考并发现问题：

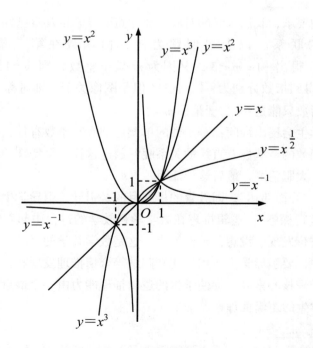

①幂函数的基本形式是怎样的?

②从解析式和图像上观察,以上几个幂函数的不同之处在哪里?

③观察第一象限图像,你发现指数与图像位置的关系了吗?并画出 $x=1$ 这一条直线。

在老师的引导之下,学生就会发现:在 $x=1$ 的右侧,指数越大图像越高,在 $x=1$ 的左侧、y 轴的右侧,指数越大图像越低。同学们就会想这个结论只是针对这几个特殊函数成立呢?还是幂函数都成立?不妨大胆地猜测这个是一般性结论,再举几个特殊的例子并画出图像来验证猜测的正确性。

在教学过程中,我们针对刚上高中的学生,应该在他们现有的知识基础上进行推广,帮助他们发现问题,提出命题,从而猜测结论;让学生在学习基本知识的过程中慢慢地学会从特殊到一般地寻找规律,发现问题,从而进行总结、归纳,最终得出这一类事物的一般属性或者规律,从而培养学生的归纳推理能力,提高学生的逻辑推理素养。

在上面的案例中,学生通过观察图像得出了幂函数的单调性与指数之间的关系后,同理会联想到幂函数的奇偶性与指数有没有关系,有什么样的关系。学生通过观察和猜想会提出问题,猜测幂函数的奇偶性也与指数有着必然的联系。我们可以让学生看这样一个例题:已知幂函数 $y=x^{m^2-2m-3}$ 的图像关于 y 轴对称,且在 $(0,+\infty)$ 上是减函数,则正整数 m 的值为_____。

根据课标的要求,我们教学的时候,要注意引导学生观察已知条件,找到已知条件与问题之间的联系。以上述例题为例,由函数在第一象限单调递减,有 $m^2-2m-3<0$,得出 $-1<m<3$,又因为 m 是正整数,则 $m=1$ 或 $m=2$;将 $m=1$,$m=2$ 分别代入得到指数分别为 -4,-3,但是图像关于 y 轴对称,可以得出该函数是偶函数,于是指数只能是 -4,于是乎 $m=1$。

这时就有学生会提出疑问:幂函数的单调性到底和指数有什么样的关系呢?指数的奇偶是不是和函数的奇偶性有直接的关系呢?通过这样一个特殊的例子,引导学生去思考,提出问题,大胆猜测,最后给予证明。

众所周知,"开而弗达",即教育的最终目的是引导,引导学生对于知识领域从无到有,再到自身进行探索[①]。逻辑推理在数学学科教学的过程中起着至关重要的作用,引导学生对问题进行发现、设想,再到解决,这是数学教学的目的。因此,一线教师在平时的课堂教学中,要引导学生运用类比和归纳等合情推理发现和提出命题,有意识地培育学生的逻辑推理核心素养,促使学生的逻辑推理能力由一个最近发展区到另一个最近发展区,提高学生的逻辑推理素养水平。

---

①黄建全,崔静静,赵思林."等差数列前 n 项和"教材例题的研究性学习[J]. 理科考试研究:高中版, 2018(11):25–27.

三、探索和表述论证的过程

在"掌握推理的基本形式和规则""发现和提出命题"之后，我们继续阐述"探索和表述论证的过程"。在整个自然科学界，我们一致认为，发现命题有时候比证明命题的作用更大。但是，如果一个命题无法证明，我们始终认为它是或然的，不一定成立，这个时候我们只能把它叫作"猜想"。数学史上有很多著名的猜想，比如四色猜想、哥德巴赫猜想、费尔马猜想、丘成桐猜想、黎曼猜想等，如果不能给出严格的推理证明，那么猜想始终不能变成定理。下面这部分内容主要讨论的是如何运用逻辑推理去探索证明路径、实际证明命题、表述论证。

众所周知，论证也叫证明，是指确定某个判断真实性的思维过程，大致分为实践证明和逻辑证明（逻辑论证）[①]。数学学科主要涉及理论研究，所以重点是逻辑论证。逻辑论证结构包括论题、论据、论证三部分。下面从课程标准要求的三个水平层次分别举例说明。

1.熟悉的情境，简单的问题

论证过程主要是通过逻辑推理来证明命题的真实性。我们通过下面论题的论证来展示探索和表述论证的过程。

论题：水银是导电体。

论证：所有金属都是导电体，水银是金属，所以，水银是导电体。

需要注意的是，证明的依据是已知为真的判断，证明的方法是通过逻辑推理。在上述证明中，"水银是金属""所有金属都是导电体"都是已知为真的判断。再比如：

论题：$y=x^{\frac{1}{2}}$ 在 $[0,+\infty)$ 上是增函数。

论证：当 $\alpha>0$ 时，幂函数 $y=x^{\alpha}$ 在 $[0,+\infty)$ 上是增函数，$y=x^{\frac{1}{2}}$ 是 $\alpha=\frac{1}{2}>0$ 的幂函数，所以，$y=x^{\frac{1}{2}}$ 在 $[0,+\infty)$ 上是增函数。

本论证是由一般到特殊的推理，就是演绎推理。"当 $\alpha>0$ 时，幂函数 $y=x^{\alpha}$ 在 $[0,+\infty)$ 上是增函数"这个结论的论证方法较多。人教A版教材对幂函数 $y=x^{\alpha}$ 的研究只提到了 $\alpha=1,2,3,\frac{1}{2},-1$ 这五种情形，再对五种幂函数的基本性质列表，引导学生观察当 $\alpha>0$ 时，幂函数 $y=x^{\alpha}$ 在 $[0,+\infty)$ 上的单调性，学生可以类比得到：当 $\alpha>0$ 时，幂函数 $y=x^{\alpha}$ 在 $[0,+\infty)$ 上是增函数。具体探索和表述论证的过程整理如下：

论题：当 $\alpha>0$ 时，幂函数 $y=x^{\alpha}(\alpha=1,2,3,\frac{1}{2})$ 在 $[0,+\infty)$ 上是增函数。

论证：

当 $\alpha=1$ 时，幂函数 $y=x^{\alpha}$ 在 $[0,+\infty)$ 上是增函数；

---

①张绵厘.实用逻辑教程[M].3版.北京：中国人民大学出版社，2010.

当 $\alpha = 2$ 时，幂函数 $y = x^{\alpha}$ 在 $[0, +\infty)$ 上是增函数；

当 $\alpha = 3$ 时，幂函数 $y = x^{\alpha}$ 在 $[0, +\infty)$ 上是增函数；

当 $\alpha = \dfrac{1}{2}$ 时，幂函数 $y = x^{\alpha}$ 在 $[0, +\infty)$ 上是增函数；

…………

所以，当 $\alpha > 0$ 时，幂函数 $y = x^{\alpha}(\alpha = 1, 2, 3, \dfrac{1}{2})$ 在 $[0, +\infty)$ 上是增函数。

上述论证是由特殊到一般的推理，是归纳推理，但这个论证是受前提——幂函数 $y = x^{\alpha}$ 中 $\alpha = 1, 2, 3, \dfrac{1}{2}, -1$ 这五种情形影响的。如果把刚才的推理叫完全归纳推理的话，去掉前提，就会出现下面的情况：

论题：当 $\alpha > 0$ 时，幂函数 $y = x^{\alpha}$ 在 $[0, +\infty)$ 上是增函数。

论证：

当 $\alpha = 1$ 时，幂函数 $y = x^{\alpha}$ 在 $[0, +\infty)$ 上是增函数；

当 $\alpha = 2$ 时，幂函数 $y = x^{\alpha}$ 在 $[0, +\infty)$ 上是增函数；

当 $\alpha = 3$ 时，幂函数 $y = x^{\alpha}$ 在 $[0, +\infty)$ 上是增函数；

当 $\alpha = \dfrac{1}{2}$ 时，幂函数 $y = x^{\alpha}$ 在 $[0, +\infty)$ 上是增函数；

当 $\alpha = \dfrac{1}{3}$ 时，幂函数 $y = x^{\alpha}$ 在 $[0, +\infty)$ 上是增函数；

…………

枚举中没有遇到与论题不同的情况，所以，当 $\alpha > 0$ 时，幂函数 $y = x^{\alpha}$ 在 $[0, +\infty)$ 上是增函数。

这种简单的枚举归纳推理，可以叫作不完全归纳推理[①]。推出的结论可能是真，也可能是假。只要在枚举过程中发现一个与结论不同的例子，结论就会被推翻。要确定真假，还要靠其他方法证明。所以要慎用这种推理。继续证明：

论题：当 $\alpha > 0$ 时，幂函数 $y = x^{\alpha}$ 在 $[0, +\infty)$ 上是增函数。

论证：幂函数 $y = x^{\alpha}$ 的导数 $y' = \alpha x^{\alpha-1} > 0 (\alpha > 0, x \geq 0)$，函数在给定区间上满足导函数大于 0，则函数在该区间上是增函数，所以，当 $\alpha > 0$ 时，幂函数 $y = x^{\alpha}$ 在 $[0, +\infty)$ 上是增函数。

支撑论证的论据可以是客观事实、定义、公理、定理等。在实际教学中要注重定义的内涵和外延，要重视定理的运用，推理论证的过程属于理性的认识过程，所以，要求教师对某个或某些知识点进行螺旋式上升探究是必要的也是切实可行的。

类比推理是把两个或两类事物进行比较，并根据他们的某些属性相同，进而推测他们的另一属性也可能相同的推理。

---

①张绵厘.实用逻辑教程[M].3 版.北京：中国人民大学出版社，2010.

论题：$y = x^{\frac{1}{2}}$ 在 $[0，+\infty)$ 上是增函数。

论证：指数函数和幂函数都是基本初等函数，指数函数的单调性用单调性定义证明，所以幂函数 $y = x^{\alpha}$ 的单调性也可以用单调性定义证明……

类比推理的思维过程是从个别到个别，结论是或然的。通过类比推理，将论题的证明指向了定义证明的方向。要提高结论的可靠性，就要寻找类比对象的更多共同属性，探究两个事物的本质属性。有了方向，接下来尝试完成证明过程。其实，探索就是在找方向,教师引导学生将抽象的思维用语言展示出来，就是表达，探索和表达论证的过程是有机结合在一起的。

论题：幂函数 $y = x^{\frac{1}{2}}$ 在 $[0，+\infty)$ 上是增函数。

论证：

任取 $x_1, x_2 \in [0,+\infty)$ 且 $x_1 < x_2$ ，则

$$f(x_1) - f(x_2) = \sqrt{x_1} - \sqrt{x_2} = \frac{(\sqrt{x_1} - \sqrt{x_2})(\sqrt{x_1} + \sqrt{x_2})}{\sqrt{x_1} + \sqrt{x_2}} = \frac{x_1 - x_2}{\sqrt{x_1} + \sqrt{x_2}} ,$$

因为 $x_1 - x_2 < 0, \sqrt{x_1} + \sqrt{x_2} > 0$ ，

所以 $f(x_1) < f(x_2)$ ，

所以，幂函数 $y = x^{\frac{1}{2}}$ 在 $[0，+\infty)$ 上是增函数。

类比推理是以比较为基础的，是以已知的相似点为依据，推出未知的共同属性，可以作为新课程教学中探究的主要推理形式，符合学生的认知习惯，易于被学生接受。类比推理的结论虽然不是完全可靠的，但它对思维有一种独到的启发作用，这就是我们要特别强调的"探索"。但是，运用类比推理进行探索时，应注意进行比较的是不是两个事物的本质属性，同样新课程教学中不能盲目从概念的表面性质去用类比推理进行探究，东施效颦就是经典的例证。

2.关联的情境，较复杂的问题

在"探索和表达论证的过程"的时候，归纳推理和演绎推理虽然各有特点，但也有密切联系，两者相辅相成，互相补充，许多演绎推理的大前提都是运用归纳推理概括出来的，归纳推理的前提又是通过演绎推理推导出来的。比如下面例题的处理就充分运用了归纳推理、演绎推理和类比推理。

例题3-10　如图①，点 G 是 $\triangle ABC$ 的重心，过 G 作直线 MN 与 AB ，AC 两边分别交于 M ，N 两点，且 $\overrightarrow{AM} = x\overrightarrow{AB}$ ，$\overrightarrow{AN} = y\overrightarrow{AC}$ 。若 $S_{\triangle AMN} = \frac{2}{3}S_{\triangle ABC}$,则 $x + y = $ _____。

（1）$\triangle ABC$ 的重心

人教A版八年级数学上册教材对三角形重心的定义

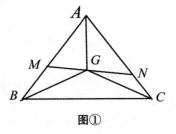

图①

是：三角形三条中线的交点叫作三角形的重心。

论题： 重心到顶点的距离与重心到对边中点的距离之
比为 $2:1$，如图②，D，E 分别是 $\triangle ABC$ 的边 BC，AB
的中点，AD 与 CE 交于点 G，求证 $AG:GD=2:1$。

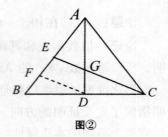

图②

论证： 过 D 作 $DF/\!/CE$ 交 AB 于 F，因为 D 为 BC 中
点，所以 F 为 BE 中点（平行线分线段成比例），又因为 E
为 AB 中点，所以 $AE:EF=2:1$，又由 $DF/\!/CE$ 得
$AG:GD=2:1$，所以 $\overrightarrow{AG}=\dfrac{2}{3}\overrightarrow{AD}$ 即 $AG:GD=2:1$。

本论证是由一般到特殊的推理，就是演绎推理。演绎推理主要是由一般性前提推出
个别性结论的推理，是必然性推理，即结论是可靠的。

（2）平面向量基本定理

以 AB，AC 为邻边构造平行四边形 $ABTC$，对角线 BC，AT 交于 D，则
$\overrightarrow{AT}=\overrightarrow{AB}+\overrightarrow{AC}=2\overrightarrow{AD}$，如图③。

由（1）知 $\overrightarrow{AG}=\dfrac{2}{3}\overrightarrow{AD}$，如图④，所以 $\overrightarrow{AG}=\dfrac{2}{3}\overrightarrow{AD}=\dfrac{2}{3}\times\dfrac{1}{2}(\overrightarrow{AB}+\overrightarrow{AC})=\dfrac{1}{3}(\overrightarrow{AB}+\overrightarrow{AC})=$
$\dfrac{1}{3x}\overrightarrow{AM}+\dfrac{1}{3y}\overrightarrow{AN}$。

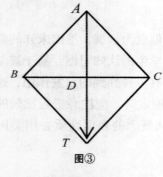

图③

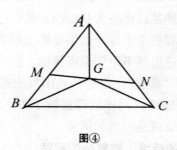

图④

（3）M，N，G 三点共线

论题： 如图⑤，M，N，G 三点共线，A 为平面内一点，若 $\overrightarrow{AG}=a\overrightarrow{AN}+b\overrightarrow{AM}$，则
$a+b=1$。

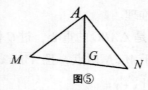

图⑤

论证： M，N，G 三点共线，存在实数 λ，使得 $\overrightarrow{MG}=\lambda\overrightarrow{MN}(0<\lambda<1)$，即
$\overrightarrow{AG}-\overrightarrow{AM}=\lambda(\overrightarrow{AN}-\overrightarrow{AM})$，所以 $\overrightarrow{AG}=\lambda\overrightarrow{AN}+(1-\lambda)\overrightarrow{AM}=a\overrightarrow{AN}+b\overrightarrow{AM}$，而 $\lambda+(1-\lambda)=1$，所以
$a+b=1$。（本论证是由一般到特殊的推理，就是演绎推理。）

由（2）有 $\overrightarrow{AG} = \dfrac{1}{3x}\overrightarrow{AM} + \dfrac{1}{3y}\overrightarrow{AN}$，知 $\dfrac{1}{3x} + \dfrac{1}{3y} = 1$ 即 $\dfrac{1}{x} + \dfrac{1}{y} = 3$。

（4）三角形面积比

已知 $S_{\triangle AMN} = \dfrac{2}{3}S_{\triangle ABC}$，变形为 $\dfrac{S_{\triangle AMN}}{S_{\triangle ABC}} = \dfrac{2}{3}$，即 $\dfrac{S_{\triangle AMN}}{S_{\triangle ABC}} = \dfrac{\dfrac{1}{2} \times AM \times AN \times \sin A}{\dfrac{1}{2} \times AB \times AC \times \sin A} = \dfrac{AM}{AB} \times \dfrac{AN}{AC} = $

$xy = \dfrac{2}{3}$。

依题，$xy = \dfrac{2}{3}$ 且 $\dfrac{1}{x} + \dfrac{1}{y} = 3$，所以，由 $\dfrac{1}{x} + \dfrac{1}{y} = \dfrac{x+y}{xy} = \dfrac{x+y}{\dfrac{2}{3}} = 3$，得 $x+y = 2$。

（5）变式运用1

解答过程中得出了 $\dfrac{1}{x} + \dfrac{1}{y} = 3$ 的结论，相当于知道了 x, y 的关系，若将条件 $S_{\triangle AMN} = \dfrac{2}{3}S_{\triangle ABC}$ 去掉，题目变为求 $x + y (x, y > 0)$ 的最小值问题也是可以的。

（6）变式运用2

如图⑥，G 为 BC 边中点，过点 G 的直线交 AB，AC 边所在直线于 M，N，若 $\overrightarrow{AM} = x\overrightarrow{AB}$，$\overrightarrow{AN} = y\overrightarrow{AC}$，则 $\dfrac{1}{x} + \dfrac{1}{y} = $ _____。

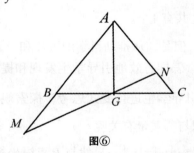

图⑥

通过题目及变式2可以归纳推理：如图⑦，P 可以在中线 AG 上移动，过点 P 的直线交 AB，AC 边所在直线为 M，N，$\overrightarrow{AM} = x\overrightarrow{AB}$，$\overrightarrow{AN} = y\overrightarrow{AC}$，$\overrightarrow{AP} = \lambda\overrightarrow{AG}$，则 $\dfrac{1}{x} + \dfrac{1}{y} = \dfrac{2}{\lambda}$。

通过题目及变式2还可以归纳推理：如图⑧，G 在 BC 上移动，过点 G 的直线交 AB，AC 边所在直线于 M，N，$\overrightarrow{AM} = x\overrightarrow{AB}$，$\overrightarrow{AN} = y\overrightarrow{AC}$，$\overrightarrow{BG} = \lambda\overrightarrow{GC}$，则 $\dfrac{1}{x} + \dfrac{\lambda}{y} = 1 + \lambda$。

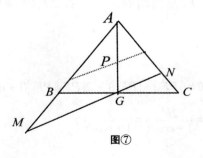

图⑦

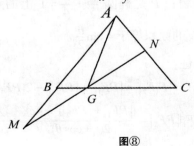

图⑧

在求解问题的过程中，运用逻辑推理进行探索，最后完成书写解答过程，即表达。在探索的过程中，教师要充分重视学生的主体地位，引导学生一起开动脑筋思考，培育学生的逻辑推理素养；在表达的过程中，教师可以引导学生在书写的过程中，对之前的思想方法、技能技巧进行整理，不仅完成在纸上的完美书写，更要在大脑里进行抽象的思维表达。这样，我们就把培育学生的逻辑推理素养融入平时的课堂教学之中，不断地提升学生逻辑推理素养水平。罗懋康教授说："数学就是针对结构、关系及其变化细化后的逻辑"，数学能给我们理性思维所必需的关于对象的结构、结构及其变化的最基本的知识。所以，在习题课教学中，要在研究知识逻辑的基础上遵循知识所承载的逻辑推理线索，提出具有思维含量的数学问题来激发学生的思维，让学生能够在自己理解的基础上探索和论证提出的问题，以利于学生逻辑推理核心素养培养的常态化。

3.综合的情境，复杂的问题

例题 3-11　已知点 P 是椭圆 $\frac{x^2}{5}+\frac{y^2}{4}=1$ 上的一点，且以点 P 及焦点 F_1,F_2 为顶点的三角形的面积等于1，求点 P 的坐标。

解析：由已知，椭圆的焦距 $|F_1F_2|=2$。因为 $\triangle PF_1F_2$ 的面积等于1，所以 $\frac{1}{2}\times|F_1F_2|\times|y_p|=1$，解得 $|y_p|=1$，代入椭圆方程，得 $\frac{x^2}{5}+\frac{1}{4}=1$，解得 $x=\pm\frac{\sqrt{15}}{2}$，所以点 P 的坐标是 $(\pm\frac{\sqrt{15}}{2},\pm1)$，共有4个。

学习数学离不开解题，但是，从推动科学的进步和个人终身发展来看，独立发现和提出问题往往显得更重要，怎样有效地引导学生发现和提出问题，是教师需要思考的。对于上述例题，教师可以引导学生进行变式思考，探索规律：当 P 点在椭圆 $\frac{x^2}{5}+\frac{y^2}{4}=1$ 上运动时，$\triangle PF_1F_2$ 的面积与哪些量有关呢？

$S_{\triangle PF_1F_2}=\frac{1}{2}\times|F_1F_2|\times|y_p|=c\cdot|y_p|=|y_p|$，显然与 P 点纵坐标有关，并且当 P 点运动到短轴端点时，面积达到最大。

在科学的研究中，"有目的地提出问题往往比解决问题更重要"，我们从这个问题出发，结合 $S_{\triangle PF_1F_2}=\frac{1}{2}|PF_1||PF_2|\sin\theta(\theta=\angle F_1PF_2)$，还可发现一些新的问题。

论题：P 是椭圆 $\frac{x^2}{5}+\frac{y^2}{4}=1$ 上的点，F_1，F_2 是椭圆的焦点，若 $\angle F_1PF_2=\theta$，则 $\triangle PF_1F_2$ 的面积等于 $4\tan\frac{\theta}{2}$。

论证：

$(2c)^2=|F_1F_2|^2=|PF_1|^2+|PF_2|^2-2|PF_1||PF_2|\cos\theta=(|PF_1|+|PF_2|)^2-2|PF_1||PF_2|(1+\cos\theta)$，

$|PF_1||PF_2|=\frac{(|PF_1|+|PF_2|)^2-4c^2}{2(1+\cos\theta)}=\frac{4a^2-4c^2}{2(1+\cos\theta)}=\frac{2b^2}{1+\cos\theta}=\frac{8}{1+\cos\theta}$，

因此 $S_{\triangle F_1PF_2} = \dfrac{1}{2}|PF_1||PF_2|\sin\theta = \dfrac{1}{2}\cdot\dfrac{8\sin\theta}{1+\cos\theta} = 4\tan\dfrac{\theta}{2}$ 。

可以将题设中的某些数字改变吗？或者说上述问题能更一般化吗？

论题：已知 F_1,F_2 为椭圆 $\dfrac{x^2}{a^2}+\dfrac{y^2}{b^2}=1(a>b>0)$ 的两焦点，设焦点三角形 PF_1F_2 中 $\angle F_1PF_2=\theta$，则 $S_{\triangle F_1PF_2} = b^2\tan\dfrac{\theta}{2}$ 。

论证：

$(2c)^2 = |F_1F_2|^2 = |PF_1|^2 + |PF_2|^2 - 2|PF_1||PF_2|\cos\theta = (|PF_1|+|PF_2|)^2 - 2|PF_1||PF_2|(1+\cos\theta)$ ，

$|PF_1||PF_2| = \dfrac{(|PF_1|+|PF_2|)^2 - 4c^2}{2(1+\cos\theta)} = \dfrac{4a^2-4c^2}{2(1+\cos\theta)} = \dfrac{2b^2}{1+\cos\theta}$ ，

$S_{\triangle F_1PF_2} = \dfrac{1}{2}|PF_1||PF_2|\sin\theta = b^2\dfrac{\sin\theta}{1+\cos\theta}$ ，

因为 $\dfrac{\sin\theta}{1+\cos\theta} = \tan\dfrac{\theta}{2}$ ，所以 $S_{\triangle F_1PF_2} = b^2\tan\dfrac{\theta}{2}$ 。

由特殊到一般是认识事物规律的重要思想方法，只有将问题中的具体数值变为变量后，才能更深刻地揭示椭圆中焦点三角形这一性质。有了这一性质，当椭圆确定时，焦点三角形的面积与 $\angle F_1PF_2=\theta$ 有关，当 P 点运动到短轴端点时，面积达到最大。

在本例中，由特例及变式出发，通过归纳推理，将个别事物的观点过渡到范围较大的观点，由特殊具体的事例推导出一般原理、原则，让学生形成从对个别事物的认识上升到对事物的一般规律性认识的理念。

将问题中具体数值变为变量实现了类比推理的过程，这个过程就是抽象出问题的本质特征，但要注意条件的限制。例如将刚才的例题变成：P 是椭圆 $\dfrac{x^2}{5}+\dfrac{y^2}{4}=1$ 上的点，F_1，F_2 是椭圆的焦点，若 $\angle F_1PF_2=\dfrac{\pi}{2}$ ，求 $\triangle PF_1F_2$ 的面积。此时直接代入公式 $S_{\triangle F_1PF_2} = b^2\tan\dfrac{\theta}{2} = 4\tan\dfrac{\pi}{4} = 4$ ，看似无懈可击，实则 $\angle F_1PF_2=\dfrac{\pi}{2}$ 是不可能的，当点 P 与短轴端点重合时，$\angle F_1PF_2$ 有最大值，$\tan\dfrac{\angle F_1PF_2}{2} = \dfrac{c}{b} = \dfrac{1}{2} \Rightarrow \tan\angle F_1PF_2 = t\dfrac{2\tan\dfrac{\angle F_1PF_2}{2}}{1-\tan^2\dfrac{\angle F_1PF_2}{2}} = \dfrac{4}{3} < \sqrt{3} \Rightarrow \angle F_1PF_2 < \dfrac{\pi}{3}$ ，因此，给定椭圆上不存在点 P ，使 $\angle F_1PF_2=\dfrac{\pi}{2}$ 。所以，在命变式题时要注意限制条件。

当掌握 $S_{\triangle F_1PF_2} = b^2\tan\dfrac{\theta}{2}$ 后，演绎推理当 P 是椭圆 $\dfrac{x^2}{5}+\dfrac{y^2}{4}=1$ 上的点，F_1，F_2 是椭圆的焦点时，若 $\angle F_1PF_2=\theta$ ，则 $\triangle PF_1F_2$ 的面积等于 $4\tan\dfrac{\theta}{2}$ 就变得简单了。引导学生经历一系列发现后，感悟发现和提出新问题的一般方法，巧妙体会归纳推理和演绎推理，在探索论证的过程中，让学生领悟一个问题的解决，并不意味着探究的终结，而是导致新的更高层次问题的产生。正是在这个过程中，学生的思维能力不断得到发展，逻辑推理核心素养在潜移默化中得到培育。

四、理解和建构命题体系

在学生掌握了"推理的基本形式和规则"，能够运用类比推理、归纳推理等合情推理"发现和提出命题"，以及掌握"探索和表述论证的过程"之后，我们还要求学生能够在数学学习的过程中，理解学过的命题体系（即定理、公理、公式体系）；并且要求学生能够在自己的抽象思维空间建构属于自己的、独特的命题体系；更进一步，我们希望学生能够运用这些定理和公式进行演绎推理解决问题，提高学生的逻辑推理素养水平。这就是下面要讨论的"理解和建构命题体系"。

理解和建构命题体系，就要在透彻理解"高中阶段学生核心素养指标体系"以及《课标》给出的数学核心素养内涵的基础上，紧密结合数学学科本质和核心内容，解读高中学生数学核心素养体系，梳理"高中阶段学生核心素养各指标的数学表现水平双向细目表"，落实立德树人的根本任务。数学教师作为构建命题体系的"先行者"，不能把它停留在理论指导层面。只有全面地关注到数学的内容、方法和结构，构建命题体系，理解命题体系，才能将中学数学教育落在实处。

结合数学课程内容，培育逻辑推理核心素养，理解命题体系，要以扎实的数学功底和对内容本质的透彻理解为前提，同时也要提高能力和找到方法，构建和理解命题体系。因此，构建和理解命题体系也是数学教育研究者的责任。奥苏伯尔说，影响学生学习新知的最重要因素是学习者已经知道了什么，要探明这一点，并据此来构建命题，从学生的现有认知准备出发，不能进入学生视野的东西就不可能使他们主动学习。因此，要做好与学生已有认知结构的衔接，具体操作上，可以从案例研究开始，以点带面，逐步完善。

1.熟悉的情境，简单的问题

《课标》指出："高中数学课程应力求通过各种不同形式的自主学习、探究活动，让学生体验数学发现和创造的历程，发展他们的创新意识。"数学命题反映了数学的重要规律与方法，是前人经过长期的探索和总结凝练而成的，因此要让学生亲身去经历、感受、探索和发现，从而在日常教学中潜移默化地培养学生的探究能力及创新精神。

创设新鲜、有趣的多样化问题情境，再现知识的发生、发展过程，不仅能够有效地培养学生分析问题与解决问题的能力，而且还可以激发学生的学习兴趣，促使学生以高昂的热情、积极的态度投入到探究中来。在教学实践中，创设情境可以通过实际问题、文化背景、数学故事、数学史及数学知识内部结构等实现。

案例3-2 等差数列前 n 项和的引入[①]

[①] 薛娇.基于深度学习的高中数学命题教学设计研究[D].江苏师范大学，2018.

　　高斯是近代数学奠基者之一，有"数学王子"之称。高斯十岁时，有一次老师说："现在给大家出道题目，1+2+3+…+100等于多少？"过了两分钟，正当大家在"1+2=3，3+3=6，4+6=10，…"算得不亦乐乎时，高斯站起来回答说："1+2+3+…+100=5050。"教师问："你是如何算出答案的？"高斯回答说："因为1+100=101，2+99=101，…，50+51=101；所以101×50=5050。"

　　师：这个故事告诉我们求等差数列前n项和的一种很重要的思想方法——"内部配对思想"。

　　师：接着请大家求解以下问题，一堆钢管共5层，最上面一层钢管数为5，最下面一层钢管数为9，且下一层比上一层多一根，问一共有多少根钢管？如果你选择用高斯的方法，会出现什么问题？有没有更好的解决办法？

　　学生讨论结果：

　　生A：若选用高斯法，如果所求的是奇数个数相加，则需要找出"中间数"。

　　生B：可以在这堆钢管旁边倒着放同样一堆钢管，两者构成一个平行四边形，每层都是5+9=14（根），共5层，所以每一堆钢管总数是14×5÷2=35（根）。

　　师：我们把这样的配对方法称为"外部配对思想"，转化为数学书写格式为……

　　师：此法称为倒序相加法，请大家用此法推导等差数列前n项和的公式。

　　以上公式推导的引入以高斯的故事（内部配对思想）及钢管问题（外部配对思想）作为情境，顺理成章地引出倒序相加法，属于发现式的引入方式。学生被小故事中的"数"吸引的同时，又被钢管问题展示的"形"吸引，提高了学习的兴趣。如此的引入设计，提高了学生的探究热情，并使学生的思维真正参与到课堂中来，使学生在问题情境中学会发现问题、分析问题、解决问题。

　　命题的生成与论证过程中蕴涵着丰富的数学思想方法，开展微型探究学习在帮助学生理解与认识命题的同时，也有助于他们形成技能。因此，命题的课堂教学需要教师对教材内容进行加工、重组，使教学设计符合学生的认知结构及学习心理，以便他们积极主动地参与探索命题的生成与证明，参与讨论，相互启发，从而掌握命题及该命题蕴涵的鲜活的思想方法。

　　案例3-3　"两角和与差的三角函数"公式的推导与证明[①]

　　教师提出学习的课题：已知任意角α，β的三角函数值，推导三组公式：

$\sin(\alpha+\beta)=\sin\alpha\cos\beta+\cos\alpha\sin\beta$，$\sin(\alpha-\beta)=\sin\alpha\cos\beta-\cos\alpha\sin\beta$；

$\cos(\alpha+\beta)=\cos\alpha\cos\beta-\sin\alpha\sin\beta$，$\cos(\alpha-\beta)=\cos\alpha\cos\beta+\sin\alpha\sin\beta$；

$\tan(\alpha+\beta)=\dfrac{\tan\alpha+\tan\beta}{1-\tan\alpha\tan\beta}$，$\tan(\alpha-\beta)=\dfrac{\tan\alpha-\tan\beta}{1+\tan\alpha\tan\beta}$。

　　探究问题1：这三组公式是否有关系？从哪一组公式开始研究？有哪些思想方法？

---

①薛娇.基于深度学习的高中数学命题教学设计研究[D].江苏师范大学，2018.

探究问题2：和角公式中，应先推导哪一个？

探究问题3：接下来请各小组再结合向量的数量积这一工具，就和角的余弦公式的推导展开讨论，探求解决方法。

探究问题4：求解 $\sin 15° = ?$

师：请大家比较小组展示的两种方法，并总结用到了哪些数学思想方法。

生：公式推导过程中，都用到了建立坐标系（数形结合思想）、方程的思想、坐标法、向量法。

第一，以上探究过程中，教师以三组公式为载体，要求学生自主分析并确定研究思路和方向，共同讨论和角余弦公式的推导。通过对问题的探究，学生思维水平得到提高的同时，也深刻领悟了知识背后的数学思想方法，从而逐渐学会用数学的思维思考问题，进一步增强创新意识。

第二，数学学习的目的在于应用，因此，在命题的教学与学习的过程中，必须注重在实际生活及其他学科中灵活、巧妙地运用所学知识，极大地提高学生探究数学的热情，发展学生应用数学的意识，拓展学生的视野。

第三，通过设置探究问题，引导学生对"两角和与差的三角函数"公式组完成理解，并引导学生在自己的抽象思维空间内建构这个小的命题体系，并进一步运用这些公式进行演绎推理，求解" $\sin 15° = ?$ "这类问题。一般来说，学生理解公式体系越深刻，在自己大脑内建构的公式体系越形象，那么学生解决问题的速度和准确度就越高。所以，我们在引导学生理解和建构命题体系的时候，一定要精心设计问题，引导学生建构一个完全属于自己的命题体系，在自己需要用到这些公式、定理、公理时，做到如数家珍。

案例3-4 "面面平行"判定定理[①]

教师创设"面面平行"的情境后，提出判定定理的背景材料供学生探究。

步骤一：形成假说

师：前面证明"线面平行"时，用定义很难证明，所以我们寻求了用于证明的判定定理。现在我们需要寻求判定"面面平行"的条件，从"线面平行"判定定理条件与结论出发，有什么启示？

生A："线面平行"判定定理体现了降维的思想，由"线线平行"可证得"线面平行"，我们能否寻求条件由"线面平行"证得"面面平行"？

师：那么一个平面内几条直线与另一平面平行可以证得"面面平行"呢？

生B：一个平面内一条直线与另一平面平行可证。（假说1）

生C：一个平面内两条平行线与另一平面平行可证。（假说2）

生D：一个平面内两条相交线与另一平面平行可证。（假说3）

[①]薛娇.基于深度学习的高中数学命题教学设计研究[D].江苏师范大学，2018.

师：以上同学提出的3个假说，我们来逐一检验。（师生共同利用模型检验）

步骤二：形成命题

如果一个平面内有两条相交直线都平行于另一个平面，那么这两个平面平行。
（师生共同证明略）

步骤三：变式延伸

判定"面面平行"的条件是否可以是"线线平行"？

学生在以上"面面平行"判定定理的建构过程中，从"线面平行"判定定理的条件与结论的内部联系出发，共同讨论与交流，自主发现、检验与论证定理。学生从直觉思维到理性思维的循序渐进的过程中，将新知识纳入自身的知识体系中，有助于拓展思维并发展认知结构。

2.关联的情境，较复杂的问题

命题是高中数学逻辑与证明的基础，是沟通数学概念与实际问题的桥梁，是数学课程的核心内容。理解命题体系，对于学生发散思维、开发智力、举一反三、活学活用具有重要意义。命题教学的目的是使学生系统地掌握数学命题，逐步建立相应的认知结构，从而不断提高数学基本能力，让学生在命题的形成、变式及延伸中，逐渐"同化"与"顺应"，提高问题解决的能力。

（1）基本不等式的证明教学

在基本不等式的证明的教学过程中，通过构造半圆、梯形、指数函数等都可以证明基本不等式，每一个证法的改变都意味着一种视角的变化，在学生接受了命题的正确性以后，通过直接呈现一种全新的证明方法，引导学生发现图形中隐藏的基本不等式，进而养成批判性的学习知识、认识事物的态度。

给出两个相切的圆，直径分别为 a，b，连接两圆的圆心 A，B，同时作出一条公切线 CD，两个切点以及两个圆心就构成了一个四边形 $ABDC$（如下图），过点 D 作 DE，使 $AE = BD$，从而有 $DE = AB = \dfrac{a+b}{2}$，$EC = \dfrac{a-b}{2}$，在直角三角形 DEC 中，根据勾股定理有 $CD = \sqrt{ab}$，因此，由直角三角形的任一直角边小于斜边得出基本不等式。

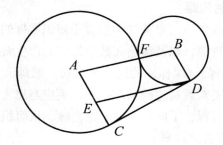

（2）正弦定理教学

在正弦定理的教学过程中，通过把任意三角形中的边角关系转化为直角三角形中的边角关系，或者利用向量的数量积证明正弦定理之后借助三角形的外接圆，帮助学生感悟 $\dfrac{a}{\sin A}=\dfrac{b}{\sin B}=\dfrac{c}{\sin C}=2R$ 这一特征，从而给出正弦定理的变形式 $a=2R\sin A$，$b=2R\sin B$，$c=2R\sin C$，领悟正弦定理的实质，即三角形各边与其对角的正弦之比是一个定值，这个定值就是此三角形外接圆的直径。

（3）"点到直线的距离"教学

在数学命题应用的最初阶段，宜设置与原先学习情境相似的问题情境，使练习题之间保持一定的同一性。在数学命题应用的后期，问题类型可逐渐演变成与原来学习情境完全不同的问题情境，以隐性变式为主进行练习，可以提高学生数学命题的迁移能力。

例如，在学习点到直线的距离公式以后，我们可以设置如下变式练习，促进学生对数学命题的条件认知，以熟练灵活地应用数学命题：

问题一：求点 $P(2,3)$ 到下列各条直线的距离

①$6x+8y+9=0$，②$x-y=0$，③$x+1=0$，④$y-5=0$，⑤$ax+by+c=0$，⑥$y=x+1$，⑦$y=kx+b$，⑧$y-y_0=k(x-x_0)$，⑨$\dfrac{x}{a}+\dfrac{y}{b}=1$；

问题二：求点 $M(4t,3t-1)$ 到直线 $l:3x-4y+6=0$ 的距离；

问题三：若点 $A(a,a-1)$ 到直线 $l:3x-4y+6=0$ 的距离为 2，试求实数 a 的值；

问题四：已知 $x+2y=5$，试求 x^2+y^2 的最小值；

问题五：已知点 (x,y) 在线段 $y-1=0$ $(-1\leqslant x\leqslant 2)$ 上运动，求 $|3x+4y+5|$ 的范围。

其中，问题一到问题三基本上属于显性变式，而问题四和问题五基本上属于隐性变式。当然，每一种变式依条件、结论的变化能产生多种变化方式。

教学实践也表明，变式练习不失为一种学习数学概念和数学命题的有效方法。这是因为，显性变式提供的问题情境的相似性有助于数学命题的内化，隐性变式提供的问题情境的不同性有助于学生发现变式条件建构的局限性，有助于学生细化、归类变式和加强条件认知，真正学会命题的筛选使用。

3.综合的情境，复杂的问题

教师在教育教学的过程中不仅要关注学生对于知识掌握的结果，更应当关注学生对新命题发生和形成过程的理解，以及渗透在数学知识的产生背景中的思想方法等，从而体验数学发现和创造的历程。《课标》的这一要求对于教师而言提出了新的挑战，在进行教学设计的过程中不仅要对教材进行精准把握，更应当思考运用何种方法、手段帮助学生体验知识的发生发展过程，了解命题的来龙去脉，从而积累数学活动经验。

案例3-5 扇形的面积公式推导

如下图，我们知道，扇形是所在圆的一部分，圆的面积公式是 $S=\pi r^2$，那么如何求扇形的面积呢？

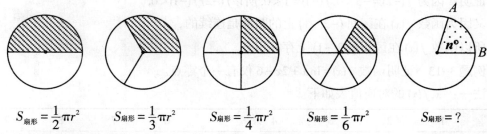

$$S_{扇形}=\frac{1}{2}\pi r^2 \qquad S_{扇形}=\frac{1}{3}\pi r^2 \qquad S_{扇形}=\frac{1}{4}\pi r^2 \qquad S_{扇形}=\frac{1}{6}\pi r^2 \qquad S_{扇形}=?$$

师：扇形的面积与哪些量有关呢?（半径、圆心角、弧长）

师：观察图形，可知当扇形的半径固定时，扇形的面积随着什么的增大而增大?（圆心角）

师：那我们想一想扇形的面积与圆心角到底有怎样的数量关系呢?

归纳结论：

⊙O 半径为 r，圆心角为 $180°$ 的扇形的面积 $S_{扇形}=\frac{1}{2}\pi r^2=\frac{180}{360}\pi r^2$；

⊙O 半径为 r，圆心角为 $120°$ 的扇形的面积 $S_{扇形}=\frac{1}{3}\pi r^2=\frac{120}{360}\pi r^2$；

⊙O 半径为 r，圆心角为 $90°$ 的扇形的面积 $S_{扇形}=\frac{1}{4}\pi r^2=\frac{90}{360}\pi r^2$；

⊙O 半径为 r，圆心角为 $60°$ 的扇形的面积 $S_{扇形}=\frac{1}{6}\pi r^2=\frac{60}{360}\pi r^2$；

⊙O 半径为 r，圆心角为 $n°$ 的扇形的面积 $S_{扇形}=\frac{n}{360}\pi r^2$。

练习1:

（1）已知扇形的圆心角为 $120°$，半径为 2，则扇形的面积 $S_{扇}=$____。

（2）已知扇形面积为 $\frac{4}{3}\pi$，圆心角为 $120°$，则这个扇形的半径 $R=$____。

（3）已知半径为 2 的扇形，面积为 $\frac{4}{3}\pi$，则它的圆心角的度数$=$____。

（4）已知半径为 2 的扇形，面积为 $\frac{4}{3}\pi$，则这个扇形的弧长$=$____。

帮助学生理解命题体系，应当鼓励学生自行探讨，发现规律，概括数学命题，引导学生亲身经历知识的发生和形成过程，感受问题的来龙去脉。

例题3-12　试证明函数 $f(x)=x^3+x^2+1$ 在区间 $(-2,-1)$ 上有零点。

引导：若一个函数图像在 $[a,b]$ 上连续，并且 $f(a)\cdot f(b)>0$，函数在区间 (a,b) 内有零点吗? 你能举例说明吗?

若一个函数图像在 $[a,b]$ 上连续，并且 $f(a)\cdot f(b)<0$,能否确定函数 $f(x)$ 在 $[a,b]$ 内有几个零点?

若一个函数图像在 $[a,b]$ 上连续，并且函数 $f(x)$ 在 $[a,b]$ 上有零点,是否一定有 $f(a)\cdot f(b)<0$?

证明：因为 $f(-2)=-3<0,f(-1)=1<0$，所以 $f(-2)\cdot f(-1)<0$，

又因为函数 $f(x)$ 在区间 $(-2,-1)$ 上的图像是连续的，

所以函数 $f(x)$ 在区间 $(-2,-1)$ 上存在零点。

例题 3-13 证明函数 $f(x)=\ln x+2x-6$ 仅有一个零点。

法一： $x,f(x)$ 的对应值表如下。

x	1	2	3	4	5	6	7	8	9
$f(x)$	-4	-1.309	1.0986	3.3863	5.6094	7.7918	9.9459	12.079	14.197

由上表可得，$f(2)<0,f(3)>0$，即 $f(2)\cdot f(3)<0$，

说明这个函数在区间 $(2,3)$ 内有零点；

由于函数 $f(x)$ 在定义域 $(0,+\infty)$ 内是增函数，

所以它仅有一个零点。

法二： 由已知将问题转化为求方程 $\ln x+2x-6=0$ 的根的个数；

方程变形为：$\ln x=-2x+6$，令 $y_1=\ln x,y_2=-2x+6$，

由图像可得两函数的图像只有一个公共点，所以函数只有一个零点。

布鲁纳认为，通过发现教学法来帮助学生学习一个定理（命题），要比直接为学习者分析这一定理（命题），更能激发学生学习的兴趣，使其感到更大的满足。

例题 3-14 试证明：过点 $T(-1,0)$ 作直线 l，与曲线 N：$y^2=x$ 交于 A、B 两点，在 x 轴上存在一点 $E(x_0,0)$，使得 $\triangle ABE$ 是等边三角形。若存在，求出 x_0；若不存在，请说明理由。

解析： 依题意知，直线的斜率存在，且不等于 0。

设直线 $l:y=k(x+1)$，$k\neq 0$，$A(x_1,y_1)$，$B(x_2,y_2)$。

由 $\begin{cases}y=k(x+1),\\y^2=x,\end{cases}$ 消 y 整理，得 $k^2x^2+(2k^2-1)x+k^2=0$；

由直线和抛物线交于两点，得 $\Delta=(2k^2-1)^2-4k^4=-4k^2+1>0$，

即 $0<k^2<\dfrac{1}{4}$；

由韦达定理，得：$x_1+x_2=-\dfrac{2k^2-1}{k^2},x_1x_2=1$，则线段 AB 的中点为 $(-\dfrac{2k^2-1}{2k^2},\dfrac{1}{2k})$；

线段的垂直平分线方程为：$y-\dfrac{1}{2k}=-\dfrac{1}{k}(x-\dfrac{1-2k^2}{2k^2})$，令 $y=0$，得 $x_0=\dfrac{1}{2k^2}-\dfrac{1}{2}$，则 $E(\dfrac{1}{2k^2}-\dfrac{1}{2},0)$；

因为 $\triangle ABE$ 为正三角形，所以 $E(\dfrac{1}{2k^2}-\dfrac{1}{2},0)$ 到直线 AB 的距离 d 为 $\dfrac{\sqrt{3}}{2}|AB|$；

因为 $|AB| = \sqrt{(x_1 - x_2)^2 + (y_1 - y_2)^2} = \dfrac{\sqrt{1 - 4k^2}}{k^2} \cdot \sqrt{1 + k^2} \ d = \dfrac{\sqrt{1 + k^2}}{2|k|}$ ，

所以 $\dfrac{\sqrt{3}\sqrt{1 - 4k^2}}{2k^2} \cdot \sqrt{1 + k^2} = \dfrac{\sqrt{1 + k^2}}{2|k|}$ ，解得 $k = \pm\dfrac{\sqrt{39}}{13}$ ，满足 $0 < k^2 < \dfrac{1}{4}$ ，此时 $x_0 = \dfrac{5}{3}$ 。

　　该例题涉及弦的垂直平分线问题，这种问题的解答需要用到弦 AB 的垂直平分线 L 的方程，往往是利用点差或者韦达定理产生弦 AB 的中点 M 坐标，结合弦 AB 与它的垂直平分线 L 的斜率互为负倒数，写出弦的垂直平分线 L 的方程，然后解决相关问题，比如求 L 在 x 轴、y 轴上的截距的取值范围，求证 L 过某定点等等。有时候题目的条件比较隐蔽，要分析后才能判定是有关弦 AB 的中点问题，比如弦与某定点 D 构成以 D 为顶点的等腰三角形（即 D 在 AB 的垂直平分线上），曲线上存在两点 A，B 关于直线 m 对称等。

　　变式1：如下图，已知椭圆 C：$\dfrac{x^2}{a^2} + \dfrac{y^2}{b^2} = 1(a > b > 0)$ 的离心率为 $\dfrac{\sqrt{3}}{2}$ ，且在 x 轴上的顶点分别为 $A_1(-2, 0)$，$A_2(2, 0)$ 。

　　（1）求椭圆的方程；

　　（2）若直线 $l: x = t(t > 2)$ 与 x 轴交于点 T，点 P 为直线 l 上异于点 T 的任一点，直线 PA_1，PA_2 分别与椭圆交于 M，N 点，试问直线 MN 是否通过椭圆的焦点？并证明你的结论。

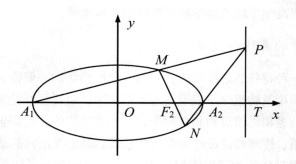

　　变式2：如下图，已知点 A，B，C 是椭圆 E：$\dfrac{x^2}{a^2} + \dfrac{y^2}{b^2} = 1$ $(a > b > 0)$ 上的三点，其中点 $A(2\sqrt{3}, 0)$ 是椭圆的右顶点，直线 BC 过椭圆的中心 O，且 $\overrightarrow{AC} \cdot \overrightarrow{BC} = 0$，$|\overrightarrow{BC}| = 2|\overrightarrow{AC}|$ 。

　　（1）求点 C 的坐标及椭圆 E 的方程；

　　（2）若椭圆 E 上存在两点 P、Q，使得直线 PC 与直线 QC 关于直线 $x = \sqrt{3}$ 对称，求直线 PQ 的斜率。

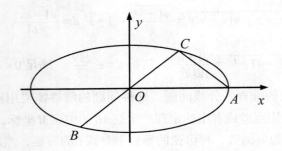

以上一组命题的教学，对学生的推理能力和运算能力等方面都有比较高的要求。数学教学的重点之一就是通过运算、推理的训练，培养学生的逻辑推理核心素养。数学教材的结构体系本身就有逻辑连贯性，这对落实逻辑推理核心素养具有根本性影响。命题体系的构建和理解，使学生得到逻辑思维方法的训练，形成思维能力，形成数学素养，这就是理性思维、科学精神。这种训练的载体就是具有逻辑严密性的、由归纳推理和演绎推理组成的教材体系。

总之，构建数学命题体系，能有效优化学生的学习方式，使学生在命题的发现、生成、论证、应用及整合的过程中，真正成为学习的主人[①]。因此，在数学命题教学中，教师需要不断改进教学策略，设计适合学生认知水平的命题教学，从而唤醒学生的探究意识，形成良好的学习氛围，有效培养学生提出问题的能力、合情推理的能力、分析论证的能力，逐步提高学生的数学学科逻辑推理素养水平。

五、有逻辑的表达与交流

数学思维是一种特殊的思维形式，它既有思维科学的一般特征又具有数学本身的独特形式。数学的理论及构造体系表现在思维形式中，逻辑思维是其核心部分，不同形式的思维形式往往与逻辑思维过程相伴而生，互相发生影响。逻辑思维的基本规律是对人们运用概念、命题、推理和论证经验的科学总结，是思维逻辑的基本表现形式。

人们常把逻辑学比喻为"思维的语法"，这个比喻揭示了逻辑和思维、语言之间的联系。逻辑是人们长期实践经验的总结，是成功表达和交际的理论工具。良好的数学逻辑思维能力对提高人的基本素养，培养人的理性认识起着至关重要的作用。语言是表达思想的客观载体，而逻辑学的主要研究对象之一就是语言中的思维形式结构。

随着信息化社会的飞速发展，公共语言，特别是网络语言越来越活跃，越来越丰富，在社会交往中起到了积极的作用，但是，逻辑混乱、表达不清的现象也比比皆是，比如下面这段话：

你局移送审查起诉的犯罪嫌疑人吴×、钱×涉嫌盗窃一案，为有效地指控犯罪，根据

---

①吴蕾.高中数学命题教学渗透微型探究学习实践初探[J].数学教学通讯，2013（12）：38-39.

《中华人民共和国刑事诉讼法》第一百四十一条第一款的规定，请提供法庭审判所必需的下列证据材料：

1.请查清吴×、钱×主体身份和作案工具的由来；

2.请查清犯意的提起以及赃款、赃物的下落和分配；

3.进一步查找买赃人，确定赃物数量和价格。

这段话中，"1.请查清……"和"2.请查清……"以及"3.进一步查找……"均与开头段中的"请提供法庭审判所必需的下列证据材料"不符，有悖语言逻辑；另外，开头段有语病，"一案"不宜充当主语；"第三，涉嫌盗窃"不确切，宜改成"涉嫌盗窃罪"。

应修改为：

关于你局移送审查起诉的犯罪嫌疑人吴×、钱×涉嫌盗窃罪一案，为有效地指控犯罪，根据《中华人民共和国刑事诉讼法》第一百四十一条第一款的规定，请提供法庭审判所必需的下列证据材料：

1.吴×、钱×主体身份和作案工具的由来；

2.犯意的提起以及赃款、赃物的下落和分配；

3.买赃人及赃物数量和价格。

另外，也可将开头段修改为："关于你局移送审查起诉的犯罪嫌疑人吴×、钱×涉嫌盗窃罪一案，为……根据……规定，请补充做好下列工作，并提供法庭审判所必需的证据材料。"

上例展示了某公文因为逻辑不清导致的表达失当，以上的表达失当广泛存在于公开讲话、广告说明、教师授课，甚至协议文本中，而这些错误导致个人、企业，甚至国家遭受严重损失的事例也屡见不鲜。

数学课堂教学中，数学语言的使用不当，将直接影响学生的数学能力，教师语言使用不当而导致知识性错误也是教学中的一种常见现象。

1.熟悉的情境，简单的问题

在课堂中我们常常见到以下几种问题：

（1）数学术语使用失当，文字表述不明确。例如把"$a \div b$"读作 a 除 b；把"$(a+b)^2$"读作 a 加 b 的平方；把"$A=\{1,3,5,7,9\}$"读作 A 等于 $1,3,5,7,9$；在解题时，"解""证"不分等。

（2）数学符号书写不规范。例如希腊字母 α、英文字母 a 与阿拉伯数字 2 随意书写，不加以区分；用一根曲线代表大括号等。

（3）公式易错点强调不到位。例如对等比数列求和公式应该重点强调公比是否为 1，而实际教学中教师往往忽略了这一点。

（4）图形表示过于离谱。华罗庚说："数缺形时少直观,形少数时难入微;数形结合百般好,隔离分家万事休。"图形是帮助我们解决问题的重要辅助手段，但很多时候，教师画的图形与题意相差甚远，平面图形几何量的比例关系严重失调，这将直接影响到解题思路的发现。

（5）逻辑关系不明，思维和条理不清。例如解析几何中，教师定义圆锥曲线时往往在表述中忽略"在平面内"这一条件；而定义三角形时又没有注意到"三条线段首尾相接构成的图形叫作三角形"不需要"在平面内"这一条件。这样的错误在口头表达时往往不加以注意，又怎么指望学生解题时避开这些易错的陷阱呢？[①]

例题3-15 求和：$1 + x + x^2 + \cdots + x^n$。

本题为一个等比数列型数列的求和，但由于参数 x 的取值不同，求值方法和结果会有所不同，并且求和的项数为 $n+1$ 项而不是通常的 n 项，导致该题错误率极高。

另一方面，由于参数 x 对结果的影响，本题需要分类讨论，而解答分类讨论的题目时，学生的书写表达是一个大问题。

解：记 $S_{n+1} = 1 + x + x^2 + \cdots + x^n$，

当 $x = 0$，则 $S_{n+1} = 1$；

当 $x \neq 0$，则 S_{n+1} 是一个首项为 1，公比为 x 的等比数列的前 $n+1$ 项和，有 2 种情况：

若 $x = 1$，则 $S_{n+1} = n + 1$；

若 $x \neq 1$，则 $S_{n+1} = \dfrac{1 - x^{n+1}}{1 - x}$；

综上所述，$1 + x + x^2 + \cdots + x^n = \begin{cases} 1, & x = 0, \\ n+1, & x = 1, \\ \dfrac{1 - x^{n+1}}{1 - x}, & x \neq 0 且 x \neq 1。 \end{cases}$

学生在初读题时很容易将其当成等比数列直接求和，之后又容易忽略公比的取值以及项数问题。上例的解答过程清晰地体现了解答整个问题的思维过程，而且在分类讨论的时候，由于涉及多层分类，采取了编程时常用的技巧——缩进的方式，将几种情形有条理、有逻辑地展现出来。

2.关联的情境，较复杂的问题

数学课堂中要培养学生正确应用数学语言表达自己的思想的能力，使学生在数学交流时说准确、说完整、说得合乎逻辑。教学中，我们应从以下几个方面培养学生的数学语言表达能力。

（1）注重培养学生的有效提问能力

有价值的数学问题是对课堂的引领，也是对教学内容的聚焦，教师在课堂中提出的问题一般是经过精心设计的，但学生提出的问题却是无法预测的，有时还有可能偏离主线，甚至很多情况下，学生根本无法将问题准确地表达出来。

① 杨梅，幸克坚.高师院校应重视数学语言表达与数学交流能力的培养——谈高师数学教学如何配合基础教育课程改革[J].遵义师范学院学报，2011，13（05）：125-127+133.

为了让学生问得更有效，我们应教给学生一定的提问方法。

①把握提问的有效性。一节课的时间是有限的，能解决的问题也是有限的，所以提问要注意有效性，抓住课堂的核心，否则反而起不到效果。好的课堂提问应该围绕一条主线展开，从而达到引申和拓展的目的。

②引导提问的规范性。课堂上，常常有学生提出或者回答问题时说了半天，却什么都没说清楚的情形。学生有了问题，但无法用准确的数学语言表达，既没有解决问题，又浪费了时间。因此，我们需要将一定的基本句式作为规范，让学生有章可循、有样可学，慢慢让学生体会数学语言的简洁与干练。

（2）学会把现实问题转化成数学问题,培养分析问题和语言表达能力

在数学学习中，要抓住数学语言的特点,善于将叙述语言转换成专用的数学语言,并正确地理解它,才能正确地解决数学问题。在教学中，有很多学生不知道题目表达的是什么意思，考查的是什么知识点，或者不能把现实问题转化成数学问题，导致无从下手。所以，课堂中，教师应该根据每节课的学习内容和练习题，尽可能让学生理清每个题用到的知识点，应该从哪里入手去解决，学习如何将复杂的语言转化得更直白，只要学生明确了解题的方向，这个问题就迎刃而解了。

（3）学会总结本节课学到的知识,培养语言表达能力

为了培养学生的语言表达能力，在课堂中应该让学生自己来总结本堂课学到的内容，引导学生学着总结，不仅要说出学到的知识的具体内容，还要总结出学习方法。

数学语言具有高度的概括性和抽象性，这决定了数学能力不仅体现在学生的口头语言表达能力上，更体现在书面表达上，糟糕的书写常常与混乱的逻辑是分不开的。

3.综合的情境，复杂的问题

在几何证明中，当我们从条件不能直接推出结论时，如何寻找证明的思路就显得尤为重要。特别是对一些比较难的题目，我们应该从下面几个方面来思考问题，从而建立一个完整的推理过程：

①扩展已知图形；

②转化已知条件得出新条件；

③分解部分图形得到熟悉的几何结构；

④组合图形解决问题。

下面结合实例说明。

例题 3-16 如右图，P 为平行四边形 $ABCD$ 内一点，且 $\angle PAB = \angle PCB$，求证：$\angle PBC = \angle PDC$。

解析：先将条件信息标注在图形上，而后注意到条件中两个相等的角有两个公共点 B 和 P，可以联想全等，或共圆等角相等相关的结论，但两个角的位置并不好，是否可以通过某种方式将其中一个角

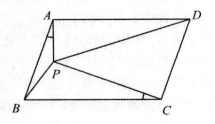

转移出去？另一方面，平行四边形提供了大量的相等以及平行关系，所以考虑平移某一个角。

如下图，我们将三角形 ABP 平移至三角形 DCQ 的位置上，则同时改变了条件角 $\angle PAB$ 与结论角 $\angle PBC$ 的位置，使得所有信息集中在了四边形 $QDPC$ 内部，这是一个四点共圆的基本结构。

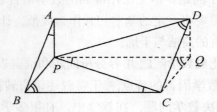

几何逻辑推理是数学教学的难点，教师应向学生强调采用规范的数学表达方式以及逻辑推理格式表达证明的过程，提供可复制的数学符号语言的逻辑结构框架等资料，让学生熟悉逻辑推理的模式，避免盲目探索，使学生思路清晰。

人的社会性决定了人离不开与他人的交流。数学语言是数学的一个重要组成部分，它既是数学知识的载体，又是数学思维的工具。在平时的数学教学中，教师要有意识地培养学生运用数学语言的能力，发展学生的数学思维,最终达到培养学生数学学习兴趣、提高学生数学素养的目的。

第三节　培育逻辑推理核心素养的课堂实录

教学内容：人教 A 版数学 5（必修）2.3 "等差数列的前 n 项和"一节。

教材赏析：等差数列在现实生活中比较常见，因此等差数列求和就成为我们在实际生活中经常遇到的一类问题。同时，求数列前 n 项和也是数列研究的基本问题。教材是从求 $1+2+3+\cdots+100$ 的高斯算法出发，引发学生对等差数列求和的兴趣，同时，使学生发现"等差数列任意的第 k 项与倒数第 k 项的和等于首末两项的和"这个规律，也为接下来求前 n 个正整数的和、求一般等差数列前 n 项和做好铺垫。接下来教材设置了第一个"探究"，目的是让学生在前面的基础上，把 $1+2+3+\cdots+n$ 求和的本质规律推广到一般的等差数列，进行平滑地过渡，获得一般的等差数列求和的思路，同时培养了学生类比推理素养。

随后，教材对等差数列求和公式进行了严格的推导，让学生体会演绎推理所呈现的严密的逻辑性，同时在前面的类比推理的基础上通过演绎推理得到新的结论（等差数列求和公式），这也是在有意识地培养学生的逻辑推理素养。接下来教材通过"例1"让学生体会等差数列求和公式在实际生活中的应用，培养学生逻辑推理素养；通过"例2"

让学生感受通项公式与求和公式相结合的灵活运用，掌握 a_1,a_n,d,n,S_n 这五个量可"知三求二"，引导学生通过演绎推理灵活求解未知量，培养学生的逻辑推理素养，达到"水平二"的要求；通过"例3"让学生掌握 a_n 与 S_n 的关系（ $a_n=S_n-S_{n-1},n\geq 2$ ）以及利用 S_n 求 a_n 的方法。紧接着教材设置了第2个"探究"，结合"例3"让学生理解并掌握等差数列前 n 项和可以看成关于 n 的缺常数项的二次函数形式，引导学生学会用数学的眼光看待问题、用数学的思维分析问题，培养学生的逻辑推理素养，达到"水平二"的高级要求，为达到"水平三"的要求做铺垫。最后，教材通过"例4"，让学生利用第2个"探究"得到的结论求解 S_n 的最大值，并且设置了思考问题，引导学生通过 a_n 的正负来求解 S_n 的最大值，目的是引导学生在学会用数学的眼光看待问题、用数学的思维分析问题之后，用数学的方法解决问题，培养学生的逻辑推理素养，争取达到"水平三"的要求。

一、导入新课（复习导入）

师：同学们，之前我们已经学习了等差数列的相关基础知识，请大家回顾等差数列通项公式是什么？是如何推导的？

生：等差数列通项公式 $a_n=a_1+(n-1)d$ ，是通过归纳法猜想的，然后通过叠加法推导证明的。

（教师板书等差数列通项公式。）

师：等差数列的求和公式是什么呢？是如何推导的呢？

生：求和公式 $S_n=\dfrac{n(a_1+a_n)}{2}$ ，是通过倒序相加法推导的。

（教师板书等差数列求和公式。）

师：很好，看来同学们课后都认真复习了，基础知识很扎实，不过求和公式还有另一种形式 $S_n=na_1+\dfrac{n(n-1)}{2}d$ 。那么，等差数列通项公式和求和公式中有几个变量呢？知道几个变量可以求解其他的变量？

生：通项公式 $a_n=a_1+(n-1)d$ 中，变量为 a_n ， a_1 ， d ， n ，…

（学生回顾、思考、讨论、发言。）

师：根据同学们的发言，大家都知道等差数列通项公式有4个变量，求和公式2种形式也都有4个变量。一般对方程而言，知道其他变量可以求解最后一个变量，所以，在等差数列通项公式中，我们一般说"知3求1"；在求和公式中，如果把2种形式结合起来，共5个变量，但每个公式里面只有4个变量，故可以说"知3求2"。

师：接下来这节课，我们就一起对教材44页的例2、例3进行学习，一起研究"等差数列前 n 项和"。

课例赏析： 教师通过复习旧知识，巩固等差数列通项公式的求法——归纳法和叠加法，有意识地培育学生归纳推理素养（猜）和演绎推理素养（证），根据具体教学情况，让学生感知"先猜后证"这一常用的数学方法，建构逻辑推理的抽象思维；通过复习等差数列求和公式的推导方法——倒序相加法，有意识地培育学生演绎推理素养，建构逻辑推理的抽象思维。

二、课堂教学

（一）自主学习

师：请同学们自主探究教材44页的例2、例3，并尝试总结一般方法。

（学生安静地阅读教材，自主动手尝试、练习；教师巡堂检查。）

（二）点拨归纳

例2的教学：

师：好了，针对例2，现在大家都自主探究过了，那么请同学们主动分享一下自己探究的收获，尝试总结这类题目的一般性解法。

生A：我们可以直接根据条件代入公式得到两个方程，联立组成方程组求解 a_1 和 d ，再求解 S_n 。

师：A同学说得对，我们先分析题干的条件 $S_{10} = 310, S_{20} = 1220$ ，结合上节课的等差数列求和公式 $S_n = na_1 + \dfrac{n(n-1)}{2}d$ ，建立两个关于 a_1 和 d 的方程，得到一个二元一次方程组，解这个方程组，从而求得 a_1 和 d 的值，由此求得该等差数列的前 n 项和公式 $S_n = 3n^2 + n$ 。

师：那么请同学们尝试总结这类题目的一般性解法。

生B：我们可以把 a_1 和 d 看作基本量，建立关于基本量的方程组，然后解方程组就可以求解基本量，最后求解公式中的其他变量。

师：B同学总结得很到位，接下来，我们对求和公式进行再认识，研究求和公式 $S_n = na_1 + \dfrac{n(n-1)}{2}d$ ，针对给定的数列，我们知道 a_1 与 d 是确定的，那么 S_n 是随着哪个变量的变化而变化的呢？

生： S_n 是随着 n 的变化而变化。

师：那我们可不可以将 S_n 看成是关于 n 的函数？

生C：好像可以……

生D：可以……

师：那我们一起尝试将 $S_n = na_1 + \dfrac{n(n-1)}{2}d$ 变形为关于 n 的函数形式……

（教师引导同学们一起完成变形。）

师：变形后得到 $S_n = \dfrac{d}{2}n^2 + \left(a_1 - \dfrac{d}{2}\right)n$，不妨写成函数形式 $S_n = An^2 + Bn$（A，B 为常数）。请同学们思考例2是否还有其他解法？

生：可以根据 $S_{10} = 310, S_{20} = 1\,220$，得到关于 A, B 的方程组，解得 $A = 3$，$B = 1$，因此等差数列的前 n 项和公式 $S_n = 3n^2 + n$。

师：很好，看来同学们都掌握了。

课例赏析： 教师根据教育学基本理论，充分发挥了教师的主导作用，设问指向明显，有启发意义。同时，有意识地培育学生的逻辑推理素养，引导学生利用掌握的基本公式（推理的依据），进行演绎推理，建构新的最近发展区，促进学生认知水平和逻辑思维素养不断地发展。用常规方法解答例2时通过引导学生，让学生亲自说出来，体会运用方程思想求解基本量，即一般地，可利用公式列出关于基本量 a_1 和 d 的方程组，进而求出 a_1 和 d。这样给了学生话语权，让他们总结方法，知道 a_1, d, n, a_n, S_n 这5个量可以"知3求2"。在常规方法的基础上，教师启发性地引导学生使用其他方法解题，启发引导学生从函数的角度去认识等差数列 $\{a_n\}$ 的前 n 项和公式为 $S_n = An^2 + Bn$（A, B 为常数），这样符合学生的认知发展规律，同时建立起了与教材例3及探究的关系，为下面的讲解做铺垫。这样的设计一方面让学生掌握了等差数列前 n 项和公式的另一形式，有助于学生对等差数列前 n 项和公式的深刻认知；另一方面让学生明白这两个例题看似独立，实则联系紧密，帮助他们形成严密的逻辑体系，不仅符合教育学中关于学生认知发展的基本规律，也可以做到有意识地培育学生的逻辑推理素养，将培育学生的逻辑推理素养融入平时的教学中。

例3的教学：

师：接下来我们一起研究例3。我们将教材的解答总结如下：

当 $n = 1$ 时，$a_1 = S_1 = 1^2 + \dfrac{1}{2} \times 1 = \dfrac{3}{2}$，

当 $n \geq 2$ 时，$a_n = S_n - S_{n-1} = n^2 + \dfrac{1}{2}n - \left[(n-1)^2 + \dfrac{1}{2}(n-1)\right] = 2n - \dfrac{1}{2}$，

且 $n = 1$ 时适合上式，所以数列 $\{a_n\}$ 的通项公式为 $a_n = 2n - \dfrac{1}{2}$，

由此可知，数列 $\{a_n\}$ 是一个首项为 $\dfrac{3}{2}$，公差为 2 的等差数列。

（教师板书解答过程的书写参考格式。）

师：下面请同学们尝试总结已知 S_n 求 a_n 的方法。

生E：……

生F：……

（学生讨论。）

师：好的，同学们已经讨论得差不多了，我们一起来总结已知 S_n 求 a_n 的方法。

①若给出某个数列的前 n 项和 $S_n = pn^2 + qn$，其中 p, q 为常数，可直接套用公式

$a_n = S_n - S_{n-1}$，此时求出的 $\{a_n\}$ 通项公式对 n 取一切的正整数都成立。

②若给出某个数列的前 n 项和 $S_n = pn^2 + qn + r(r \neq 0)$，解决此类题型的一般方法：首先考虑 $n=1$ 时的情况，再求 $a_n = S_n - S_{n-1}(n \geq 2)$，通项公式只能用 $a_n = \begin{cases} S_1, & n=1 \\ S_n - S_{n-1}, & n \geq 2 \end{cases}$ 表示。

课例赏析：教师为了培养学生规范书写、严密思维的良好习惯，示范性地书写并展示，并强调优先讨论当 $n=1$ 时的情况，以免疏忽大意而导致扣分；同时培养学生严密的逻辑思维，做到"滴水不漏"地演绎推理，提高逻辑推理素养水平。然后同样地将话语权交给学生，引导学生讨论，让学生自己总结已知 S_n 求 a_n 的方法，并且感知，如果一个数列是等差数列，则其前 n 项和公式的形式为 $S_n = An^2 + Bn$（A，B 为常数），反过来，如果一个数列前 n 项和公式的形式为 $S_n = An^2 + Bn$（A，B 为常数），则该数列一定是等差数列，互为充要条件。在本例的教学中，让学生体会充分性和必要性的逻辑推理规则。

（三）自检互评

师：下面请同学们自己独立完成例2变式和教材45页例4，并相互评价。

例2变式：已知等差数列 $\{a_n\}$ 前10项的和是310，前20项的和是1 220，求前30项的和。

例4：已知等差数列 5，$4\frac{2}{7}$，$3\frac{4}{7}$，… 的前 n 项和为 S_n，求使得 S_n 最大的序号 n 的值。

（学生自主独立完成，然后相互评价；教师引导学生讨论、总结。）

师：请大家参考以下解答过程。

例2变式解析：设等差数列 $\{a_n\}$ 的前 n 项和公式的形式为 $S_n = 3n^2 + n$。将 $n=30$ 代入其中，可得 $S_{30} = 2\,730$。

例4解析（方法1）：由题意，等差数列 5，$4\frac{2}{7}$，$3\frac{4}{7}$，… 的首项为 5，公差为 $-\frac{5}{7}$，代入 $S_n = \frac{d}{2}n^2 + (a_1 - \frac{d}{2})n$，配方可得 $S_n = -\frac{5}{14}(n - \frac{15}{2})^2 + \frac{1125}{56}$（$n \in \mathbf{N}^*$），所以，当 n 取7或8时，S_n 取最大值。

课例赏析：在前面讲解的前提下，教师将教材例4作为一个课堂练习题目交给学生，让学生先独立完成练习，进行逻辑思维探索和知识的运用，巩固新知；再相互评价、讨论，同学之间进行思想的交流，让彼此的思维世界都打开，达到"1+1＞2"的效果。在学生讨论之后，教师引导学生总结等差数列前 n 项和 S_n 的三种形式，并且学会对不同的题选取不同的方法；总结等差数列前 n 项和 S_n 最值问题的解题策略，将数列的学习与函数的相关知识构建起联系。数列实质上是一个特殊的函数，利用函数的思想去研究数列，让学生的逻辑思维层次得以提升。

（四）拓展迁移

师：让我们一起来看下面这个问题。

探究 1：已知 S_n 是等差数列的前 n 项和，求证 $\left\{\dfrac{S_n}{n}\right\}$ 是等差数列。

让我们一起思考以下三个问题：

①等差数列的定义是什么？（学生回答。）

②等差数列的通项公式是什么？（学生回答。）

③如何证明一个数列是等差数列？（学生回答："定义法"或者"通项公式法"。）

师：已知 S_n 是等差数列的前 n 项和，则 $S_n = An^2 + Bn$（A, B 为常数），$\dfrac{S_n}{n} = An + B$，$\left\{\dfrac{S_n}{n}\right\}$ 的通项公式为 $a_n = An + B$，符合等差数列通项公式形式，故 $\left\{\dfrac{S_n}{n}\right\}$ 是等差数列。

师：接下来做这样几个引申。①一般地，如果一个数列 $\{a_n\}$ 的前 n 项和为 $S_n = pn^2 + qn + r$，其中 p, q, r 为常数，且 $q \neq 0$，那么这个数列一定是等差数列吗？

②等差数列的依次每 k 项之和仍成等差数列，即 $S_k, S_{2k} - S_k, S_{3k} - S_{2k}, \cdots$ 组成公差为 $k^2 d$ 的等差数列。

③当 $a_1 > 0, d < 0$ 时，满足 $\begin{cases} a_n \geq 0, \\ a_{n+1} \leq 0 \end{cases}$ 的项数 n 使 S_n 取最大值。

④当 $a_1 < 0, d > 0$ 时，满足 $\begin{cases} a_n \leq 0, \\ a_{n+1} \geq 0 \end{cases}$ 的项数 n 使 S_n 取最小值。

⑤例 4 解析（方法 2）：由题意可得该数列的通项公式为 $a_n = \dfrac{40}{7} - \dfrac{5}{7}n$，则使 S_n 最大的 n 应满足 $\begin{cases} \dfrac{40}{7} - \dfrac{5}{7}n \geq 0, \\ \dfrac{40}{7} - \dfrac{5}{7}(n+1) \leq 0, \end{cases}$ 解得 $7 \leq n \leq 8$，所以当 n 取 7 或 8 时，S_n 取最大值。

课例赏析： 引申指探索引申，构建新知，它是研究数学的重要方法，不仅能有效激活学生的数学创新思维、培养其数学创新意识，还能提高其探究的能力。对高中数学教材上例题进行变通推广，恰当引申能够给学生营造一种生动活泼、轻松愉悦的数学学习氛围。

"不愤不启，不悱不发"，有了教材例 2 和例 3 的铺垫，学生此时处于一种"愤""悱"的状态，只要给学生机会，他们自然可以轻而易举地解决问题。教师做到了把课堂还给学生，让学生"说出来"，从而让课堂焕发生命活力，体现了孔子的启发式教学。通过引申，引导学生的思维由特殊向一般过渡，教师有意识地培育学生逻辑推理素养，使之螺旋式上升。此外，让学生从简单的教材例题自然地引申得到求解等差数列前 n 项和问题常用的性质，从特殊过渡到一般，符合学生的认知思维规律。这样的引申自然流畅，不牵强附会，学生通过解答引申出的题目，能够加深理解，并掌握等差数列求和的性质。然后教师带领学生再次审视"例4"，相比方法1，方法2的切入点更低，但对学生的数学思维层次要求稍高，适合培育学生的逻辑推理素养，而且此方法更具一般性。从学生认知理论上讲，此引申考虑到学生数学思维的最近发展区，建立在学生已有的认知结构和知识基础之上，教师引导其从等差数列的通项公式出发来分析这个问题。实际上，数学问题的难易程度与学生表现出的学习积极性是相关的，此处教师所提的问题精炼且难度适宜，有助于教师调动学生的学习积极性，发挥其潜能，培育学生的演绎推理素养，同时对教师而言，可以让数学教学创造出一个又一个的最近发展区。

三、课堂小结

师：同学们经过这节课对等差数列前 n 项和的研究性学习，获得了哪些知识、思想方法？

生：等差数列前 n 项和的有关计算、已知 S_n 求 a_n 问题、等差数列的前 n 项和最值问题……

师：同学们非常认真地听了课，很好。下面老师再简单地总结下，从知识层面上讲，学习了等差数列前 n 项和的有关计算、已知 S_n 求 a_n 的问题、等差数列的前 n 项和最值问题等；从思想方法上看，学会了从特殊到一般、由具体到抽象的推理方法以及方程思想。

课例赏析：课堂小结是整个教学过程的有机组成组分，它对整堂课起着画龙点睛的作用；利用小结提问，先让学生自由发言，教师再做适当补充，学生在回望与系统整理的过程中，既强化了对知识本身的理解，又能对刚才建构的等差数列求和所涉及的问题体系进行巩固，升华本课内容。

第四章

培育数学运算核心素养

第一节　数学运算的内涵与价值

一、数学运算的内涵

《课标》指出，数学运算是指在明晰运算对象的基础上，依据运算法则解决数学问题的素养，主要包括：理解运算对象，掌握运算法则，探究运算思路，选择运算方法，设计运算程序，求得运算结果等。

在教育部考试中心的《2019年普通高等学校招生全国统一考试大纲的说明》中，也明确地提出了运算求解能力是重要的能力考查点，认为运算求解能力是一项基本能力，是最基础的又是应用最广的一种能力。运算求解能力是指：会根据法则、公式进行变形和正确运算，能根据问题的条件寻找与设计合理、简洁的运算途径，能根据问题要求进行估算或近似计算。运算求解能力是思维能力与运算技巧的结合。运算包括对数值的计算和近似计算，对数学表达式的变形，对几何图形相关几何量的计算求解等。运算求解能力包括分析运算条件、探究运算方向、选择运算公式、确定运算程序等一系列过程中的思维能力，也包括实施运算过程中遇到障碍而调整运算的能力。

可以看出，数学运算是中学阶段的一种重要学科素养，是解决数学问题的基本手段。数学运算的范畴是广泛的，既包括传统意义的数值运算（或估算）和式的变形运算，也包括对问题条件的分析、对运算方向的探究、运算公式的选择与应用以及运算程序的确定等一系列的思维活动。事实上，数学运算是与数学思维紧密联系在一起的，如在运算条件分析中，就需要去收集和整理条件及条件间的关系，在运算方向的选择上，需要去思考预判，等等。在运算过程中遇到障碍而调整运算就直接关系到思维的灵活性。

史宁中教授、王尚志教授主编的《普通高中数学课程标准（2017年版）解读》，对数学运算的内涵做了解读，认为：数学对象是体现数学运算素养的载体，运算对象来自于其他学科与实际的抽象，深入地理解运算对象，可以不断地开发应用的领域，体现数学的应用广泛性；运算法则能保障运算结果的唯一性，同时有助于产生不同的思想方法，使得数学在广泛的应用中具有独特的位置；运算思路的产生是解决数学问题的关键，运算思路是在对运算对象深入分析、结合运算对象灵活使用运算法则的基础上产生的，是体现数学运算素养的精华；运算方法不仅用于解决一个一个具体问题，还要不断地发掘这些具体问题的本质，进而拓展到解决一类问题、一大类问题的方法，形成解决这些问题的通性通法；运算程序是运算方法的具体化，是解决一类问题可操作的步骤，也是借助计算机和外界力量解决问题的路线图；运算结果是运算程序实施的结果，可以是一个问题的结果，也可以是一类问题的结果①。

二、数学运算的价值

数学运算是数学活动的基本形式，也是演绎推理的一种形式，是得到数学结果的重要手段，数学运算是计算机解决问题的基础。

数学运算是六大数学核心素养之一，是用数学的思维处理问题的重要手段，发展学生的数学运算能力本质上就是在培养学生的思维能力，也即是通过运算促进数学思维发展，逐步养成程序化思考问题的习惯。同时，数学运算强调思路严谨，算法灵活，这对于发展学生严谨的数学思维和具有创造性的思维方式十分有利。数学运算更需要坚持的意志品质，这对于培养学生持之以恒的意志力具有不可替代的作用。在《普通高中数学课程标准（2017年版）解读》一书中，作者对数学运算的学科价值和教育价值进行了高度概括，认为学科价值体现在：数学运算是解决数学问题的基本手段，数学运算是演绎推理，是计算机解决问题的基础；认为教育价值体现在：通过高中数学课程的学习，学生能进一步发展数学运算能力；有效借助运算方法解决实际问题；通过运算促进数学思维发展，形成规范化思考问题的品质和一丝不苟、严谨求实的科学精神①。

第二节　基于数学运算素养表现的实践研究

在实践研究中，我们认为，理解运算对象是基础，掌握运算法则是根本，探究运算思路是核心，设计运算程序是发展。基于此，我们侧重在这四个方面根据不同的问题情境，从不同的水平层次，紧紧围绕"情景与问题""知识与技能""思维与表达""交流与反思"四个方面进行了实践研究，获得了一些成果，现逐项展示如下，以期能对读者有所帮助。

---

①史宁中，王尚志.普通高中数学课程标准（2017年版）解读[M].北京：高等教育出版社，2018.

一、理解运算对象

理解运算对象是指通过熟悉题目，准确把握运算对象的本质特征，建立运算对象的内部信息联系，即弄清楚"未知量是什么？已知数据是什么？条件是什么？""条件有可能满足吗？条件是否足以确定未知量？或者它不够充分？或者多余？或者矛盾？"[①]通过这些问题把题目的前提和结论分离出来，并对已知量信息进行逐个分析，寻求指向结论的通道。

理解运算对象作为展开运算的第一步，起着至关重要的作用，运算对象把握不准，会直接影响运算思路的形成、运算程序的设计等后续步骤。下面，我们分三个水平层级研究如何理解运算对象，并给出相应的教学策略分析。

1. 熟悉的情境，简单的问题

熟悉的情境是指简单的问题，通常指达到学业水平考试的要求。这一层级的情境简单，涉及的运算对象也比较少，主要考查对定义、性质、定理、公式、法则的基本理解和简单应用。对运算对象的认识和理解并不困难，但如果不能准确把握所涉及的相关概念（如对定义、性质、定理的理解不透彻，对公式、法则的记忆不准确），会直接影响对运算对象的准确把握。

因此，熟悉的情境下理解运算对象主要是分析清楚题目考点，准确把握该考点的概念、意义等，达到准确把握本题运算对象的目的。

例题 4-1 银行储蓄卡的密码由 6 个数字组成，每个数字可以是 0，1，2，3，4，5，6，7，8，9 十个数字中的任意一个。小王记性一直不好，有一天他去银行取钱忘记了自己的密码，问他到自动取款机上随机试一次密码就能取到钱的概率是多少？若小王记得密码的前两位，问小王随机试一次就能取到钱的概率是多少？

解析： 此问题是一个生活中很常见的实际应用问题，对于此类问题首先是要准确地把这个问题抽象为数学问题，然后用我们熟悉的数学知识去解决。

本题运算对象是概率，要突破这个运算对象，首先需要分清本题属于什么概型。由于每一位都有十个数字可取（有限），且每一个数字被取到的可能性相同（等可能性），所以是一个古典概型，运算对象得以突破。

例题 4-2 过点 $P(2,3)$ 且在 x 轴、y 轴上的截距相等的直线方程为_____。

解析： 本题是在纯数学的情境下考查求直线方程的问题，运算对象是直线方程。对这个运算对象的理解不难，但要准确把握，必须正确理解"截距"这个概念。因为"截距相等"，故只能同为 0，同为正或同为负，因此，直线方程的形式有两类——截距为 0 和斜率为 -1。这样，就准确地突破了本题"截距相等的直线方程"这个运算对象。

---

①G.波利亚.怎样解题：数学思维的新方法[M].涂泓，冯承天，译.上海：上海科技教育出版社，2011.

例题4-3 （1）集合 $M=\{(x,y)|\dfrac{x^2}{9}+\dfrac{y^2}{4}=1\}$ ，$N=\{(x,y)|\dfrac{x}{3}+\dfrac{y}{2}=1\}$ ，则 $M\cap N=$（　　）。

A．$\varnothing$　　　B．$\{(3,0),(0,2)\}$　　C．$[-3,3]$　　　　D．$[-2,2]$

（2）集合 $M=\{x|\dfrac{x^2}{9}+\dfrac{y^2}{4}=1\}$ ，$N=\{x|\dfrac{x}{3}+\dfrac{y}{2}=1\}$ ，则 $M\cap N=$（　　）。

A．$\varnothing$　　　B．$\{(3,0),(0,2)\}$　　C．$[-3,3]$　　　　D．$\{3,2\}$

解析： 本题的问题情境是纯数学的情境，两个小题的运算对象都是集合，但集合的类别不同：一个运算点集，一个运算数集。如果在处理时，忽略集合中代表元素的识别，就会导致对运算对象（集合）的理解出错。出错的本质原因是对"描述法"中代表元素的理解不透彻。

例题4-4 人们发现，在高台跳水运动中，运动员相对水面高度 h（单位：m）与起跳后的时间 t（单位：s）存在函数关系 $h(t)=-4.9t^2+6.5t+10$，那么在 $0\leqslant t\leqslant 0.5$ 这段时间内运动员的平均速度 $\bar{v}$ 是多少？

解析： 本题是在跳水这一运动情境中，求平均速度的问题。在运动学中，平均速度的运算公式是：$\bar{v}=\dfrac{\Delta h}{\Delta t}$（其中 Δh 表示这段时间内运动员的位移，Δt 表示这段位移所用的时间），要理解好 $\bar{v}$ 这个运算对象，就需要记住平均速度的公式，同时理解公式中字母的含义。

总结： 熟悉的情境下，运算对象的认识比较容易，但如果没有透彻理解和掌握与运算对象相关的知识点，往往会在这类简单题目上出现对运算对象的错误把握。通过调查发现，学生常把这类题目出错归为"过失性失分"，虽然不排除可能确实有过失性失分，但概念理解不透彻，公式及公式的变形式记忆不够牢固，才是导致这类问题出错的主要原因。

因此，要准确把握熟悉的情境下的运算对象，我们需要在基本概念（定义、定理、性质、公式、法则）的理解上下足功夫：

（1）对于教师来说，课堂做到知识讲透。教师应讲透定义、定理的生成发展过程、内涵外延，以帮助学生理解记忆；讲透公式推导，理透公式、法则中的易错易混点，理清公式、公式的变形式的应用方向，以加强学生对公式的辨析能力。只有这样，才能让学生在充分理解定义、定理、性质、公式、法则的基础上，做到"记得住，用得来，用得准"。

（2）对于学生来说，加强对概念、公式、定理等的理解，强调亲自动手推导。例如三角函数、数列、均值不等式等章节，公式多、变形式多，记不准公式和公式的变形式是阻碍学生辨析运算对象的重要原因，因此加强公式的记忆，特别是理解记忆很有必要，而学生亲自动手推导公式是形成理解记忆的有效方法之一。

（3）学生还应加强练习，以练代记。用得多，就记得牢，见得多，就"见怪不怪"，记住知识的用法往往比记住知识本身更容易，因为有具体情境作为依托。

2. 关联的情境，较复杂的问题

关联的情境是指较为复杂的问题，通常指达到高考的要求。这一层级的情境稍微复杂一些，不能轻易地从情境中抽象出数学问题，涉及的运算对象常常有多个，主要从知识的交会处进行设置，或者对基本题型进行变化、延伸而来，难度较大，对运算对象的认识较为困难。因此，在关联的情境下，如何认识和理解运算对象是攻克这类题目的第一个难关。

那么，关联的情境下如何理解运算对象？要依题目类型而定。这类题目主要有两种，一是知识交会处的关联，体现知识的综合性，遇到这类情境，我们需要将问题拆分到各个知识板块，再借助相应知识板块来认识运算对象；二是由基本问题到复杂问题的关联，这类问题要求我们掌握好一些基本题型、基本说法、基本技巧，强化类比迁移，将复杂问题化归、转化到基本问题，从而达到破解运算对象的目的。

例题 4-5 《中华人民共和国个人所得税法》规定，公民全月工资、薪金所得不超过 5 000 元的部分不必纳税，超过 5 000 的部分为全月应纳税所得额。此项税款按下表分段累计计算：

级数	全月应纳税所得额	税率	速算扣除数
1	不超过 3 000 元部分	3%	0
2	超过 3 000 元至 12 000 元部分	10%	210
3	超过 12 000 元至 25 000 元部分	20%	1 410
4	超过 25 000 元至 35 000 元部分	25%	2 660
5	超过 35 000 元至 55 000 元部分	30%	4 410
6	超过 55 000 元至 80 000 元部分	35%	7 160
7	超过 80 000 元以上	45%	15 160

速算扣除数的意义是工资超过的部分乘以对应的税率再减去速算扣除数即是要缴纳的税。

（1）小李 2019 年一月的工资、薪金所得是 15 000 元，问他应缴纳多少税？

（2）小张 2019 年二月应缴纳 4 340 元税，请问他的工资、薪金所得是多少元？

解析： 此问题是现在比较热门的一个生活情景问题，将这个问题抽象成一个数学问题，首先要理解的运算对象就是本题中的表格，由表可知，工资不同，税率不同，因此可将表格抽象成一个分段函数来处理，这个运算对象就得以突破。

把题目的文字信息转化成数学语言的表达，是解决这类问题的基本方法，也是处理关联性运算对象的基本方法。

例题 4-6 长方体 $ABCD - A_1B_1C_1D_1$ 中，底面 $ABCD$ 为正方形，P 为 A_1D_1 的中点，$AD = 2$，$AA_1 = \sqrt{3}$，Q 是 $ABCD$ 所在平面内一点，$QC = \sqrt{2}QP$，则 $|QB|$ 的最大值

是_____。

解析：本题的问题情境是纯数学的情境，但是较为复杂。需要理解的运算对象有两个，一个是"动点 Q 到定点 B 的最大值"。要理解这个运算对象，首先得找到动点 Q（在平面 $ABCD$ 内）的轨迹方程；而 Q 点满足 $QC = \sqrt{2}QP$，这恰好是本题的突破点，也是第二个运算对象。

在平面解析几何中：$QC = \sqrt{2}QP$，则 Q 的轨迹是圆，因此，可用坐标法突破动点 Q 的轨迹方程，即：$(x-2)^2 + (y+2)^2 = 4$。

因此，问题可转化成"圆上动点 Q 到定点 B 距离的最值"，运算对象得以突破。

本题是在立体几何背景下考查了一个平面几何问题，是平面解析几何和立体几何的交会考查，因此，当我们将条件放回解析几何这个板块中时，运算对象 "$QC = \sqrt{2}QP$" 就变得非常好理解了。

例题4-7 （1）若函数 $f(x) = |\ln x| - 3^{-x}$ 的两个零点是 x_1, x_2，则（ ）。

A. $x_1 x_2 = 1$ B. $x_1 x_2 > 1$ C. $x_1 x_2 < 1$ D.无法判断

（2）已知 $f(x) = \begin{cases} |\ln x|, & 0 < x \leq e \\ 2 - \ln x, & x > e \end{cases}$，若 $a \neq b \neq c$，且 $f(a) = f(b) = f(c)$，则 $a + b + c$ 的范围是_____。

解析：本题是纯数学的情境，两个小题要解决的运算对象虽然有所不同，但涉及的问题都与函数零点或交点有关。

（1）问考查零点的问题，运算对象是求两个零点的关系，要突破这个运算对象，可先转化为两个函数 $g(x) = |\ln x|, h(x) = 3^{-x}$ 的交点问题，再将问题化归到 $y = |\ln x|, y = a$ 的交点问题，即可轻松突破（如下图）。

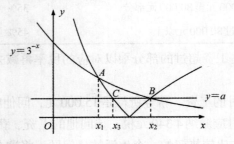

（2）问考查分段函数与常值函数交点问题，运算对象是交点横坐标的关系式的取值范围，与（1）问属于同类问题。本问题仍然可以利用 $y = |\ln x|, y = t$ 的交点问题来理解三个变量之间的关系，由（1）知，$ab = 1$，用 b 换掉 a，即可减少变量，同理，根据后两段函数值相等，可用 b 换掉 c，只剩一个变量 b，即把运算对象转化成了只含一个变量的式子的最值问题，可用函数的观点求解。

本题运算对象得以突破的关键在于将复杂问题向基本问题转化，用基本问题的结论或者思维方式来解决复杂问题。

例题4-8　当死亡生物组织内的碳14的含量不足死亡前的千分之一时，用一般的放射性探测器就探测不到碳14了。那么死亡生物组织内的碳14经过9个半衰期后，用一般的放射性探测器能探测到碳14吗？

解析：这是生物学科背景下的一个问题，运算对象是物质量的变化情况。要理解这个运算对象首先要理解的是"半衰期"的概念（半衰期是指放射性元素有半数发生衰变时所需要的时间，即该问题中的碳14的含量变成原来的一半所需要的时间）。因此经过一次半衰期该物质的量就变为原来的一半，而我们的运算对象经过9个半衰期，物质量就变为 $N \times (\frac{1}{2})^9$，运算对象得以突破。

总结：关联的情境下，问题情境比较复杂，对学生的数学抽象能力，对知识板块的辨析能力、化归转化能力、类比迁移能力等都有较高要求。因此，为了理解好这种情境下的运算对象，学生应强化以上能力。

为了提升学生的问题辨析能力、化归转化能力和类比迁移能力，教师在教学过程中应关注以下几个方面：

（1）注重基本知识的生成和发展过程，帮助学生理解知识和方法的内涵。只有让学生经历了知识生成和发展的思维过程，才能把握根本；只有把握了方法的实质，才能实现方法的内化，进而形成迁移能力。

（2）注重考查内容的本质提炼，提升学生的化归转化能力。知识之间是具有一定的相关性的，而相关点就是知识的本质点，因此要关注知识内容的本质特征，才能有助于学生的化归转化能力的提升。如在"指数函数和对数函数"中，其本质都是一种函数，因此研究它们的方法和思想是一致的，解决问题的策略具有函数的相通性，教学中应把握这一点，让学生形成解决问题的基本思路。

（3）注重基本题型的变式延伸，提升学生的类比迁移能力。基本题型是大脑中的原始数据，具有很强的基础性和生长性，教学中要关注这类问题，同时要教学生如何去延展，如何产生新的问题，这种方法对于提升学生的类比迁移能力十分有效。

（4）注重方法技巧的总结归纳，不仅能提升学生的总结归纳能力，取其精华，去其糟粕，还能减轻学生的记忆负担，提升学生遇到相似题目时的知识调动能力。

对于学生来说，为了能够思维灵活，平时应该加强练习，做到对每一板块的知识都足够熟悉，这样才能做到辨明运算对象，才能在处理综合问题时，将难点有效拆分，各个突破，顺利解题。同时，平时的学习和练习还需要加强归纳总结，加强同类题目的延伸训练，才能达到快速辨析题目考点，突破运算对象的目的。

3. 综合的情境，复杂的问题

综合的情境是指复杂的问题，通常指达到自主招生考试要求，具有较高难度。这一层级的情境或问题很复杂，涉及的运算对象常常也很复杂，较难从问题中直接找到突破口，因而对运算对象的认识很困难。因此，在综合的情境下，如何认识和理解运算对象也是攻克这类题目的第一个难关。

遇到这类题时，注意题目条件的隐含意义，需要调动尽量多的知识，从不同角度认识运算对象，探究解题思路时也力求从不同侧面、不同角度分析条件与结论之间的关系，充分挖掘隐含条件，达到顺利突破运算对象的目的。

例题 4-9 对函数 $f:[0,1] \to [0,1]$，定义 $f_1(x)=f(x),\cdots,f_n(x)=f(f_{n-1}(x))$，$n=1,2,3,\cdots$，满足 $f_n(x)=x$ 的点 x（其中 $x \in [0,1]$）称为 f 的一个 n 周期点，现设 $f(x)=\begin{cases} 2x, & 0 \le x \le \dfrac{1}{2}, \\ 2-2x, & \dfrac{1}{2} < x \le 1, \end{cases}$ 则 f 的一个 n 周期点的个数是（   ）。

A. $2n$ B. $2n^2$ C. 2^n D. $2(2n-1)$

解析： 本题的问题情境是纯数学的情境，要解决的问题（运算对象）是根据题目所给定义研究函数的周期点的个数，因此本题的关键在于分析透彻所给定义，它也是本题的另外一个运算对象。

本题的定义显得比较抽象，其中第一个难点是 $f_1(x)$，$f_2(x)$，$\cdots$ 等这些函数到底是怎样的函数，要突破这个难点，可以采用列举法的思想，利用所给的 $f(x)$ 解析式，依次列出 $f_1(x)$，$f_2(x)$，$\cdots$ 的解析式，结合下面的图形观察，挖掘函数的规律即可；第二个难点就是对周期点 x 的理解，实质就是 $f_n(x)$ 与函数 $y=x$ 的交点，求周期点的个数，就是求交点的个数。突破这两个难点，就可以顺利突破本题运算对象。

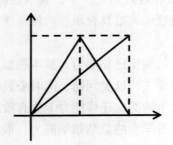 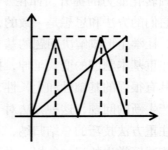

总结： 提升学生在综合的情境下理解运算对象的能力，我们建议课堂多角度剖析运算对象，关注并重视学生的想法，鼓励学生多尝试；引导学生多练习，见得多，思维才能更加开阔。

综合以上三种情境，可以发现，要提升学生理解运算对象的能力，教师扮演着十分关键的作用：课堂对定理、定义、公式、法则的讲解和辨析必须透彻；讲解中档难度的例题时，尽量一题多变，提升学生类比迁移能力，化归转化能力；讲解综合题型时，尽量做到多角度剖析，即一题多解，增加学生的思维灵活度；讲解实际生活的例子时，教会学生如何提取关键信息，将其抽象为数学问题；讲解科学情境的题目时，教会学生将其转化为数学问题，用数学的眼光结合相应学科公式解决问题。

这样，学生不仅学会了知识，更学会了知识的研究方法，学会了用数学的眼光看待问题、用数学的思想思考问题。不论是熟悉的运算对象还是陌生的运算对象，学生都能通过从课堂上学到的研究方法去尝试突破它。

另外，学生自身也起着至关重要的作用，加强练习，加强归纳总结，反思后再巩固练习是锻造敏锐的数学眼光的重要途径。

总之，要提升学生理解数学运算对象（即审清题目考点，审准运算方向）的能力，教师和学生都需要在各自的工作中下足功夫，确保每个环节的落实。

二、掌握运算法则

掌握数学运算法则是指掌握数学运算规则，是完成运算得出正确结果的保障。由小学、初中到高中，随着所学数学知识的不断增加，运算的对象发生变化，相应的运算法则也随之增多（如高中增加了向量的运算法则，指、对数的运算法则，导数的运算法则，复数的运算法则等），对这些运算法则应理解来龙去脉，更要准确记忆。

1. 熟悉的情境，简单的问题

在熟悉的情境中，关键是理清题目要求，准确调用运算法则，并将法则的正反运用和灵活应用结合起来。

例题4-10 已知 $\log_{18}9=a,18^b=5$，求 $\log_{36}45$。

解析：本题是数学情景下的知值求相关值的问题。本题涉及对数概念、对数运算法则。解题时，先将已知的指数式转化为对数式，然后利用对数的运算法则（包括对数运算的加减法则，以及换底公式等）将所求的对数式用已知的对数式表示出来，就可以得出正确的结论。

因为 $\log_{18}9=a,18^b=5$，

所以 $\log 5=b$，

所以 $\log_{36}45=\dfrac{\log_{18}45}{\log_{18}36}=\dfrac{\log_{18}(5\times9)}{\log_{18}(18\times2)}=\dfrac{\log_{18}9+\log_{18}5}{1+\log_{18}2}=\dfrac{a+b}{1+\log_{18}\frac{18}{9}}=\dfrac{a+b}{2-a}$。

指数与对数运算是高中学生必须掌握的，形式灵活多变，理解对数运算法则的内涵，熟练地掌握和灵活、正确地运用运算法则是解决本问题的关键。

例题4-11 一房地产公司有50套公寓要出租，当月租金定为1 000元时，公寓全部租出去；月租金每增加50元，就会多一套租不出去，而每一套租出公寓每月花费100元维修费，问月租金定为多少元时月利润最大？

解析：本题是科学情境下的最优化的问题，涉及的知识与技能为建立二次函数模型，进而利用二次函数单调性这样的运算法则即可得到最大值。

假设有 x 套公寓没有租出，月收入为 $f(x)$，则

$$f(x) = (1\,000 + 50x)(50 - x) - 100(50 - x)$$
$$= (900 + 50x)(50 - x)$$
$$= -50x^2 + 1\,600x + 45\,000$$
$$= -50(x - 16)^2 + 57\,800 \quad (0 \leqslant x < 50, x \in \mathbf{Z})。$$

二次函数开口向下，由单调性可知 $x = 16$，即月租金定为 1 800 元时，利润最大，最大为 57 800 元。

本题以函数最值运算为知识载体，确定利润最值，借助理解运算对象、运用运算法则等一系列数学思维活动，关键在于建立函数的数学模型。

2.关联的情境，较复杂的问题

在现实情境中，根据现实描述将问题转化为数学模型，确定运算对象，提出运算问题，运用运算法则是解决问题的常用方法。

例题4-12 台风是一种自然灾害，它以台风中心为圆心在周围数十千米范围内形成气旋风暴，有极强的破坏力。据气象观测，如图，距沿海某城市 A 正南方向220千米的 B 处有一台风中心，其中心最大风力为12级，每远离台风中心20千米，风力就会减弱一级，该台风中心现正以15千米/时的速度沿北偏东30°方向往 C 移动，且台风中心风力不变，若城市所受风力达到或超过四级，则称为受台风影响。问：

（1）该城市是否会受到这次台风的影响？请说明理由。

（2）若会受到台风的影响，那么台风影响该城市的持续时间有多长？

（3）该城市受到台风影响的最大风力为几级？

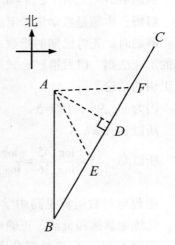

解析： 本题为现实情境下的预测分析题目，涉及的知识主要是建立几何模型，运用解三角形及相关的正弦定理、余弦定理等法则解决问题。在构造和研究几何模型时选择 AD 和 EF 的长度作为研究分析对象，必须对方位角、点到直线的距离等概念以及三角形中的边角关系定理掌握熟练才能轻松地驾驭本题，也才能顺利地运用直角三角形中的边角关系运算法则解决相关问题，从而达到培养学生抽象思维的能力。

（1）如图，由点 A 作 $AD \perp BC$，垂足为 D。

因为 $AB = 220$，$\angle B = 30°$，所以 $AD = \dfrac{1}{2}AB = 110$（千米）。

由题意，当 A 点距台风中心不超过160千米时，将会受到台风的影响，由于 $AD = 110 < 160$，所以 A 市会受到这次台风的影响。

（2）在 BD 及 BD 的延长线上分别取 E, F 两点，使 $AE = AF = 160$ 千米。

由于当 A 点距台风中心不超过160千米时，将会受到台风的影响，

所以当台风中心从 E 点移到 F 点时，该城市都会受到这次台风的影响。

在 Rt$\triangle ADE$ 中，由勾股定理，得 $DE=\sqrt{AE^2-AD^2}=\sqrt{160^2-110^2}=30\sqrt{5}$，

所以 $EF=2DE=60\sqrt{15}$（千米）。

因为该台风中心以15千米/时的速度移动，

所以这次台风影响该城市的持续时间为 $\dfrac{60\sqrt{15}}{15}=4\sqrt{15}$（时）。

当台风中心位于 D 处时，A 市所受台风的风力最大，其最大风力为 $12-\dfrac{110}{20}=6.5$（级）。

从现实情境中抽象出数学问题时，构造数学模型，合理选择分析点，熟练掌握运算法则，并运用定理与法则等解决问题都至关重要。在以往的学习中，学生已经熟练掌握直角三角形的相关知识，以现实问题作为载体研究直角三角形，需要学生把实际问题提炼为数学问题，抽象出直角三角形，并运用直角三角形中的边角关系和勾股定理求解。

事实上，要求学生亲自经历概念、定义、定理、公式等的推导过程，并交流反思，才能更好地实现数学知识的理解应用和巩固，从而发展运算素养。

3. 综合的情境，复杂的问题

例题4-13　现要登上10级台阶，每次可以登1级或2级，则不同的登法共有_____种。

解析：本题是现实情境下的计数问题。该问题主要是计算完成一件事情的不同方法的种数，首先弄清有无顺序要求，其次弄清目标的实现，是分步达到，还是分类达到。涉及的运算法则有分类计数原理、分步计数原理、排列数或组合数的计算公式等。

设计解决问题的步骤和顺序时，要合理分类，准确分步。注意分类时标准明确，不重不漏。掌握"正面凑"和"反面剔"的解题途径，注重一题多解，也可以用化归思想将其转化为递归问题，从而利用数列解决，强化从不同角度培养学生分析问题的能力。

方法1：因为每登一步有两种方式，而且只有10级台阶，数字不大，可以尝试逐一考察，利用分类计数原理求解。

①有0步走2级，剩下10步均走1级，共 C_{10}^0 种走法；

②有1步走2级，剩下8步均走1级，共 C_9^1 种走法；

③有2步走2级，剩下6步均走1级，共 C_8^2 种走法；

④有3步走2级，剩下4步均走1级，共 C_7^3 种走法；

⑤有4步走2级，剩下2步均走1级，共 C_6^4 种走法；

⑥有5步走2级，剩下0步均走1级，共 C_5^5 种走法；

走法总数 $N=C_{10}^0+C_9^1+C_8^2+C_7^3+C_6^4+C_5^5=89$。

方法2：从简单的、特殊的情况入手加以考察，进行观察、归纳，判断是否有规律。

设登上第 n 级台阶有 a_n 种方法，

则易得 $a_1 = 1, a_2 = 2$ ， $a_3 = 3, a_4 = 5$ ，进而猜测 $a_n = a_{n-1} + a_{n-2} (n \geq 3)$ 。

再从一般情况进行分析，到达第 $n (n \geq 3)$ 级台阶有两种方式：先到达第 $n-2$ 级再走 2 级，有 a_{n-2} 种方法；先到达第 $n-1$ 级再走 1 级，有 a_{n-1} 种方法，故有 $a_n = a_{n-1} + a_{n-2} (n \geq 3)$ 。

可得 $a_{10} = 89$ 。

总之，正确、规范地使用运算法则，是得出正确结果的前提和保障。对运算法则的掌握主要体现在三个方面：一是理解运算法则的推导与总结过程，不仅要懂得各个运算法则是怎样规定的，而且还要懂得为什么要这样规定，以此明确运算法则规定的合理性和必要性；二是将总结出来的运算法则灵活运用到各种情境中去解决相应的问题，对于一些基本的数学运算法则，其运用水平要达到比较熟练的程度；三是掌握不同的运算法则之间的关系，明确它们之间的联系和区别。正确地理解运算法则的内涵和实质是掌握运算法则的关键，正确、规范并且熟练运用是掌握运算法则的方法。

三、探索运算思路

探索运算思路就是寻找题目条件和结论的联系，这些联系表现为沟通条件和结论的一系列演算或推理，这是解题的思维核心。那么运算思路从哪里来？在运算过程中，不同的运算方向，可能会有不同的繁简程度。同一个运算方向，可能因为数据的处理方式不同，计算的繁简程度就不一样。因此，遇到某个数学问题时，要把握问题的本质，对可行的各种方法进行"预算"，最后选用最优策略。这里从三个情境来阐述运算思路的探索和运算策略的优化。

1.熟悉的情境，简单的问题

对于这一层级的问题，运算思路很容易形成，涉及的运算对象较为单一，方法比较常规，只是运算思路中还蕴含着计算的处理。从熟悉的模型出发，将新问题（陌生问题）转化为我们已解决的或者熟知的问题。

例题4-14 某人打算制订一个长期储蓄计划，每年年初存款 2 万元，连续储蓄 12 年。由于资金原因，从第 7 年年初开始，变更为每年年初存款 1 万元。若存款利率为每年 2%，且上一年年末的本息和共同作为下一年年初的本金，则第 13 年年初时的本息和约为_____万元（结果精确到0.1）。（参考数据： $1.02^6 \approx 1.13$, $1.02^{12} \approx 1.27$ ）

解析： 这是一道熟悉的生活情境问题，要探索运算思路，关键在于把握模型的实际背景。

我们经常可以看到有关贷款买房、分期付款买车的广告；在银行里也有关于投资理财的宣传，有保险的，有证券的，有关于年金的。参与年金计划就是一个很好的投资安排，而提供年金合同的金融机构一般为银行和保险公司。年金终值包括存入的本金以及各年存入的本金所产生的利息，但是，由于这些本金存入的时间不同，所产生的利息也不同。

通过对本题陈述材料的理解，并对所提供的信息资料进行归纳、整理和分类，将实际问题抽象为数学问题，此题其实就是一个年金的计算问题，也即等比数列求和问题，具体如下：

由题意可知，第1年年初存入的2万元，到第13年年初时本息和为 2×1.02^{12}，

第2年年初存入的2万元，到第13年年初时本息和为 2×1.02^{11}，

…………

第6年年初存入的2万元，到第13年年初时本息和为 2×1.02^7，

第7年年初存入的1万元，到第13年年初时本息和为 1×1.02^6，

…………

第12年年初存入的1万元，到第13年年初时本息和为 1×1.02，

故全部的投资在第13年年初时的本息和为

$2 \times 1.02^{12} + 2 \times 1.02^{11} + \cdots + 2 \times 1.02^7 + 1.02^6 + 1.02^5 + \cdots + 1.02$。

其实这就是要用到等比数列求和公式，计算如下：

$$原式 = 2 \times \frac{1.02^7 \times (1 - 1.02^6)}{1 - 1.02} + \frac{1.02 \times (1 - 1.02^6)}{1 - 1.02}$$

$$= 2 \times \frac{1.02 \times (1.02^{12} - 1.02^6)}{0.02} + 51 \times (1.02^6 - 1)$$

$$\approx 51 \times (0.28 + 0.13) = 20.91 \approx 20.9。$$

在计算 $\frac{1.02^7 \times (1 - 1.02^6)}{1 - 1.02}$ 时，如果转化为 $\frac{1.02 \times 1.02^6 (1 - 1.02^6)}{1 - 1.02}$，再利用 $1.02^6 \approx$ 1.13，多次取近似值就会让估算误差变大，而 $\frac{1.02^7 \times (1 - 1.02^6)}{1 - 1.02} = \frac{1.02 \times (1.02^{12} - 1.02^6)}{0.02}$ 这种处理就很好。考试大纲中有能根据要求对数据进行估算和近似运算的运算要求。

总结：存款、贷款、购物（房、车）、分期付款等经济问题都可以归结为数列问题，它们都可以用等差数列和等比数列来刻画。这些常见问题都可以让学生感受到数学应用的广泛性，并意识到数学可以帮助他们更好地认识生活和人类社会。

例题4-15　已知 $f(x) = \ln x - x^2$，方程 $2m[x + f(x)] = (1 - 2m)x^2$ 有唯一实数解，求正数 m 的值。

解析：探索这类问题的运算思路时，要善于对通法进行优化。我们要关注通法，就要进行涉及复杂计算处理的思维训练，因为往往技巧就蕴含在复杂的计算过程中。$2m[x + f(x)] = (1 - 2m)x^2$ 有唯一实数解，即 $x^2 - 2m \ln x - 2mx = 0$ 有唯一解，我们可以使用直接构造函数法。

环节1：获取基本思路，提炼基本步骤

令 $g(x) = x^2 - 2m \ln x - 2mx$，则 $g'(x) = \dfrac{2x^2 - 2mx - 2m}{x}$，再令 $g'(x) = 0$，则 $x^2 - mx -$

$m = 0$，因为 $m > 0$，$x > 0$，所以 $x_1 = \dfrac{m - \sqrt{m^2 + 4m}}{2}$（舍），$x_2 = \dfrac{m + \sqrt{m^2 + 4m}}{2}$，通过单

调性的研究和极限思想的运用，容易得到：当 $x = x_2$ 时，$g(x) = 0$ 即可。

接下来的计算部分，部分学生是这样处理的：

由 $x = x_2$，$g(x) = 0$，故

$$g(x_2) = x_2^2 - 2m \ln x_2 - 2mx_2$$

$$= \left(\frac{m + \sqrt{m^2 + 4m}}{2} \right)^2 - 2m \ln \frac{m + \sqrt{m^2 + 4m}}{2} - 2m \times \frac{m + \sqrt{m^2 + 4m}}{2} = 0。$$

学生感觉这个式子太复杂了，于是有学生放弃了或者另寻他法。

环节2：善于换元，化繁为简

不过，部分学生发现，根号虽然复杂，但可以通过换元法处理。

处理1：令 $\dfrac{m + \sqrt{m^2 + 4m}}{2} = t$，从而 $m = \dfrac{t^2}{t+1}$，于是上式变为 $t^2 - \dfrac{2t^2}{t+1} \ln t - \dfrac{2t^2}{t+1} t = 0$，

即 $1 - \dfrac{2\ln t}{t+1} - \dfrac{2t}{t+1} = 0$，$t + 1 - 2t - 2\ln t = 0$，$t - 1 + 2\ln t = 0$。

令 $h(t) = t - 1 + 2\ln t = 0$，易求 t。

通过换元，式子变得简洁，计算量的确变小。

环节3：深度观察分析，利用整体代换简化运算过程

做到这里，部分学生又发现，这里令 $\dfrac{m + \sqrt{m^2 + 4m}}{2} = t$，，实际上就是令 $x_2 = t$，那

么，先不把 $x_2 = \dfrac{m + \sqrt{m^2 + 4m}}{2}$ 代入，从整体上看，能否看成虚设零点？

处理2：由前面分析知，$\begin{cases} g(x_2) = 0, \\ g'(x_2) = 0, \end{cases}$ 即 $\begin{cases} x_2^2 - 2m \ln x_2 - 2mx_2 = 0, \\ x_2^2 - mx_2 - m = 0, \end{cases}$ 两式相减得

$2m \ln x_2 + mx_2 - m = 0$，又因为 $m > 0$，所以 $2\ln x_2 + x_2 - 1 = 0$。设 $h(x) = 2\ln x + x - 1$，当

$x > 0$ 时，$h(x)$ 是增函数，所以 $h(x) = 0$ 至多有 1 解，又因为 $h(1) = 0$，所以 $x_2 = 1$，即

$\dfrac{m + \sqrt{m^2 + 4m}}{2} = 1$，$m = \dfrac{1}{2}$。显然优化后的解法比之前的运算量小。

总结：我们在日常教学中，要避免繁杂的运算和过于人为的、技巧性过强的运算，强调基础，注重通性通法。要在学生难以突破的点进行点拨，学生更容易接受。我们在课堂教学中要注意以下问题：一是不能为了多样化而多样化，二是不能只重视多种方法的运用，而不注重一种方法的优化。

2.关联的情境，较复杂的问题

我们一旦看透了两类看似不同的问题的本质，建立了它们之间的关联性，那么解决

其中一类问题的方法在解决另外一类问题时可也发挥作用。我们不可能详尽地讲授解决问题的所有方法，所以要教学生将已掌握的方法稍加变化后用于解答不同的问题，也就是我们通常说的迁移。

例题4-16　二手车经销商小王对其所经营的A型号二手汽车的使用年数x与销售价格y（单位：万元/辆）进行整理，得到如下数据：

使用年数 x	2	3	4	5	6	7
售价 y	20	12	8	6.4	4.4	3
$z=\ln y$	3.00	2.48	2.08	1.86	1.48	1.10

下面是z关于x的折线图：

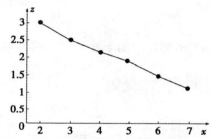

（1）由折线图可以看出，可以用线性回归模型拟合z与x的关系，请用相关系数加以说明。

（2）求y关于x的回归方程，并预测某辆A型号二手车当使用年数为9时售价约为多少。（$\hat{b}$，$\hat{a}$小数点后保留两位有效数字）

参考公式：$\hat{b}=\dfrac{\sum\limits_{i=1}^{n}(x_i-\bar{x})(y_i-\bar{y})}{\sum\limits_{i=1}^{n}(x_i-\bar{x})^2}=\dfrac{\sum\limits_{i=1}^{n}x_iy_i-n\bar{x}\bar{y}}{\sum\limits_{i=1}^{n}x_i^2-n\bar{x}^2}$，$\hat{a}=\bar{y}-\hat{b}\bar{x}$，$r=\dfrac{\sum\limits_{i=1}^{n}(x_i-\bar{x})(y_i-\bar{y})}{\sqrt{\sum\limits_{i=1}^{n}(x_i-\bar{x})^2}\sqrt{\sum\limits_{i=1}^{n}(y_i-\bar{y})^2}}$；

参考数据：

$\sum\limits_{i=1}^{6}x_iy_i=187.4$，$\sum\limits_{i=1}^{6}x_iz_i=47.64$，$\sum\limits_{i=1}^{6}x_i^2=139$，$\sqrt{\sum\limits_{i=1}^{6}(x_i-\bar{x})^2}\approx4.18$，$\sqrt{\sum\limits_{i=1}^{6}(y_i-\bar{y})^2}\approx13.96$，

$\sqrt{\sum\limits_{i=1}^{6}(z_i-\bar{z})^2}\approx1.53$，$\ln 1.46\approx0.38$，$\ln 0.711\,8\approx-0.34$。

解析： 此题的情境是学生熟悉的，是一个常见的统计决策问题，展现了统计决策的基本过程和基本思想。针对具体的统计问题，要选择具有特定统计意义和实际意义的统计量，本题主要考查了回归分析方面的知识。

在分析两个变量的相关关系时，可根据样本数据作出散点图来确定两个变量之间是否具有相关关系，若具有线性相关关系，则可通过线性回归方程来估计和预测。

正确理解计算$\hat{b}$，$\hat{a}$的公式和准确地计算是求线性回归方程的关键。

回归方程形式为 $\bar{y} = \hat{b}\bar{x} + \hat{a}$，其中 $\hat{b} = \dfrac{\sum\limits_{i=1}^{n} x_i y_i - n\bar{x}\bar{y}}{\sum\limits_{i=1}^{n} x_i^2 - n\bar{x}^2}$，$\hat{a} = \bar{y} - \hat{b}\bar{x}$。

解决本题时要注意这些：

①由于题目中给出的信息量大，在读题时要抓住关键，转化、构建数学模型；

②求解时，由于数据较多，要分清数据间的联系，计算准确；

③回归方程形式为 $\bar{y} = \hat{b}\bar{x} + \hat{a}$，注意必须满足线性相关关系才可以计算，比如（2）

问，其实 y 与 x 之间是不满足线性关系的，所以不能用 $\hat{b} = \dfrac{\sum\limits_{i=1}^{n}(x_i - \bar{x})(y_i - \bar{y})}{\sum\limits_{i=1}^{n}(x_i - \bar{x})^2}$ 求 $\hat{b}$，

$\sum\limits_{i=1}^{6} x_i y_i = 187.4$，$\sqrt{\sum\limits_{i=1}^{6}(y_i - \bar{y})^2} \approx 13.96$ 是没用的干扰条件。解答本题时，要先由 z 与 x 之间

的线性关系求 z 与 x 的回归方程 $\bar{z} = \hat{b}\bar{x} + \hat{a}$。

回归方程 $\bar{z} = \hat{b}\bar{x} + \hat{a}$ 中 $\hat{b}$ 的计算公式：$\hat{b} = \dfrac{\sum\limits_{i=1}^{n}(x_i - \bar{x})(z_i - \bar{z})}{\sum\limits_{i=1}^{n}(x_i - \bar{x})^2} = \dfrac{\sum\limits_{i=1}^{n} x_i z_i - n\bar{x}\bar{z}}{\sum\limits_{i=1}^{n} x_i^2 - n\bar{x}^2}$，要根据题目

已提供的数据合理选择公式。比如（2）问，因为题中告知我们 $\sum\limits_{i=1}^{6} x_i^2 = 139$，$\sqrt{\sum\limits_{i=1}^{6}(x_i - \bar{x})^2} \approx$

4.18，而 $\sqrt{\sum\limits_{i=1}^{6}(x_i - \bar{x})^2} \approx 4.18$ 是近似值，肯定选 $\hat{b} = \dfrac{\sum\limits_{i=1}^{n} x_i z_i - n\bar{x}\bar{z}}{\sum\limits_{i=1}^{n} x_i^2 - n\bar{x}^2}$ 更好。

线性相关系数 $r = \dfrac{\sum\limits_{i=1}^{n}(x_i - \bar{x})(z_i - \bar{z})}{\sqrt{\sum\limits_{i=1}^{n}(x_i - \bar{x})^2}\sqrt{\sum\limits_{i=1}^{n}(z_i - \bar{z})^2}} = \dfrac{\sum\limits_{i=1}^{n} x_i z_i - n\bar{x}\bar{z}}{\sqrt{\sum\limits_{i=1}^{n} x_i^2 - n\bar{x}^2}\sqrt{\sum\limits_{i=1}^{n} z_i^2 - n\bar{z}^2}}$，在运算时，也要

合理选择公式并适当变形。例如（1）问，由于题中告诉 $\sum\limits_{i=1}^{6} x_i z_i = 47.64$，$\sqrt{\sum\limits_{i=1}^{6}(x_i - \bar{x})^2} \approx$

4.18，$\sqrt{\sum\limits_{i=1}^{6}(z_i - \bar{z})^2} \approx 1.53$，因此我们要用 $r = \dfrac{\sum\limits_{i=1}^{n} x_i z_i - n\bar{x}\bar{z}}{\sqrt{\sum\limits_{i=1}^{n}(x_i - \bar{x})^2}\sqrt{\sum\limits_{i=1}^{n}(z_i - \bar{z})^2}}$。

总结：由于概率统计问题的信息量很大，所以一定要根据题中条件进行斟酌。一定要保证知识点准确，而不是一味地套公式。有时涉及的运算量很大，所以要合理选择公式，本题在这点上体现得很充分。

例题4-17 已知抛物线的方程为 $y^2 = 4x$，$P(1,2)$，A，B 是抛物线上的动点，当直线 PA, PB 的倾斜角互补时，求直线 AB 的斜率。

解析： 本题是在关联的数学情境中探索运算思路，要善于转化、化归，一题多解。

那么一题多解的本质在哪里？从什么地方切入可以一题多解？一题多解是条件的不同使用方式引起的。条件的使用方式是解题的关键，使用条件的方式不同的原因归纳起来主要有两个方面：

①对条件中数、式、图、点的特征，从不同的观察角度，产生不同的解法；

②对条件的内涵和外延的不同理解层次，导向不同的思路。

本题的条件是 P，A，B 在抛物线上，直线 PA, PB 的倾斜角互补。

切入点1：抓住直线 PA 和直线 PB 的斜率互为相反数，设 $PA: y = k(x-1) + 2$，联立直线 PA 方程和 $y^2 = 4x$，可求 A、B 坐标，从而可求斜率。

切入点2：设直线 AB 为 $y = kx + b$，PA, PB 的倾斜角互补，则 $k_{PA} + k_{PB} = 0$，先设 A，B 的坐标分别为 (x_1, y_1)，(x_2, y_2)。解题思路如下：

联立 $\begin{cases} y = kx + b, \\ y^2 = 4x, \end{cases}$ 得 $k^2 x^2 + (2kb - 4)x + b^2 = 0$，

$k_{PA} + k_{PB} = 0$，则 $\dfrac{y_1 - 2}{x_1 - 1} + \dfrac{y_2 - 2}{x_2 - 1} = 0$。

切入点3：设直线 AB 为 $y = kx + b$，PA，PB 的倾斜角互补，则 $x = 1$ 是 $\angle APB$ 的平分线，$B(x_2, y_2)$ 关于 $x = 1$ 的对称点 $B'(2 - x_2, y_2)$ 在直线 PA 上，由 A, P, B' 三点共线，$k_{PA} = k_{PB'}$，所以 $\dfrac{y_1 - 2}{x_1 - 1} = \dfrac{y_2 - 2}{(2 - x_2) - 1} = \dfrac{y_2 - 2}{1 - x_2}$，同上。

切入点4：设直线 AB 为 $y = kx + b$，抓住 $x = 1$ 是 $\angle APB$ 的平分线，从而（1，0）到直线 PA 和直线 PB 的距离相等，此时直线 PA 和直线 PB 的方程用 A, B 的坐标表示（过程略），也可得到 $\dfrac{y_1 - 2}{x_1 - 1} = -\dfrac{y_2 - 2}{x_2 - 1}$，同上。

小结： 几何条件代数化的过程，是学生对题目条件仔细分析后实现的，在这个过程中，利用数学对象表现形式的多样性，展现了知识的内在联系，促进学生的理解。

接下来就是对 $\dfrac{y_1 - 2}{x_1 - 1} + \dfrac{y_2 - 2}{x_2 - 1} = 0$ 运算的处理。

处理1： 由上式可得，$(y_2 - 2)(x_1 - 1) + (x_2 - 1)(y_1 - 2) = 0$，把 x_1, x_2 代入 $y = kx + b$，可得 $x_2(kx_1 + b) + x_1(kx_2 + b) - 2(x_1 + x_2) - (kx_1 + kx_2 + 2b) + 4 = 0$，

$2kx_1 x_2 + (b - 2 - k)(x_1 + x_2) - 2b + 4 = 0$，

借助根与系数的关系，

得到 $2kb^2 + (b - 2 - 4)(4 - 2kb) + (4 - 2b)k^2 = 0$，

即 $(b + kb) + (k^2 - k - 2) = 0$，$b(k + 1) + (k - 2)(k + 1) = 0$，可得 $k = -1$ 或 $k - 2 + b = 0$，

当 $k-2+b=0$ 时，$AB: y=kx+(2-k)$ 即 $y=k(x-1)+2$，过 P 点，不合题意，所以 $k=-1$。

处理2：由 $\dfrac{y_1-2}{x_1-1}+\dfrac{y_2-2}{x_2-1}=0$，得 $\dfrac{y_1-2}{\frac{y_1^2}{4}-1}+\dfrac{y_2-2}{\frac{y_2^2}{4}-1}=0$，

所以 $\dfrac{4(y_1-2)}{y_1^2-4}+\dfrac{4(y_2-2)}{y_2^2-4}=0$，

所以 $\dfrac{4}{y_1+2}+\dfrac{4}{y_2+2}=0$，$4(y_1+y_2)+16=0$，$y_1+y_2=-4$，

从而由 $\begin{cases} y=kx+b \\ y^2=4x \end{cases}$ 消去 x，得到 $ky^2-4y+4b=0$，所以 $y_2+y_2=\dfrac{4}{k}=-4$，$k=-1$。

小结：对计算的处理，显然处理2比处理1显得更简洁，其实在直线与抛物线联立时，利用抛物线方程代入运算更简单。教师要引导学生在运算时，多观察思考，寻找算法，分析和简化运算过程，使运算更加合理快捷，让学生领悟和掌握其中的运算技巧和方法。

切入点5：利用 P,A,B 都在抛物线上，当学生有了上面处理2的理解，会发现直线 PA，PB，AB 的斜率都可以用它们的纵坐标表示。过程如下：由 $\dfrac{y_1-2}{x_1-1}+\dfrac{y_2-2}{x_2-1}=0$，

从而 $\dfrac{y_1-2}{\frac{y_1^2}{4}-1}+\dfrac{y_2-2}{\frac{y_2^2}{4}-1}=0$，所以 $\dfrac{4(y_1-2)}{y_1^2-4}+\dfrac{4(y_2-2)}{y_2^2-4}=0$，$\dfrac{4}{y_1+2}+\dfrac{4}{y_2+2}=0$，所以 $4(y_1+y_2)+$

$16=0$，$y_1+y_2=-4$，故 $k_{AB}=\dfrac{y_1-y_2}{x_1-x_2}=\dfrac{y_1-y_2}{\frac{y_1^2}{4}-\frac{y_2^2}{4}}=\dfrac{4}{y_1+y_2}=-1$，这是运算最简单的方法。

小结：由于每个学生在观察时抓住问题的特点不同、运用的知识不同，因而，同一问题可能会有几种不同的解法，这就是"一题多解"。通过一题多解训练，可使学生认真观察、多方联想、恰当转化，提高运算思路的变通性。

例题解答完毕，学生发现 k_{AB} 是一个定值，于是我们把这个问题一般化。

进一步思考：$P(x_0,y_0)$ 为 $y^2=2px(p>0)$ 上一定点，A,B 是抛物线上的动点，当直线 PA,PB 的倾斜角互补时，k_{AB} 还是一个定值吗？

用切入点5的思路进行推导：其中 $P(x_0,y_0)$，可得 $k_{PA}=\dfrac{2P}{y_0+y_1}$，$k_{PB}=\dfrac{2P}{y_0+y_2}$，

由 $k_{PA}+k_{PB}=0$ 得 $\dfrac{2P}{y_0+y_1}+\dfrac{2P}{y_0+y_2}=0$，即 $4Py_0+2P(y_1+y_2)=0$，所以 $y_1+y_2=-2y_0$，

所以 $k_{AB}=\dfrac{2P}{y_1+y_2}=\dfrac{2P}{-2y_0}=-\dfrac{P}{y_0}$。

对于一道题，讲明思路，讲透方法，是容易的，但如果要培养学生分析问题和解决问题的数学能力，教师就要从一道题跳出去联系，去拓展。这种拓展是对解题的技巧与

具体方法进行的一种上升性概括，可以促进学生对解题的一般性的认识，从而实现大范围的迁移。

问题延伸：椭圆和圆中也有类似的结论吗？

问题1：过 $P(1,-3)$ 作两条互不相同的直线分别交 $x^2+y^2=10$ 于 E，F，且直线 PE 和 PF 的倾斜角互补，求直线 EF 的斜率。这个结论可以一般化吗？

问题2：$P(x_0,y_0)$ 是椭圆 $\dfrac{x^2}{a^2}+\dfrac{y^2}{b^2}=1(a>b>0)$ 上的一个定点，E，F 是椭圆上的动点，且直线 PE 和 PF 的倾斜角互补，求直线 EF 的斜率。

总结：通过对此题进行引申探究，利用"多题归一"，引导学生透过变化的背景，看清问题的本质，抽象出具有共性的思想方法，才能触类旁通。同时，从不同的角度，通过"一题多解"的方式，帮助学生形成知识网络。对学生而言，高中数学的基本知识点和基本方法是有限的，而数学情境却是无限的，只有用心去悟，才能体味其中的精髓，才能达到以不变应万变的目的。

3. 综合的情境，复杂的问题

综合的情境是指更加复杂的问题，这类题着重于对基本概念、基本原理和基本方法的综合应用，有很大的灵活性，往往一个命题覆盖多个内容，其中包括概念、背景、数理等多个角度。探求这类题的运算思路时，力求从不同侧面、不同角度分析条件与结论之间的关系，充分挖掘条件。

例题4-18 水受日月的引力，在一定的时候发生涨落的现象叫潮汐，一般地，早潮叫潮，晚潮叫汐。在通常情况下，船在涨潮时驶进航道，靠近船坞；卸货后，在落潮时返回海洋。下面是某港口在某季节每天的时间与水深关系表：

时刻	水深/米	时刻	水深/米	时刻	水深/米
0:00	5.0	9:00	2.5	18:00	5.0
3:00	7.5	12:00	5.0	21:00	2.5
6:00	5.0	15:00	7.5	24:00	5.0

（1）选用一个函数来近似描述这个港口的水深与时间的函数关系，给出整点时的水深的近似数值（精确到0.001）。

（2）一条货船的吃水深度（船底与水面的距离）为4米，安全条例规定至少要有1.5米的安全间隙（船底与洋底的距离），该船何时能进入港口？在港口能待多久？

（3）若某船的吃水深度为4米，安全间隙为1.5米，该船在2：00开始卸货，吃水深度以0.3米/时的速度减小，那么该船在什么时间必须停止卸货，将船驶向较深的水域？

解析：在实际生活中，有很多周期现象可以用三角函数来模拟，如物理中的简谐振动、交流电中的电流、潮汐等，都可以建立三角函数的模型，利用三角函数的性质解决有关问题；很多最值问题都可以转化为三角函数来解决，如天气预报、建筑设计、航海、测量中都能找到三角函数的影子，因而三角函数在解决实际问题中应用很广。

对于此题，我们可以将问题这样分解：

①根据问题中所给出的数据，可以发现什么规律？直接观察，是不好发现规律的，但如果借助散点图，规律就变得很明显了。

处理如下：以时间为横坐标，水深为纵坐标，在直角坐标系中画出散点图。

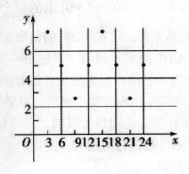

②观察图形，可以用怎样的函数模型刻画其中的规律？

观察问题中所给出的数据，可以看出水深的变化有周期性。根据散点图的形状可以判断，这个港口的水深与时间之间的对应关系可以考虑用函数 $y = A \sin(\omega x + \varphi) + h$ 来刻画，其中 x 是时间，y 是水深。

处理如下：从数据和图像可以得出：$A = 2.5$，$h = 5$，$T = 12$，$\varphi = 0$。因为 $T = \dfrac{2\pi}{\omega} = 12$，所以 $\omega = \dfrac{\pi}{6}$。这个港口的水深与时间的关系可用 $y = 2.5 \sin \dfrac{\pi}{6} x + 5$ 近似描述。

由上述关系式可得港口在整点时水深的近似值。（过程略）

③（2）问中的船何时能进入港口、在港口能待多久，要怎么体现？

分析如下：货船需要的安全水深为 $4 + 1.5 = 5.5$（米），所以当 $y \geq 5.5$ 时就可以进港。计算处理过程中，因为数据不特殊，所以需要计算器。具体过程略。

④（3）问中的船在什么时间必须停止卸货，要怎么理解？其实就是在卸货时，船舶的安全水深要小于此时的水深，一旦等于或大于，就必须停止卸货。设在 x 时刻船舶的安全水深为 y，所以 $y = 5.5 - 0.3(x - 2)$（$x \geq 2$），满足卸货条件时，$y = 5.5 - 0.3(x - 2)$（$x \geq 2$）的图像要在 $y = 2.5 \sin \dfrac{\pi}{6} x + 5$ 的下方。

如下图：在同一坐标系内作出这两个函数的图像，可以看到在6时到7时之间两个函数图像有一个交点，后略。

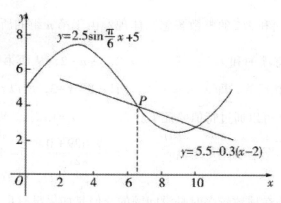

总结：本题再次体现了数学的重要性，在很多实际问题中，具体的数据计算对我们的决策有很大的作用。

例题 4-19 几位大学生响应国家的创业号召，开发了一款应用软件。为激发大家学习数学的兴趣，他们推出了"解数学题获取软件激活码"的活动。这款软件的激活码为下面数学问题的答案：已知数列 1，1，2，1，2，4，1，2，4，8，1，2，4，8，16，⋯，其中第一项是 2^0，接下来的两项是 2^0，2^1，再接下来的三项是 2^0，2^1，2^2，依此类推，求满足如下条件的最小整数 N：$N>100$ 且该数列的前 N 项和为 2 的整数幂。那么该款软件的激活码是(　　)。

A．440　　　B．330　　　C．220　　　D．110

解析：本题是在综合的科学情景下探究运算思路，解答这类问题要善于阅读题目，分解问题以降低计算难度。

本题背景是很新颖的，是计算机和数学知识的一个结合，但是解答此题还是比较困难的。

首先我们要阅读题目。题目阅读是翻译题干的过程，通过对题干的断句、分层获取信息等，可以帮助学生将抽象的题意直观化、具体化。

然后，对于此题，我们可以将问题这样分解：

①观察数的特点：第一项是 2^0，接下来的两项是 2^0，2^1，再接下来的三项是 2^0，2^1，2^2，⋯

这就给我们一个启示：我们可以将这些数分组，第一项为第 1 组，接下来的两项为第 2 组，再接下来的三项为第 3 组，⋯⋯依此类推，则第 n 组的项数为 n。

②现在的问题是需要求数列的前 N 项和，所以我们得知道 N 是第几组的第几个数，而且要能计算出数列的前 N 项和。

我们可以发现前 n 组的项数和为 $\dfrac{n(n+1)}{2}$，从而由 $N>100$，令 $\dfrac{n(n+1)}{2}>100$，所以 $n\geqslant 14$，$n\in \mathbf{N}^*$，即 N 出现在第 13 组之后。于是我们可以设满足条件的 N 在第 $k+1(k\in \mathbf{N}^*$，$k\geqslant 13)$ 组，且第 N 项为第 $k+1$ 组的第 $t(t\in \mathbf{N}^*)$ 个数。

③数列的前 N 项和为 2 的整数幂怎么体现？由于第 n 组的所有项的和为 $\dfrac{1-2^n}{1-2}=$ 2^n-1，前 n 组的所有项的和为 $\dfrac{2(1-2^n)}{1-2}-n=2^{n+1}-n-2$，从而第 $k+1$ 组的前 t 项的和 2^t-1 应与 $-2-k$ 互为相反数，即 $2^t-1=k+2$，所以 $2^t=k+3$，所以 $t=\log_2(k+3)$。这是本题最难的点。后面就可以通过特值验证了。当 $t=4$，$k=13$ 时，$N=\dfrac{13(13+1)}{2}+4=95<100$，不满足题意，当 $t=5$，$k=29$ 时，$N=\dfrac{29\times(29+1)}{2}+5=440$，当 $t>5$ 时，$N>440$，故选 A。

当然，上述方法在项数较多时是没问题的，但是如果没有项数限制，还是不够严密。事实上，在求数列的前 N 项和时，我们要想到将前 N 项分为 n 组，或完整的前 n 组和不完整的第 $n+1$ 组。

总结： 对一个抽象的问题，我们要让学生调动已学的数学知识来解决。通过广泛联系知识及整理解题结构，也可以提高学生应用知识的能力。不管多么复杂的问题都是有数学背景的，一定要把题目的隐含条件挖掘出来。

四、设计运算程序

所谓设计运算程序，是指学习者基于对问题的理解，探索运算思路，运用相应运算法则，针对具体问题梳理思路，设计相应的数学运算模型，达到举一反三、触类旁通的目的。

下面选取高中数学中部分核心知识板块，针对三种不同水平要求，提出在设计运算程序策略上的指导思想，并选取重要知识板块中的典型案例进行讲解，以期能有所帮助。

1.熟悉的情境，简单的问题

以随机事件的概率及其分布列问题的运算程序设计为例，这类问题通常是熟悉的现实情境问题，设计运算程序关键在于准确把握数学模型的本质属性和适用范围。

高中阶段的概率模型主要有古典概型、几何概型、条件概型、相互独立事件。离散型随机变量及其分布列主要有两类：一是利用古典概率模型计算概率产生的分布列（其中超几何分布属于该类分布列的特殊模型）；二是利用相互独立事件推出概率而产生的分布列（其中二项分布属于该类模型的特例）。

虽然与生活实际相关的概率问题种类繁多，但它们主要分为四个概率模型，因此，我们必须理清四类模型的本质、相互关联和适用范围，把握每个模型特有的"潜台词"。如：古典概型具有有限性和等可能性，几何概型具有无限性和不可数性，条件概型具有相互影响性以及相互独立事件具有独立性，而独立重复试验是相互独立事件的一个特例。计算离散型随机变量的概率时，用于判定是否属于相互独立事件模型一般问题的潜台词有："放回抽取""研究对象容量非常大""研究对象容量若干"或者"用频率估算概率"等字眼，当它们出现时，我们可以考虑该问题是否与相互独立事件模型相关。

古典概型中，试验的所有可能结果只有有限个，每次试验只出现其中的一个结果，即：等可能性和有限性。其计算公式 $P(A) = \dfrac{\text{事件}A\text{包含的可能结果数}}{\text{试验的所有可能结果数}}$。

几何概型试验的所有可能结果有无限个，每次试验只出现其中的一个结果，即：等可能性和无限性。每一个基本事件对应的几何概念可以是点、线（线段或者射线），因此度量试验结果的可以是线段长、面积、体积、角度。几何概型的概率公式

$$P(A) = \dfrac{\text{构成事件}A\text{的区域长度（面积或体积）}}{\text{试验的全部结果所构成的区域长度（面积或体积）}}。$$

判断某类问题属于古典概型还是几何概型，关键在于基本事件总数是否可数。

条件概型：设 A，B 为两个事件，且 $P(A) > 0$，称 $P(B|A)$ 为在事件 A 发生的条件下，事件 B 发生的概率，即：事件 A 发生与否对事件 B 发生的概率产生影响。相互独立事件的不同则在于事件 A 与事件 B 相互独立，彼此互不影响，其计算公式为 $P(AB) = P(A) \cdot P(B)$。

例题4-20　从甲、乙等5名学生中随机选出2人，则甲被选中的概率为_____。

解析：甲被选中的概率为 $P = \dfrac{C_1^1 C_4^1}{C_5^2} = \dfrac{4}{10} = \dfrac{2}{5}$。(古典概型)

例题4-21　某路口人行横道的信号灯为红灯和绿灯交替出现，红灯持续时间为40秒，若一名行人来到该路口遇到红灯，则至少需要等待15秒才出现绿灯的概率为_____。

解析：行人到达时刻对应某区间内的一个点，因此用线段来刻画，至少需要等待15秒才出现绿灯的概率为 $\dfrac{40-15}{40} = \dfrac{5}{8}$。(几何概型)

例题4-22　已知盒中装有3个红球、2个白球、5个黑球，它们大小形状完全相同。甲每次从中任取一个不放回，则在他第一次拿到白球的条件下，第二次拿到红球的概率为_____。

解析：设"第一次拿到白球"为事件 A，"第二次拿到红球"为事件 B，依题意 $P(A) = \dfrac{2}{10} = \dfrac{1}{5}$，$P(AB) = \dfrac{2 \times 3}{10 \times 9} = \dfrac{1}{15}$，故 $P(B|A) = \dfrac{P(AB)}{P(A)} = \dfrac{1}{3}$。(条件概型)

例题4-23　国庆节放假，甲去北京旅游的概率为 $\dfrac{1}{3}$，乙去北京旅游的概率为 $\dfrac{1}{4}$。假定两人的行动相互之间没有影响，那么这段时间内至少有1人去北京旅游的概率为_____。

解析：记在国庆期间"甲去北京旅游"为事件 A，"乙去北京旅游"为事件 B，两

人均不去的概率为 $P(\overline{A}\,\overline{B})=P(\overline{A})\cdot P(\overline{B})=[1-P(A)][1-P(B)]=(1-\frac{1}{3})(1-\frac{1}{4})=\frac{1}{2}$，甲、乙两人至少有一人去北京旅游的对立事件为甲、乙两人都不去北京旅游，故所求概率为 $1-P(\overline{A}\,\overline{B})=1-\frac{1}{2}=\frac{1}{2}$。(关键词为"相互之间没有影响"，因此属于相互独立事件模型。)

现实生活中离散型随机变量的分布列种类繁多，但高中阶段离散型随机变量的分布列只有两类：第一类，大部分离散型随机变量的分布列都可以通过古典概率模型计算得出，其中特殊的超几何分布也属于古典概率模型推算出来的分布列。第二类，通过独立重复事件概率模型计算概率所得到的分布列，其中二项分布就是该类分布列中较特殊的分布列。为了便于检验分布列计算是否正确，我们可以观察规律，将分布列中随机变量所有取值对应的概率结果化为相同的分母，便于检查概率之和是否等于1。

例题4-24 某食品厂为了检查一条自动包装流水线的生产情况，随机抽取该流水线上的40件产品作为样本称出它们的质量(单位：克)，质量的分组区间为(490，495]，(495，500]，…，(510，515]。由此得到样本的频率分布直方图(如下图)。

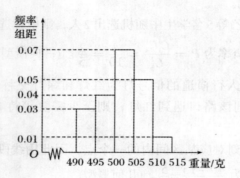

（1）根据频率分布直方图，求质量超过505克的产品数量；

（2）在上述抽取的40件产品中任取2件，设 X 为质量超过505克的产品数量，求 X 的分布列；

（3）从该流水线上任取2件产品，设 Y 为质量超过505克的产品数量，求 Y 的分布列。

解析：（1）产品的质量超过505克的频率为 $5×0.05+5×0.01=0.3$，

所以质量超过505克的产品数量为 $40×0.3=12$(件)。

（2）质量超过505克的产品数量为12件，则重量未超过505克的产品数量为28件，X 的取值为0，1，2，X 服从超几何分布。

$$P(X=0)=\frac{C_{28}^2}{C_{40}^2}=\frac{63}{130}，\quad P(X=1)=\frac{C_{12}^1 C_{28}^1}{C_{40}^2}=\frac{28}{65}，\quad P(X=2)=\frac{C_{12}^2}{C_{40}^2}=\frac{11}{130}。$$

所以 X 的分布列为

X	0	1	2
P	$\frac{63}{130}$	$\frac{56}{130}$	$\frac{11}{130}$

（3）根据样本估计总体的思想，取一件产品，该产品的质量超过505克的概率为 $\frac{3}{10}$。

从流水线上任取2件产品互不影响，该问题可看成2次独立重复试验，质量超过505克的件数 Y 的可能取值为0，1，2，且 $Y \sim B(2, \frac{3}{10})$，

$P(Y = k) = C_2^k (1 - \frac{3}{10})^{2-k} (\frac{3}{10})^k$，

故 $P(Y = 0) = C_2^0 \cdot (\frac{7}{10})^2 = \frac{49}{100}$，　$P(Y = 1) = C_2^1 \cdot \frac{3}{10} \cdot \frac{7}{10} = \frac{21}{50}$，　$P(Y = 2) = C_2^2 \cdot (\frac{3}{10})^2 = \frac{9}{100}$。

所以 Y 的分布列为

Y	0	1	2
P	$\frac{49}{100}$	$\frac{21}{50}$	$\frac{9}{100}$

因此，针对离散型随机变量及其分布列设计运算程序，首先根据问题的实际背景、本质以及问题情境中的"潜台词"判定这类现实情境属于哪一类概率模型；当已经明确其属于古典概型与相互独立事件之后，利用独立重复试验概率公式可以简化求概率的过程，但需注意检查该概率模型是否满足公式 $P(X = k) = C_n^k (1-p)^{n-k} p^k$ 的三个条件：①在一次试验中某事件 A 发生的概率是一个常数 p；②n 次试验不仅是在完全相同的情况下进行的重复试验，而且各次试验的结果是相互独立的；③该公式表示 n 次试验中事件 A 恰好发生了 k 次的概率。

2.关联的情境，较复杂的问题

例题4-25　已知函数 $f(x) = (x+1)\ln x - a(x-1)$。

（1）当 $a = 4$ 时，求曲线 $y = f(x)$ 在 $(1, f(1))$ 处的切线方程；

（2）若当 $x \in (1, +\infty)$ 时，$f(x) > 0$，求 a 的取值范围。

解析：本题（2）问考查恒成立问题。恒成立问题是近几年高中数学导数部分的热点问题，此类题目解法多变，可以从参数、变量的角度将其完全分离、半分离，或是不分离，改变所研究函数的结构，进而借助不同的数学工具解决问题。

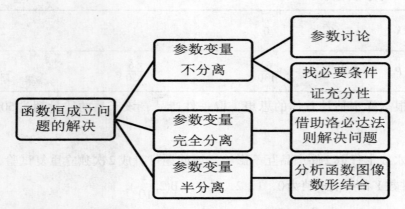

解法一：（参数讨论）

由题知，$f(x)>0$ 在 $x\in(1,+\infty)$ 时恒成立，所以 $[f(x)]_{\min}>0$，

因为 $f'(x)=\ln x+\dfrac{x+1}{x}-a=\ln x+\dfrac{1}{x}+1-a$，$f''(x)=\dfrac{1}{x}-\dfrac{1}{x^2}=\dfrac{x-1}{x^2}>0$，

所以 $f'(x)$ 在 $(1,+\infty)$ 上为增函数，$f'(x)>f'(1)=2-a$。

当 $2-a\geqslant0$ 即 $a\leqslant2$ 时，$f'(x)>0$，所以 $f(x)$ 在 $(1,+\infty)$ 上为增函数，$f(x)>f(1)=0$，

当 $2-a<0$ 即 $a>2$ 时，$\exists x_0\in(1,+\infty)$ 使得 $f'(x_0)=0$，

所以 $f(x)$ 在 $(1,x_0)$ 上为减函数，在 $(x_0,+\infty)$ 上为增函数，

所以 $[f(x)]_{\min}=f(x_0)<f(1)=0$ 不合题意，

综上，$a\leqslant2$。

解法二：（参数讨论）

由题知，$f(x)>0$ 在 $x\in(1,+\infty)$ 时恒成立，

即 $(x+1)\ln x-a(x-1)>0$ 在 $x\in(1,+\infty)$ 时恒成立，

即 $\ln x-\dfrac{a(x-1)}{x+1}>0$ 在 $x\in(1,+\infty)$ 时恒成立，

令 $g(x)=\ln x-\dfrac{a(x-1)}{x+1}$，则 $g'(x)=\dfrac{1}{x}-\dfrac{2a}{(x+1)^2}=\dfrac{x^2+(2-2a)x+1}{x(x+1)^2}$。

①当 $(2-2a)^2-4\leqslant0$，即 $0\leqslant a\leqslant2$ 时，$g'(x)\geqslant0$，所以 $g(x)$ 在 $(1,+\infty)$ 上为增函数，

$g(x)>g(1)=0$，满足题意；

②当 $(2-2a)^2-4>0$，即 $a<0$ 或 $a>2$ 时，令 $x^2+(2-2a)x+1=0$ 的两根为 x_1，x_2，

则 $x_1+x_2=2a+2$，$x_1x_2=1$，

当 $a<0$ 时，$x_1+x_2<0$，所以 $g'(x)\geqslant0$ 在 $(1,+\infty)$ 上恒成立，$g(x)>g(1)=0$，

当 $a>2$ 时，$x_1+x_2>0$，设 $x_1<x_2$，则 $0<x_1<1<x_2$，

所以 $g(x)$ 在 $(1,x_2)$ 上单调递减，在 $(x_2,+\infty)$ 上单调递增，又因为 $g(1)=0$，所以不合题意。

综上，$a \leqslant 2$。

对比解法一和解法二，均是对参数进行讨论。解法一直接求函数 $f(x)$ 的最值，解法二先将不等式各项同时除以 $x+1$，对不等式 $f(x) > 0$ 的结构进行变形，再研究新函数 $g(x)$ 的最值。

仅仅在运算程序设计上的一步之差使得本题的运算难度产生了较大差异。函数 $f(x)$ 的解析式中含有 $(x+1)\ln x$，导致一次求导后的结果仍然含有 $\ln x$，这使得 $f'(x)$ 中既有在定义域内单调递增的对数函数，又有单调递减的反比例函数，结构复杂，必然导致二次求导。解法二的处理将含有 $(x+1)\ln x$ 的项变为 $\ln x$，将对数的系数变成常数，对新函数求导后的结果是分式，通分后分母大于 0，因此对导函数正负的判断变成了对分子正负的判断，问题转化成学生较为熟悉的二次函数的参数讨论问题，降低了问题分析的难度，也降低了运算难度。

解法三：（找必要条件证充分性）

①由题知 $f(1) = 0$，$f(x) > 0$ 在 $(1, +\infty)$ 上恒成立，所以 $f'(1) \geqslant 0$，

因为 $f'(x) = \ln x + \dfrac{x+1}{x} - a$，所以 $f'(1) = 2 - a \geqslant 0$，$a \leqslant 2$，

所以 $a \leqslant 2$ 是使 $f(x) > 0$ 在 $(1, +\infty)$ 上恒成立的必要条件。

②证充分性，即证明 $a \leqslant 2$ 时，$f(x) > 0$ 在 $(1, +\infty)$ 上恒成立。

因为 $a \leqslant 2$，$x - 1 > 0$，所以 $a(x-1) \leqslant 2(x-1)$，$f(x) \geqslant (x+1)\ln x - 2(x-1)$，

令 $g(x) = (x+1)\ln x - 2(x-1)$，则 $g'(x) = \ln x + \dfrac{x+1}{x} - 2 = \ln x + \dfrac{1}{x} - 1$，

所以 $g''(x) = \dfrac{1}{x} - \dfrac{1}{x^2} = \dfrac{x-1}{x^2} > 0$，$g'(x)$ 在 $(1, +\infty)$ 上为增函数，$g'(x) > g'(1) = 0$，

所以 $g(x)$ 在 $(1, +\infty)$ 上为增函数，$g(x) > g(1) = 0$，

所以 $f(x) \geqslant g(x) > 0$，即 $f(x) > 0$ 在 $(1, +\infty)$ 上恒成立。

由①②得：$a \leqslant 2$。

解法四：（找必要条件证充分性）

①同上。

②证充分性，即证明 $a \leqslant 2$ 时，$f(x) > 0$ 在 $(1, +\infty)$ 上恒成立。

因为 $a \leqslant 2$，所以 $f'(x) \geqslant \ln x - 2 + \dfrac{x-1}{x} = \ln x + \dfrac{1}{x} - 1$，

令 $g(x) = \ln x + \dfrac{1}{x} - 1$，则 $g'(x) = \dfrac{1}{x} - \dfrac{1}{x^2} = \dfrac{x-1}{x^2} > 0$，

所以 $g(x)$ 在 $(1, +\infty)$ 上为增函数，$g(x) > g(1) = 0$，$f'(x) \geqslant g(x) > 0$，

所以 $f(x)$ 在 $(1, +\infty)$ 上为增函数，$f(x) > f(1) = 0$。

由①②得：$a \leqslant 2$。

解法三的思路是先找到 a 的取值范围，然后利用不等式的性质对函数进行放缩，构

造一个没有参数的函数，研究新函数的最值。解法四的思路是证明函数 $f(x)$ 在 $(1,+\infty)$ 上为增函数，因此证明围绕导函数 $f'(x)$ 进行，利用不等式的性质对导函数 $f'(x)$ 进行放缩，研究新函数的正负。运算程序上的差异在于解法三研究函数 $f(x)$ 在 $(1,+\infty)$ 上的最值，解法四研究函数 $f'(x)$ 的正负。解法三中对 $f(x)$ 求导，对 $g(x)$ 也进行求导，解题过程有重复之嫌，显然解法四的表达更加简洁。

解法五：（参变分离）

由题知，$f(x)>0$ 在 $x\in(1,+\infty)$ 时恒成立，

即 $(x+1)\ln x-a(x-1)>0$ 在 $x\in(1,+\infty)$ 时恒成立，所以 $a<\left[\dfrac{(x+1)\ln x}{x-1}\right]_{\min}$，

令 $g(x)=\dfrac{(x+1)\ln x}{x-1}$，则 $g'(x)=\dfrac{(\ln x+\frac{x+1}{x})(x-1)-(x+1)\ln x}{(x-1)^2}=\dfrac{-2\ln x+x-\frac{1}{x}}{(x-1)^2}$，

令 $\phi(x)=-2\ln x+x-\dfrac{1}{x}$，则 $\phi'(x)=\dfrac{-2}{x}+1+\dfrac{1}{x^2}=\dfrac{x^2-2x+1}{x^2}>0$，

所以 $\phi(x)$ 在 $(1,+\infty)$ 上为增函数，$\phi(x)>\phi(1)=0$，

所以 $g'(x)>0$，$g(x)$ 在 $(1,+\infty)$ 上为增函数，

由洛必达法则，$\lim\limits_{x\to1}\dfrac{(x+1)\ln x}{x-1}=\lim\limits_{x\to1}(\ln x+\dfrac{x+1}{x})=2$，所以 $a\le2$。

解法六：（分析两个函数图像）

由题知，$(x+1)\ln x>a(x-1)$ 在 $x\in(1,+\infty)$ 上恒成立，

令 $g(x)=(x+1)\ln x,\phi(x)=a(x-1)$，显然 $g(1)=\phi(1)=0$，

故 $g(x)$ 的图像始终在 $\phi(x)$ 的图像的上方，

因为 $g'(x)=\ln x+\dfrac{x+1}{x}=\ln x+\dfrac{1}{x}+1>0$，$g''(x)=\dfrac{1}{x}-\dfrac{1}{x^2}=\dfrac{x-1}{x^2}>0$，

所以 $g(x)$ 在 $(1,+\infty)$ 上是增函数，且图像越来越陡峭，

又因为 $\phi(x)$ 的图像是一条直线，所以只需 $g'(1)\ge\phi'(1)$，$a\le2$。

对比解决恒成立问题的三大思路不难发现：参数讨论较烦琐，参数分类标准的把握往往最考查解题者的分析能力；参变分离后构造了一个新函数，但其结构往往比原函数更加复杂；数形结合的方法中对函数图像特征的分析和描述往往存在不够严谨的问题；找必要条件证充分性有效避免了参数讨论，降低了运算难度和思维难度。

3. 综合的情境，复杂的问题

综合情境中设计运算程序的关键在于根据问题的条件寻找、设计简捷、合理的运算途径，在运算过程中合理调控运算进程，对算式、方程进行正确运算和恰当变形。

例题 4-26 已知椭圆 $C:\dfrac{x^2}{a^2}+\dfrac{y^2}{b^2}=1$（$a>b>0$）的一个顶点为 $M(0,-1)$，离心率为

$\dfrac{\sqrt{6}}{3}$，直线 $l: y = kx + m$（$k \neq 0$）与椭圆 C 交于 A，B 两点，若存在过点 M 的直线，使得点 A 与点 B 关于该直线对称：

（1）求椭圆 C 的方程；

（2）求实数 m 的取值范围；

（3）用 m 表示 $\triangle MAB$ 的面积 S，并判断 S 是否存在最大值。若存在，求出最大值；若不存在，说明理由。

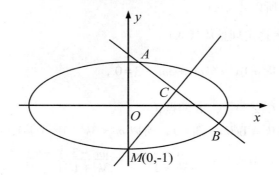

本题（2）问求取值范围，（3）问求最值问题，本质都是函数最值问题。解决函数的最值问题，关键在于构造函数解析式，寻求定义域。

（3）问是求三角形的面积，一种方法是直接求解，即直接利用面积公式 $S = \dfrac{1}{2} \times$ 底 $\times$ 高 求解，或是利用 $S = \dfrac{1}{2} \times |MA| \times |MB| \times \sin\theta$ 求解；另一种方法是间接求解，即对面积拆分，如果三角形的底和高不便于计算，可以考虑拆分成若干个易于计算面积的三角形。

（2）问的解决关键在于对条件"存在过点 M 的直线，使得点 A 与点 B 关于该直线对称"的理解和转化。

（1）问中，容易求出椭圆 C 的方程为 $\dfrac{x^2}{3} + y^2 = 1$，下面对（2）问进行分析。

（2）问解法一：(韦达定理整体代入)

由 $\begin{cases} \dfrac{x^2}{3} + y^2 = 1 \\ y = kx + m \end{cases}$，得：$(3k^2 + 1)x^2 + 6kmx + 3m^2 - 3 = 0$，

因为直线 l 与椭圆 C 交于 A，B 两点，

所以 $\Delta = (6km)^2 - 4(3k^2 + 1)(3m^2 - 3) > 0$，所以 $m^2 < 3k^2 + 1$ （①）。

设 $A(x_1, y_1), B(x_2, y_2)$，则 $x_1 + x_2 = -\dfrac{6km}{3k^2 + 1}, x_1 x_2 = \dfrac{3m^2 - 3}{3k^2 + 1}$，

因为点 A 与点 B 关于该直线对称，所以 $|MA| = |MB|$，

即 $x_1^2 + (y_1 + 1)^2 = x_2^2 + (y_2 + 1)^2$，

$x_1^2 + (kx_1 + m + 1)^2 = x_2^2 + (kx_2 + m + 1)^2$ ，

$(1 + k^2)(x_1^2 - x_2^2) + 2k(m+1)(x_1 - x_2) = 0$ ，

$(1 + k^2)(x_1 + x_2) + 2k(m+1) = 0$ ，

化简可得： $(1 + k^2)(\dfrac{-6km}{1 + 3k^2}) + 2k(m+1) = 0$ ，

则有： $2m = 3k^2 + 1(k \neq 0)$ （②），

把②代入①得 $m^2 - 2m < 0$ ，所以 $0 < m < 2$ ，

由②可得 $m > \dfrac{1}{2}$ ，所以 $\dfrac{1}{2} < m < 2$ 。

（2）问解法二：（韦达定理整体代入）

由 $\begin{cases} \dfrac{x^2}{3} + y^2 = 1 \\ y = kx + m \end{cases}$ ，得 $(3k^2 + 1)x^2 + 6kmx + 3m^2 - 3 = 0$ ，

因为直线 l 与椭圆 C 交于 A ， B 两点，

所以 $\Delta = (6km)^2 - 4(3k^2 + 1)(3m^2 - 3) > 0$ ，所以 $m^2 < 3k^2 + 1$ （①），

设 $A(x_1, y_1), B(x_2, y_2)$ ，则 $x_1 + x_2 = -\dfrac{6km}{3k^2 + 1}, x_1 x_2 = \dfrac{3m^2 - 3}{3k^2 + 1}$ ，

因为点 A 与点 B 关于该直线对称，所以 C 为 AB 的中点，且 $CM \perp AB$ ，

即 $C(-\dfrac{3km}{3k^2 + 1}, \dfrac{m}{3k^2 + 1})$ ， $k_{CM} \cdot k_{AB} = -1$ ，

即 $\dfrac{\dfrac{m}{3k^2 + 1} - 1}{-\dfrac{3km}{3k^2 + 1}} = -\dfrac{1}{k}$ ，则有： $2m = 3k^2 + 1(k \neq 0)$ （②），

把②代入①得 $m^2 - 2m < 0$ ，所以 $0 < m < 2$ ，

由②可得 $m > \dfrac{1}{2}$ ，所以 $\dfrac{1}{2} < m < 2$ 。

解法一和解法二基本方法一致，差异在于对点关于直线对称的处理。

（2）问解法三：（点差法）

设 $A(x_1, y_1), B(x_2, y_2), C(x_0, y_0)$ ，

则 $\begin{cases} x_1^2 + 3y_1^2 = 3 \\ x_2^2 + 3y_2^2 = 3 \end{cases}$ ，化简得 $(x_1 - x_2)(x_1 + x_2) + 3(y_1 - y_2)(y_1 + y_2) = 0$ ，

即 $x_0 + 3y_0 k = 0$ ，又因为中点 C 在直线 AB 上，则 $y_0 = kx_0 + m$ ，联立可得

$x_0 = -\dfrac{3km}{3k^2 + 1}, y_0 = \dfrac{m}{3k^2 + 1}$ ，即 $C(-\dfrac{3km}{3k^2 + 1}, \dfrac{m}{3k^2 + 1})$ ，

又因为点 A 与点 B 关于过点 M 的直线对称，

故 C 在过点 M 的直线 $y = -\dfrac{1}{k}x - 1$ 上，即 $\dfrac{3m}{3k^2 + 1} - 1 = \dfrac{m}{3k^2 + 1}$ ，

化简得： $2m = 3k^2 + 1(k \neq 0)$ （①），可得 $m > \dfrac{1}{2}$ ，

又因为点 C 在椭圆内，故 $(\frac{3km}{3k^2+1})^2 + 3(\frac{m}{3k^2+1})^2 < 3$ （②），

把①代入②得 $0 < m < 2$ ，所以 $\frac{1}{2} < m < 2$ 。

（2）问解法四：（点差法）

设 $A(x_1, y_1), B(x_2, y_2), C(x_0, y_0)$ ，

则 $\begin{cases} x_1^2 + 3y_1^2 = 3, \\ x_2^2 + 3y_2^2 = 3, \end{cases}$ 化简得 $(x_1 - x_2)(x_1 + x_2) + 3(y_1 - y_2)(y_1 + y_2) = 0$ ，

即 $x_0 + 3y_0 k = 0$ ，又因为中点 C 在直线 AB 上，则 $k_{CM} \cdot k = -1$ ，

由于 $k_{CM} = \frac{y_0 + 1}{x_0}$ ，故 $x_0 - 3y_0 \frac{x_0}{y_0 + 1} = 0$ ，化简可得：$y_0 = \frac{1}{2}$ ，故 $x_0 = -\frac{3}{2}k$ ，

由于 C 在直线 AB 上，则 $\frac{1}{2} = -\frac{3}{2}k^2 + m$ ，所以 $2m = 3k^2 + 1$ （①），

又因为点 C 在椭圆内，故 $\frac{9k^2}{12} + \frac{1}{4} < 1$ ，所以 $k^2 < 1$ ，故 $0 < k^2 < 1$ （②），

由①②得：$\frac{1}{2} < m < 2$ 。

解法三和解法四基本方法一致，差异在于对点在直线上的处理。

（2）问的解答分为两个操作程序：①据对称性得到直线 AB 的斜率 k 与截距 m 之间的关系；②根据位置关系构建直线 AB 的斜率 k 与截距 m 之间的不等关系。其解决办法大致有两个思路，一个是解决直线与曲线相交的常规方法：联立求解—分析判别式—计算两根之和、两根之积；另一个是利用条件中出现的相交弦的中点，采用点差法：设点—作差—式子变形，找到中点满足的关系式。

对于"点 A 与点 B 关于直线对称"，上述解答呈现了不同的解题程序，显然不同的解法导致运算的难度略有差异。解法一将点关于直线对称转化为对称轴为垂直平分线，利用线段垂直平分线上的点到线段两端的距离相等进而得到线段相等，利用两点距离公式进行坐标化，化简后得到交点的横坐标之和，故可以使用韦达定理整体代入。解法三则采用了点差法处理弦中点问题，得到直线 AB 的斜率 k 与截距 m 之间的关系。

在构建不等式时，解法一、二根据直线与椭圆的位置关系，利用判别式构建不等式，解法三、四根据点与椭圆的位置关系，利用中点在椭圆内构建不等式。

纵观所有的解题程序，其本质是抓住了点 A 与点 B 关于直线 CM 对称的四个内涵：①点 C 是 AB 的中点；②点 C 在直线 AB 上；③点 C 在直线 CM 上；④直线 CM 与直线 AB 垂直。将其转化成数学语言，对中点的处理，有的采用了中点坐标公式，有的采用了点差法；对垂直的处理，有的应用了中垂线的性质，有的用到了斜率的关系；对三点共线的处理，有的用到了直线的方程，有的用到了斜率相等。对比后不难发现，对垂直的处理用斜率的关系运算更简便，对三点共线的处理用斜率相等更简便。

（3）问解法一：（面积转化为弦长）

$|AB| = \sqrt{(x_1 - x_2)^2 + (y_1 - y_2)^2} = \sqrt{1 + k^2} \dfrac{\sqrt{12m(2-m)}}{3k^2 + 1}$,

A 到 $l: y = kx + m$ 的距离 $d = \dfrac{|m+1|}{\sqrt{k^2+1}}$ ，由于 $2m = 3k^2 + 1$ ，

所以 $S_{\triangle MAB} = \dfrac{1}{2}|AB|d = \dfrac{1}{2} \times \dfrac{|m+1|\sqrt{12m(2-m)}}{2m}$ ，所以 $S^2 = \dfrac{3}{4}\left(3 + \dfrac{2}{m} - m^2\right)$ ，

设 $f(m) = 3 + \dfrac{2}{m} - m^2$ ， $\dfrac{1}{2} < m < 2$ ，则 $f'(m) = -2m - \dfrac{2}{m^2} < 0$ ，

所以 $f(m)$ 在 $\left(\dfrac{1}{2}, 2\right)$ 上是减函数，所以面积 S 无最大值。

（3）问解法二：（面积拆分）

由图知 $S_{\triangle MAB} = S_{\triangle BMD} - S_{\triangle AMD} = \dfrac{1}{2}|m-1||x_1 - x_2|$ ，

故 $S^2_{\triangle MAB} = \dfrac{1}{4}(m-1)^2[(x_1+x_2)^2 - 4x_1x_2] = \dfrac{1}{4}(m+1)^2\dfrac{36k^2 - 12m^2 + 12}{(1+3k^2)^2}$ ，

由于 $2m = 3k^2 + 1$ ，故 $S^2 = \dfrac{3}{4}\left(3 + \dfrac{2}{m} - m^2\right)$ ，

后续解法同上。

（3）问解法三：（面积坐标化公式）

易得向量 $\overrightarrow{MA} = (x_1, y_1 + 1)$ ， $\overrightarrow{MB} = (x_2, y_2 + 1)$ ，则有：

$S_{\triangle MAB} = \dfrac{1}{2}|x_1y_2 + x_1 - x_2y_1 - x_2| = \dfrac{1}{2}|x_1(kx_2 + m) - x_2(kx_1 + m) + x_1 - x_2| = \dfrac{(m+1)|x_1 - x_2|}{2} =$

$\dfrac{(m+1)\sqrt{12m(2-m)}}{4m} \Rightarrow S^2 = \dfrac{3}{4}\left(3 + \dfrac{2}{m} - m^2\right)$ ， $\dfrac{1}{2} < m < 2$ ，

由于 $y = \dfrac{2}{m}$ ， $y = -m^2$ 在 $\left(\dfrac{1}{2}, 2\right)$ 上均为减函数，

则 $S^2 = \dfrac{3}{4}\left(3 + \dfrac{2}{m} - m^2\right)$ 在 $\left(\dfrac{1}{2}, 2\right)$ 上为减函数，所以面积 S 无最大值。

可得 $\triangle MAB$ 的面积 S 的取值范围为 $\left(0, \dfrac{81}{16}\right)$ 。

（3）问的解答分成两个操作程序：①构建面积的函数关系；②求函数的值域。解法一利用底与高表示三角形面积，三角形的底则为弦长，三角形高则为点线距离；解法二利用同底的两个三角形的面积之差为所求三角形的面积进行求解；解法三利用三角形面积 $S = \dfrac{1}{2} \times |MA| \times |MB| \times \sin\theta$ 的坐标表示形式。不管哪种面积公式，均会出现交点坐标之差，故从全局来说，（2）问使用韦达定理会更省解题时间。对比三种计算面积的方法，解法二显得最为简洁，运算最简便；解法一较之解法二有两处运算显得复杂：一是需要用弦长公式计算弦长，二是要用点到直线的距离计算高；解法三在利用坐标公式表示面

积后需要消元，消元的过程较之解法二的运算显得更复杂。显然，利用数形结合的思想对图形进行分析，进而求解三角形面积是最简便的算法。

面积的取值范围问题即为函数最值问题，结合函数的结构可以选择不同的判断单调性的方法，解法一通过对函数求导来判断单调性，解法三利用函数单调性的性质来判断单调性，就本题而言，直接判断单调性，可以避免导数过程，显得更容易。

总之，由于综合情境中的运算对象往往有多种解题思路和方法，因此要注意方法的选择与整合。

第三节　培育数学运算核心素养的课堂实录

教学内容：高三二轮复习："解三角形"小专题。

内容赏析：解三角形是高考必考知识点，其中面积问题是热点。解三角形问题本质上是对正余弦定理以及面积公式的灵活使用，因此，理解要求解的对象，和对正余弦定理这一运算法则的合理选择和使用就很重要。教师选择用 $S=\frac{1}{2}ab\sin C$ 这个公式来解决三角形面积的相关问题，就是基于学生的掌握现状，并在教学过程中渗透数学运算的各个环节，让学生体会法则的准确和灵活运用，设计运算思路，最终形成这类问题的运算程序。

一、问题与引入

师：同学们，根据老师对近几年数学高考题的研究，在解三角形这一板块，解决三角形面积的相关问题一直是考查的重点，而解决三角形面积问题需要选择要使用的三角形面积公式（展示常用的三角形面积公式）。在三角形面积公式的多种形式中，考查频率最高的是 $S=\frac{1}{2}ab\sin C$ 。

师：但是，从最近一段时间大家的解题情况来看，这个公式用得不够好，尤其是在没有直接给出两边及其夹角时，思维可能受阻，所以我们今天这节课就以小专题的形式来研究一下怎样用 $S=\frac{1}{2}ab\sin C$ 这个公式来解决三角形面积的相关问题。（板书课题）

师：使用这个公式求三角形的面积，须具备的条件是三角形的两边及这两边的夹角。若不具备，则需用到我们解三角形最重要的两个定理，即正弦定理和余弦定理来进行转化（展示正弦定理和余弦定理）：

面积公式：

$$S = \frac{1}{2}ah$$

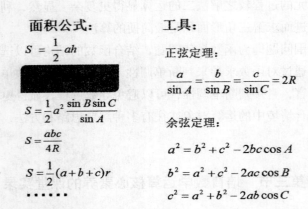

$$S = \frac{1}{2}a^2\frac{\sin B \sin C}{\sin A}$$

$$S = \frac{abc}{4R}$$

$$S = \frac{1}{2}(a+b+c)r$$

......

工具：

正弦定理：

$$\frac{a}{\sin A} = \frac{b}{\sin B} = \frac{c}{\sin C} = 2R$$

余弦定理：

$$a^2 = b^2 + c^2 - 2bc\cos A$$

$$b^2 = a^2 + c^2 - 2ac\cos B$$

$$c^2 = a^2 + b^2 - 2ab\cos C$$

课例赏析：高考二轮复习，必须要有针对性，才有实效性。本节课的主题来源于一轮复习和近期训练中学生暴露出来的问题，即是"生成性"的课题，而非传统意义上的"预设性"课题。同时，让学生再次对正余弦定理以及面积公式进行复习回顾，其目的是要加强学生对运算法则的再认识。

二、高考真题体验训练

师：首先，我们来体验一道高考题，请同学们尝试做一做：

△ABC 的内角 A，B，C 的对边分别为 a，b，c，已知 $\sin A + \sqrt{3}\cos A = 0$，$a = 2\sqrt{7}$，$b = 2$。

（1）求 c；

（2）设 D 为 BC 边上一点，且 $AD \perp AC$，求 △ABD 的面积。

学生练习，教师巡视。（5分钟）

教师发现并抽取学生A的练习卷，利用投影仪、电子白板和手机多屏互动操作，将学生A在练习卷上的解答呈现在电子白板上，并请A讲解自己的解答过程：

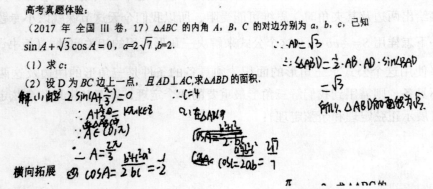

师：很好！A同学运用解三角形相关知识，"凑齐"两边及其夹角，求得 △ABD 的

面积，这是我们求解三角形面积问题的主要思路。

师：但是，A同学的书写不太规范——由于本题涉及多个三角形，所以大家在使用正余弦定理时，一定要指明"在哪个三角形中""由哪个定理""得到什么结果"。

师：规范板书本题的完整解答，以作示范。

课例赏析：以高考真题作为第一道练习题，能让学生真切地体验到高考对本节课内容的具体要求，激发学生的学习热情。让学生独立去读题审题，是将理解运算对象的自主权交给学生，这对于熟悉的问题情境十分必要。在运算思路的确定和求解运算结果这些步骤中，让学生自主设计、自主求解，这对于学生运算能力的提升有重要的作用。同时，教师重点强调在运算过程中规范书写，准确表达，这恰好是大部分学生容易忽视的问题，所以需要教师通过完整的示范，让学生领悟并引起重视。

三、横向拓展

师：三角形面积的相关问题，可能是直接问面积值，也有可能是面积值不能确定，转而要求我们研究三角形面积的取值范围。这类问题恰恰是大家在这两周的周练中，失分比较严重的题型。下面请同学尝试做一做例1和变式1，同时思考这两道题的区别和联系。

例1：在 $\triangle ABC$ 中，a,b,c 分别为角 A,B,C 所对的边，且 $A = \dfrac{\pi}{6}$，$a = 2$，求 $\triangle ABC$ 的面积的范围。

变式1：在锐角 $\triangle ABC$ 中，a,b,c 分别为角 A,B,C 所对的边，且 $A = \dfrac{\pi}{6}$，$a = 2$，求 $\triangle ABC$ 的面积的范围。

学生尝试做题……

（教师给出8分钟答题时间，并巡视学生做题情况，发现并抽取学生B的练习卷，将其呈现在电子白板上。）

生B向全体同学讲解自己的解答过程：

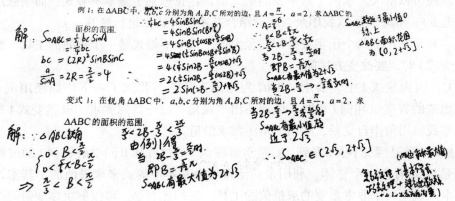

师：为什么要把 $\sin C$ 变成 $\sin(B+\frac{\pi}{6})$？

生B：因为这两道题都是求 $\triangle ABC$ 的面积的范围，即求 bc 的范围，用正弦定理处理后，实际是求 $\sin B\sin C$ 的范围，但我处理不了两个自变量的函数问题，所以将 C 用 B 表示，将两个变量变成一个变量，利用 B 的范围，来找 $\sin B\sin(B+\frac{\pi}{6})$ 的范围。

师：非常好！B同学的方法，是利用正弦定理"边化角"，将两个变量变成一个变量后，以角为自变量建立三角函数关系来解决问题。其实，一说到求范围或者求最值，很容易想到根据函数的定义域，利用函数的单调性来求值域，这是最常见的一种思路，利用的是函数思想。那么，除此之外，还有其他求最值的方法吗？

（学生C举手，教师将学生C在练习卷上的解答呈现在电子白板上。）

生C向全体同学讲解自己的解答过程：

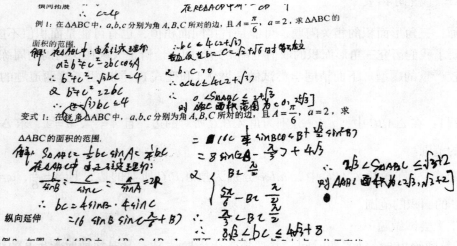

师：为什么会想到用余弦定理解答例1？

生C：因为求面积的范围，即求 bc 的范围，显然 $bc>0$，所以只要求出 bc 的最大值，问题便可以解决。求两个数乘积的最大值，让我想到了基本不等式，而余弦定理又可以构造 $b+c$ 和 bc，所以我用余弦定理结合基本不等式来进行解答。

师：非常好！求两个正实数乘积的最大值，基本不等式是一个重要的工具。那为什么在做变式1时，要改变方法呢？

生C：因为变式1中，要求 $\triangle ABC$ 为锐角三角形，我试了一下，如果用例1的方法，求出来的答案也和例1相同，体现不出"锐角"这一特殊要求。既然变式1对角有限制，那我就用角作自变量，利用三角函数求最值。

教师：很好！我们可以看到，C同学解答例1的过程比B同学解答例1的过程更简洁，他是将 bc 看作一个整体，利用余弦定理结合基本不等式来求最值的。其实，基本不等式本来就是一个非常重要的求最值的工具，它的优点是，可以解决多变量问题，比如两个正数的和或者乘积，这是我们高中阶段所学的一元函数无法企及的。但它又有一定的局限，首先，它是"单向"求最值。比如这两个题，两次求解面积的最大值，用基本不等式皆没问题，但若求最小值，例1直接趋于0，变式1不可做。其次，变式1要求锐角三角形，但我们很难找到"锐角"这一要求与"边"的直接关系，所以，解答变式1只能改变策略，统一变量，用三角函数来解决。

师：至此，我们一起来归纳一下求三角形的面积的最值（或范围）的两种基本思路。

①正弦定理+基本不等式（求两边乘积的最大值）；

②正弦定理+建立函数关系（转化为以三角形某个角为自变量的函数最值或范围问题）。

所以，我们以后在解答三角形面积的范围问题时，首先应该根据两种方法的优劣进行选择。

课例赏析：让不同的学生分享自己的解答过程，不仅能让答题学生自我梳理解题思路，也能让其他学生见识不同的解题方法。在学生讲解过程中，教师高度重视学生的思维活动，抓住思维层面的问题发问，帮助学生提炼思维方法。师生共同归纳出求三角形面积最值（或范围）的两种基本思路，并进行对比，培养学生先观察思考，预估算法，再动手计算的习惯。数学运算本质上是数学思维活动，是对数学信息的再分析、再加工，对信息的理解程度如何，将直接关系到信息的分析，而信息的分析其实就是对运算思路的设计和选择，教师紧紧抓住数学运算的本质特点进行不断探索，进而得出解决问题的更优的办法，并通过总结形成一般性解决问题的思路。

四、纵向延伸

师：当我们做如上选择仍然解决不了问题时，应马上回到起点，调整思路，寻求其他方法解决。比如下面这道题：

例2：在 $\triangle ABD$ 中，$AB=2, AD=1$，平面 ABD 内另一点 C 与点 A 位于直线 BD 的异侧，且 $\triangle CBD$ 为等边三角形，求四边形 $ABCD$ 面积的最大值。

师：计算四边形的面积通常应该怎样处理？

生：用分割求积法，将四边形分成两个三角形。

师：很好！请大家试着做一做这道题，并思考四边形的面积最值问题，相较于三角形而言，主要难点在哪里。

学生尝试做题……

（教师给出6分钟答题时间，并巡视学生做题情况，发现并抽取学生 D 的练习卷，将学生D在练习卷上的解答呈现在电子白板上。）

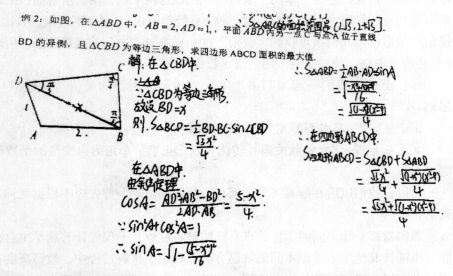

例2：如图，在 $\triangle ABD$ 中，$AB = 2$，$AD = 1$，平面 ABD 内另一点 C 与点 A 位于直线 BD 的异侧，且 $\triangle CBD$ 为等边三角形，求四边形 $ABCD$ 面积的最大值.

师：你觉得，四边形的面积最值问题，相较于三角形而言，主要难点在哪里？

生D：我觉得，主要难点是，割补之后，要用同一个变量去表示两个三角形的面积。

师：不错！看来你是想运用函数思想来解决这个问题。那你选择哪一个对象作为自变量呢？

生D：我选择的 BD 边作为变量。首先用 BD 可以轻松表示 $\triangle BCD$ 的面积；然后在 $\triangle ABD$ 中，需要 $\sin A$ 来求面积，我就利用余弦定理先用 BD 表示 $\cos A$，再表示出 $\sin A$，进而表示出 $\triangle ABD$ 的面积，再将两个面积表达式加起来。但是，后面就，感觉没有勇气算下去了……

师：敢于尝试就很好，有困难很正常，请坐。

师：首先，我们可以看到，D同学的思路很清晰，首先运用割补法，将四边形 $ABCD$ 分成了两个三角形 $\triangle BCD$ 和 $\triangle ABD$，再选择 BD 边作为两个三角形"共用"的变量，将四边形 $ABCD$ 的面积表示成 BD 边的函数，最终要解决的，就是这个函数的最大值问题。理论上，我们可以通过求导，根据这个函数的单调性来求最值，但正如D同学所说，我们可以预测，它的计算量应该非常大！那么，同学们觉得，接下来应该怎么办呢？继续算下去，还是调整思路？有没有同学完成了这道题的？

（学生E举手，教师将学生E在练习卷上的解答呈现在电子白板上。）

生E向全体同学讲解自己的解答过程：

例2：如图，在 $\triangle ABD$ 中，$AB = 2, AD = 1$，平面 ABD 内另一点 C 与点 A 位于直线 BD 的异侧，且 $\triangle CBD$ 为等边三角形，求四边形 ABCD 面积的最大值。

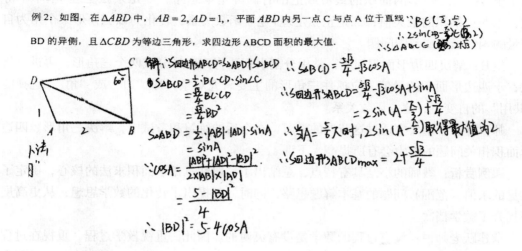

师：你为什么选择角 A 作为变量呢？

生 E：因为我表示出 $S_{\triangle BCD} = \dfrac{\sqrt{3}}{4}BD^2$ 和 $S_{\triangle ABD} = \sin A$ 之后，开始选择它们的公共变量，可以是 BD 边，也可以是角 A。然后我想到 BD^2 可以结合余弦定理用 $\cos A$ 表示，所以就选择了 A 角作为两个三角形面积的公共变量。

教师：很好！在解决四边形面积问题时，通常先用分割求积法，将四边形变成两个三角形，再用三角形面积的相关知识去解决。若要求面积的范围或者最值，应找出两个三角形可以"共用"的自变量，建立函数关系，运用函数的方法来解决最值或者范围问题。这个自变量可以是边，也可以是角。若你选择了其中一个作为自变量后，在解答过程中遇到阻碍，则应马上回到起点，调整思路。

课例赏析：本例用割补法，将四边形分成两个三角形后，首先要求学生整合信息，构建框架，确定用函数方法求最值，并选择两个三角形可以"共用"的自变量，强化学生的函数思想。同时，根据平时的练习和考试，不难发现，学生在运算过程中，容易沿着自己的"第一思路"走入死胡同，尤其在考场上，学生有心理应激反应，更难调整运算对象，所以，本例的另一个目的，就是培养学生调整运算思路的能力，帮助学生建立思维序列。

五、课堂小结

师：好了，这就是我们今天这节课的主要内容，下面，我请同学来总结一下这节课所学到的三角形面积问题的解决方法。

生 F：求三角形的面积，即运用解三角形知识，"凑齐"两边及其夹角。

生 G：求三角形的面积的最值或范围有两种基本思路，一是余弦定理+基本不等式，求两边乘积的最大值；二是正弦定理+建立函数关系，转化为以三角形某个角为自变量的函数最值或范围问题。

生 H：解决四边形面积问题，常用分割求积法将四边形分成两个三角形，再进行研究；求四边形面积的最值，应抓住三角形的主要研究对象，即"边"或"角"，选择能"共用"的自变量，建立函数关系。

师：好。希望大家通过这节课的学习，在今后的练习和考试中，解决三角形、四边形面积相关问题的能力会有所提高。下课。

课例赏析：教师的小结具有特点，总结出了一般性三角形面积求法的核心，确定了常见的求值（范围）问题的基本解题思路，同时，还提出了转化的数学思想，从更高层面提升了教学档次。

章建跃老师说：没有过程的数学是没有灵魂的。因此，重视教学过程，重视在过程中的思维投入是提升数学教学品质的关键。提升学生数学核心素养也需要在教学过程中实现。本节课没有明确表明在进行数学运算核心素养的培育，但每个环节都无不与运算相联系，教师十分重视过程，恰好是因为深刻理解了数学运算核心素养培育的根本。因此，本节课是一节培育学生数学运算核心素养的典范课，值得借鉴。

第五章

培育数学建模核心素养

第一节　数学建模的内涵与价值

一、数学建模的内涵

1.数学模型

数学模型是一种模拟，是用数学符号、数学公式、程序、图表等对客观事物的本质属性与内在联系的抽象而简洁的刻画。数学模型是沟通现实世界与数学世界的理想桥梁，它或能解释某些客观现象，或能预测未来的发展规律，或能为控制某一现象的发展提供某种意义下的最优策略或较好策略，等等。

2.数学建模

数学建模是对现实问题进行数学抽象，用数学语言表达问题、用数学方法构建模型、解决问题的素养。数学建模是学生将数学应用到其他领域的一种方式，是综合提升数学学科素养的重要载体，同时它本身也是一种方法、一种思想，更是一种观念、一种意识。数学建模综合性强，与其他五个核心素养联系紧密、相互交融①。

3.数学建模过程

数学建模过程主要包括：在实际情境中从数学的视角发现问题、提出问题、分析问题、建立模型、确定参数、计算求解、检验结果、改进模型，最终解决实际问题②。

数学建模的一般步骤：

模型准备—模型假设—模型构成—模型求解—模型分析—模型检验—模型应用。

---

① 杨静.高中生数学建模能力评价研究[D].苏州大学，2017.

② 徐斌艳.数学学科核心能力研究[J].全球教育展望，2013,42（6）：67-74+95.

二、数学建模的价值

1.数学建模的教育价值

结合《课标》提出的数学课程的目标，中学数学建模是用数学模型解决实际问题的过程，是培养学生核心素养不可缺少的重要部分,无论从学科本身，还是从学生和教师的角度来说，都具有重要而深远的意义。中学数学建模的教育价值主要体现在以下三个层面：

（1）数学课程角度：还原数学本真面目

数学建模进入课程标准，给中学数学课堂带来了另一番模样。数学建模的学习内容大都来自生活中的具体实例，充分还原数学的本真面目，让学生充分感受数学的实际运用，让学生亲身体会学习数学的意义和价值。如我们在进行椭圆、双曲线的教学时，可以设计生活实例、创设问题情境、设置实验，让学生自己来完成椭圆概念的学习。变学生的被动接受知识为主动思考发现知识，变冰冷无趣的理论推导课堂为生动活跃的探究课堂，实现生与生、生与师的互动，这才是数学育人的本质，才是数学的本真面目。

（2）学生角度：促进学生全面发展

① 激发学生的学习兴趣。大多数学生认为纯理论的数学比较困难，学习起来比较枯燥，十分乏味。若通过动手操作或者是在解决实际问题中得到对数学的体验，能极大地激发学生学习数学的兴趣。数学建模活动就是很好的实践体验，所以开展数学建模活动能诱发学生的好奇心，激发他们的求知欲，从而使他们对数学产生极大的学习兴趣。

② 培养学生的数学能力。首先，开展数学建模活动能培养学生的分析、抽象能力，因为在建模过程中，一定要把生活中的实际问题转化为数学问题。其次，可以培养学生的想象、逻辑推理与创新能力，数学建模不一定有唯一的答案和方法，每个人的思维和推导方法不同，得到的最终结果也不相同，因此，开展数学建模活动对培养学生的想象、推理和创新能力有很重要的促进作用。再次，有助于培养学生的动手实践能力，在建模过程中一定要学生亲自动手探索，经历知识的发展、形成过程。最后，开展数学建模活动有助于培养学生的应用能力，建模活动会让学生体验数学与实际生活及其他学科的联系，从而发展学生的数学应用意识，提高他们的实践能力。

③ 培养学生的合作意识。数学具有强大的文化功能，培养学生的全面素养，促进学生的全面发展是数学教育教学的根本目标。学会人际交流，学会分工合作，既是数学教育的目标，又是数学教育的过程。在日常教育教学中，更多训练的是学生独立思考的能力，自主训练、总结、反思的能力，较少关注学生间的相互交流和合作学习能力。显然，数学建模的教学就能弥补这一块的缺失，数学建模以熟悉的生活问题为实际背景，以解决生活问题为过程，以教学中学生的相互交流为具体的形式，教师可以借助建模课程引导学生参与交流，形成合作，在交流合作中得到体验和提高。

（3）教师角度：促进教师教育教学行为的改进①

① 客观正确地评价学生。传统观念认为，我国中学生的数学基础很好，但创新意识和实践能力很差，果真如此吗？其实，中国中学生蕴藏着极为丰富和巨大的创造潜能，关键是我们的教育能否营造适合于他们发展的环境，能否为他们创设发展的空间，提供更多能发挥其创造潜能的机会。如果我们这样做了，我们的中学生对社会的回报将是无法想象的。教师对学生的评价将影响学生几年甚至是终身的发展，事实上，在日常的教学中，许多教师对学生的评价是片面的和肤浅的，对学生评价的好坏主要取决于其考试分数的高低。数学建模是学生"在做中学"的一种重要手段，建模活动既不以考试为评价手段，也不以等级或分数为评价标准，与结果相比，数学建模更重视过程；与知识相比，数学建模更注重实践。因此，教师对学生的评价应当从单一的成绩评价转向多元化，只有这样才能更客观公正，也只有这样教学评价才有更积极的意义。

② 拓宽教师知识结构。不可否认，虽然我国目前很多教师都具有专业的教育教学理论素养和较扎实的数学专业知识，但是，绝大多数教师知识结构单一，仅限于本学科、本专业的知识，严重影响了数学课本身蕴含的文化特征的挖掘，从而大大限制了数学育人功能的实现。数学建模课堂对教师知识结构的要求很高，因为数学建模素材的广泛性、数学建模过程的复杂性、建模主体(学生)知识结构的多样性和发展性，都要求教师应当具有复合型的知识结构，这样才能造就适应现代科技发展所需要的通用型人才。教师应当是一个多面手，应当是知识面宽阔的博学多才者，应当具有宽阔的科学视野，应当具有能够及时而广泛地吸收当今世界政治、经济、文化、科学发展的前沿知识的能力，特别是要具有广博的相关学科知识，做到文理渗透、中外渗透、古今渗透。因此从某种意义上讲，数学建模活动的开展首先给教师提供了一种学习的压力和动力。建模活动的选题，要求教师帮助学生多方面地去发现问题；建模小论文的写作，更要求教师本身应当具有较高的科研写作能力等。

2.数学建模的社会价值

近半个多世纪以来，随着计算机技术的迅速发展，数学的应用不仅在工程技术、自然科学等领域发挥着越来越重要的作用，而且以空前的广度和深度向经济、金融、人口、交通等新的领域渗透。数学技术已经成为当代社会高新技术的重要组成部分，数学已经从幕后走向前台，直接为社会创造价值。

（1）数学建模的社会评价价值

评价是人类社会中一项经常性的、极重要的认识活动，是决策中的基础性工作。在社会问题的解决过程中，经常遇到有关综合评价的问题，如医疗质量的综合评价和环境质量的综合评价等。它是根据一个复杂系统同时受到多种因素影响的特点，在综合考察多个有关因素时，依据多个有关指标对复杂系统进行总评价的方法，数学建模在其中发

---

① 方向东，江素萍.数学建模的教育价值[J].中学教研，2003（7）：44-46.

挥了重要作用。

（2）数学建模的社会预测价值

预测是根据系统发展变化的实际数据和历史资料，运用现代的科学理论和方法，以及各种经验、判断和知识，对事物在未来一定时期内的可能变化情况，进行推测、估计和分析。在预测过程中，进行数学建模是必不可少的一个步骤。

（3）数学建模的社会决策价值

为了最优地达到目标，对若干备选方案进行选择，解决当前或未来可能发生的问题，根据当前和未来的环境、条件，从多种可能方案中选取最优或者最满意的方案过程，即为决策过程，而决策则是建立在数学建模基础之上的。

3.数学建模的审美价值[①]

数学建模的审美价值，表现在它所揭示的客观规律的科学性和合理性中；表现在建立这个数学模型的过程之中；表现在数学模型的简洁之美、对称之美、周期之美、和谐之美、抽象之美中。

（1）数学模型在音乐中的和谐美

声波与正弦函数，律制、音阶与数列，乐曲的节拍与分数等，表现了音乐中的许多规律，刻画了音乐中的美，使学生对音乐美的感受从感性走向理性，同时提升学生的审美情趣，在形象思维的基础上增强理性思维能力。

（2）数学模型在美术中的抽象美

数学家哈尔莫斯说："在绘画与数学中，美有客观标准。画家讲究结构、线条、造型、肌理，而数学家则讲究真实、正确、新奇、普遍。数学家因为对发现的纯粹爱好和对脑力劳动产品的美的欣赏，创造了抽象和理想化的真理。"

在数学建模时，抽象是必不可少的手段。抽象使我们能够脱离一些表象而揭示本质。超现实主义的艺术大师米罗的抽象画，貌似信手涂鸦，事实上从具体到抽象的过程都经过了极为缜密的思考，是精心设计的结果。

（3）数学模型在建筑中的对称美

1951年，德国数学家外尔给出对称性的一个十分形象的描述："对一个事物进行一个变动或操作，如果经过操作后，该事物完全复原，则称该事物对所经历的操作是对称的。"由于操作方式不同，有四种对称：恒等、旋转、反射、平移。几何、代数、分析中都存在着大量的对称。

在用数学模型来描述客观规律时，对称性也展示了独特的魅力。在建筑设计中，建筑师基于数学的思想，把对称之美发挥到了极致，许多美轮美奂的建筑都展现了数学模型的对称之美。

---

① 靖新.数学模型之美[J].数学文化，2015，6（1）：86-93.

（4）数学模型在其他领域中的美

我们熟悉的体育运动中也蕴藏着许多数学原理，比如各种运动设施的建设（400米跑道，足球门框，北京鸟巢和水立方等）都需要用到数学建模，以改进设施的美观性，保证结构的科学性、合理性。

如果缺少数学模型在生物、物理、化学中的应用，那么这些自然科学将失去灵魂；如果缺少数学模型在医学、卫生等领域的应用，那么人类文明将受到严重影响。数学建模在各个领域的应用，都带给我们美的感受。

4.数学建模的经济价值

数学建模的一类很重要的应用还体现在现实问题的各类优化设计中，比如奥运会网点的优化设计：我们在举办奥运会时会在各个场馆中临时设置各种对应需求的网点，需要运用到消费人流量分析和聚类分析。

另一类重要应用则体现在多种方案的选择上，比如理财投资或抵押贷款问题，一种是将有限的财产或资本进行多方面投资的选择，一种是在面临大额消费（买房、购车等）时如何挑选贷款方式的问题。这时候，常常会同时列出多个基于同等情况的数学抽象模型，在做出重要抉择前应该逐一谨慎分析、比较。

还有一类应用体现在对市场经济进行评估并预测时，比如针对新产品在市场中的发展，根据逻辑斯蒂方程，建立一个新产品的推广模型：假设 t 时刻的销售量为 $f(t)$，市场容量为 n，产品销售量的增长率与 $f(t)$ 成正比，与尚未购买此新产品的潜在客户数量 $n-f(t)$ 也成正比，于是符合逻辑斯蒂方程的模型，可以应用。

5.数学建模的科技价值

在工程技术领域中，以物理学科为基础的诸如机械、电机、土木、水利等技术，它们的基本模型是已有的，但是由于新技术、新工艺的不断涌现，有许多需要用数学眼光、数学方法解决的新问题。

在高新技术方面，无论是发展通信、航天、微电子、自动化，还是将高新技术用于传统工业去创造新工艺、开发新产品，计算机技术支持下的建模和模拟都是经常使用的有效手段。数学建模、数值计算和计算机图形学等结合形成的计算机软件，在许多高新技术领域起着核心作用，被认为是高新科技的特征之一。

在军事应用方面，数学建模有着至关重要的作用，比如获取战场信息的协同侦察搜索，它是一种重要的作战方式。数学建模在其中的应用主要集中于在复杂环境下有效地控制多架无人机（UAV，unmanned aerial vehicle）共同协作、执行搜索任务，在协同区域中对信息建模、分布式决策以及航迹规划等关键内容进行研究。

第二节　基于数学建模素养表现的实践研究

一、发现和提出问题

1.熟悉的情境，简单的问题

熟悉的情境，即我们在日常生活中经常遇到的问题情境，解决它们往往只需运用一些相对比较简单、常用的函数模型，比如购买商品（一次函数）、最低成本（二次函数与分段函数）、存款贷款（指数型函数）等等。它们的共同特点是存在已有的能解决问题的函数，能够让我们熟练地提取有用信息进行简单加工，进而完成数学建模的一系列步骤。

在熟悉的情境中，要求学生发现问题并将其转化为数学问题，知道数学问题的价值与作用；能够选择合适的数学模型表达所要解决的数学问题；能够理解模型中参数的意义，知道如何确定参数、建立模型、求解模型；能够根据问题的实际意义检验结果，完善模型，解决问题。

（1）生活模型的处理——储蓄问题

生活处处离不开数学，比如开车如何操作更有利于节能，购车贷款采用什么方式更有利于车主等。为了让学生更清楚数学在日常生活中的用途，教师可以根据建模教学需要安排学生进行户外调研，既能提升学生探究、质疑、交流、合作的能力，又能有效提高学生建模的应用水平。比如教师向学生提出利用周末到银行了解各类储蓄情况，做好记录，同时针对银行的实际储蓄提出相应的问题。学生接到指令，便分组制定相应的方案开展探究活动。通过学生的实地考察，学生在银行更清楚地了解了储蓄中的基本概念，如本金、利率、期数等，了解了更多存款类别及利息计算的方法。更让我们欣喜的是，很多学生对房贷、车贷等商业贷款的还款方式做了进一步了解，提出了很多让教师意想不到的问题。

比如存款常见的类别有定期存款、活期存款、定活两便、零存整取等，有善于观察、思考的学生提出："如果有5万元钱，一年定期利率是1.9%，两年定期利率是2.3%，三年定期利率是3.3%，请问为获得更大利润你是采用一年到期自动转存还是直接存三年的存款方式？"还有学生直接提出问题："相对银行大额存款、基金、理财产品等投资方式，购买国债则更受中老年人的喜爱，购买国债后，不仅在急需资金时可以中途取出、转让，还能享受高于同期定期利率的收益，所以，从安全稳定的角度考虑，购买国债是比较好的。请大家计算购买5万国债，三年期年利率4.25%的能比三年定期年利率3.3%的收益多多少？"

又比如贷款中常见的有商业贷款、信用贷款、住房公积金贷款等，有学生提出："还款方式常见的有等额本息还款、等额本金还款，请问它们的区别在哪里？如果你贷款30万元，你会选择以什么方式还款？"……听到同学们你一言我一语地讨论，看见同学们的调研报告说得头头是道，远比老师讲的内容要丰富，考虑的问题要深入，在同学们的共同努力下，我们整理了很多储蓄中存在的问题。让学生自己动手、动脑得到的收获比教师直接讲述要丰富得多、深刻得多，而且不容易遗忘，所以教师在力所能及的范围内常开展一些有利于教学的实践研究活动，能够夯实学生的建模基础知识，拓展学生的视野。

（2）教材模型的处理——优化问题

人教A版必修5第90页例7：在上一节例4中，若生产1车皮甲种肥料，产生的利润为10 000元；生产1车皮乙种肥料，产生的利润为5 000元。那么分别生产甲、乙两种肥料各多少车皮，能够产生最大的利润？

为解决这个问题，先让学生回想情境（第82页例4）：一个化肥厂生产甲、乙两种混合肥料，生产1车皮甲种肥料的主要原料是磷酸盐4 t、硝酸盐18 t；生产1车皮乙种肥料的主要原料是磷酸盐1 t、硝酸盐15 t。现库存磷酸盐10 t、硝酸盐66 t，在此基础上生产这两种混合肥料。列出满足生产条件的数学关系式，并画出相应的平面区域。

熟悉的情境让学生体验数学来源于生活、服务于生活，感受数学是自然的、有用的。通过此例，引导帮助学生充分体验"把实际问题转化为数学问题、把文字语言转化为符号语言"的建构过程，"从具体到一般"的抽象思维过程，应用"数形结合"的思想方法，培养学生数据分析能力、探索能力。

为此，教师可以先引导学生复习巩固已掌握的与线性规划有关的概念，比如线性约束条件、目标函数、最优解等，然后放手让学生去处理例4的相关情境，再针对例7的问题在数据的分析整理、表格的设计上加以指导，让学生体验科学探究的艰辛，提高学生的思维能力及动手能力。对于这些熟悉的情境，教师首先要明确情境背后需要的数学模型，比如简单的线性规划涉及的是两类问题，一是在人力、物力、资金等资源一定的条件下，如何使用它们来完成最多的任务；二是给定一项任务，如何合理规划，能以最少的人力、物力、资金等资源来完成。教师引导学生养成总结提炼、归类的习惯，学生才能举一反三，才能做到会一题通一类，才能更好地应用所学知识发现和提出问题。

（3）抽象模型的处理——抛掷骰子问题

数学课堂不是沉闷枯燥的，而是充满乐趣和挑战的。为了让学生体验有趣的数学，教师可以创设一个抛骰子玩转盘的生活情境。在抛骰子和玩转盘的游戏中规定，抛出骰子后，将抛到的数加上它自己，得到一个结果，找到相应的数据，领取对应的奖品。学生玩了几次都是空手而返，这是为什么呢？在奖品的诱惑下，结合平常的生活体验，学生陷入了沉思。很快有同学发现，转盘上偶数对应的都是"谢谢参与"，还有学生意识到，将抛到的数加上它自己，不管原来抛到的是几，加过之后都是偶数，因此都拿不到奖品。看来，拿不到奖品不是运气不好，而是规则定得不好。于是，教师让学生修改规则，使得这个游戏更加公平。有学生提出，抛两次骰子，然后将两次抛到的数相加。那么，两个数相加，有哪几种不同的情形呢？接下来，学生分别研究偶数加偶数、奇数加奇数、偶数加奇数这三种不同情形下和的情况，得出规律。

在这个课例中，学生从抛骰子和玩转盘这个具体的生活情境中，发现了两个数相加，判断和为奇数还是偶数的问题，从而将生活问题抽象成数学问题，并建立起相应模型。他们经历了生活问题数学化的过程，这是整个数学建模过程中最为关键的环节。

不能让学生仅停留在奇数和偶数的探究层面，为充分发挥游戏设置的作用，教师应该追问：如果你是游戏的操控者，希望这样简单设置，让人轻松获奖吗？如果不愿意，请思考如何既能提高参与者的积极性，又能让奖品发放更少。通过引发学生的各种思考，接下来对概率知识的融合，就顺理成章了。

2.关联的情境，较复杂的问题

关联的情境，即在数学模型的发现中，常常要用到多种数学思想，或多个学科（如物理、化学等其他学科）的知识，进而解决问题。

在关联的情境中，要求学生经历数学建模的过程，理解数学建模的意义；能够运用数学语言，表述数学建模过程中的问题以及解决问题的过程和结果，形成研究报告，展示研究成果；在交流的过程中，能够用模型的思想说明问题。

（1）立体几何模型的关联情境——化学中的应用

随着科学技术的日新月异，数学模型在各学科中的应用也日渐成熟。比如在化学中，晶胞体积、离子浓度等相关问题就常用到数学模型。而且近年来，在高考试卷中，频频出现学科交叉题型。下面用例题说明立体几何模型在化学中的相关应用。

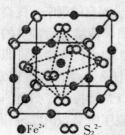

●Fe²⁺ ∞ S₂²⁻

例题 5-1 FeS_2 晶体的晶胞如左图所示。晶胞边长为 a（nm），FeS_2 相对式量为 M，阿伏伽德罗常数的值为 N_A，其晶体密度的计算表达式为_____ $g \cdot cm^{-3}$；晶胞中 Fe^{2+} 位于 S_2^{2-} 所形成的正八面体的体心，该正八面体的边长为_____nm。

解析：要解决此类问题，化学老师引导学生分析时，要先明确目的，就是计算晶胞密度，再根据表达式，表达出晶胞的质量，晶胞的体积；同时还要强调单位的换算，在高考时，多数人都错在单位的换算上。学生想在此类题目中脱颖而出，必须先要学会提炼，将不熟悉的物质结构问题转化为熟悉的数学问题，必须正确理解"晶胞中 Fe^{2+} 位于 S_2^{2-} 所形成的正八面体的体心"，该正八面体的边长为每个面对角线长度的一半，即

$\frac{1}{2} \times \sqrt{2}a = \frac{\sqrt{2}}{2}a$（nm），这个完全就是立体几何的知识了。

在各学科领域中，看似不相干的知识点，在经过不断提炼、转化后却能相互呼应，使问题顺利求解。教师在引导学生正确求解的过程中，还应该进一步强调数学建模的重要性，从而让学生更加坚定学习数学建模、提升数学素养的信心。

（2）指数模型的关联情境——物理学中的应用

俗话说："数学好，物理不一定好；但是物理好，数学一定好。"说明数学是学习物理的基础。物理学中电学、光学等知识都与数学息息相关。对于以物理学知识作为背景的题目，教师要先着手于题干分析，引导学生建立相关模型，再借助数学知识进一步求解。

1896年，法国物理学家贝克勒尔发现,铀的化合物能放射出一种肉眼看不见的射线,这种射线可以使包在黑纸里的照相底片感光。这种现象引起了女科学家玛丽·居里的注意。居里夫人想,该不是只有铀才能发出射线吧？经她悉心研究,终于又发现了一些放射性更强的元素。1903年，英国物理学家卢瑟福通过实验证实，放射性物质在放出射线的同时，本身有一部分"衰变"为其他物质。这种衰变的规律是：一种物质放出射线后，这种物质的量将减少，减少的速度开始较快，后来较慢。物质所剩的量与时间成指数函数关系。即使学生没学过这种函数，也可以从函数的图像中来认识它的变化规律。下图为放射性物质镭的质量随时间变化的规律。

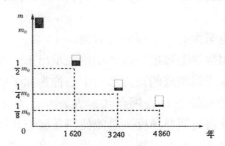

教师可以引导学生发现：镭的质量由 m_0 缩减到 $\frac{1}{2}m_0$，约需 1 620 年，由 $\frac{1}{2}m_0$ 缩减到 $\frac{1}{4}m_0$ 约需 3 240-1 620=1 620（年），由 $\frac{1}{4}m_0$ 缩减到 $\frac{1}{8}m_0$ 约需 4 860-3 240=1 620（年），即镭的质量减为原来的一半所用的时间是一个不变的量——1 620 年（一般把 1 620 年称为镭的半衰期）。

接下来，教师揭示放射性物质衰变的量的规律: $m=m_0e^{-kt}$，即转化为指数函数模型。下面我们计算一下，究竟需要多长时间，才能使放射性物质衰变为原来的一半。为此，令 $m=\frac{1}{2}m_0$,则 $\frac{1}{2}=e^{-kt}$,从而 $t=\frac{\ln 2}{k}$，这是一个常量，表示放射性物质的量减少到原来的一半所用时间，它只与放射性物质本身有关,称为该放射性物质的半衰期。

通过类似探究，我们还会发现更多在物理学背景下，通过建立数学模型解决问题的实例，从而让学生体会到数学建模的重要性，并掌握其基本方法。

（3）连续函数模型的关联情境——生活中的应用

《课标》关注数学的实际应用，关注数学与实际生活的联系，因此，为了培养学生基本的数学建模素养，作为教师，应在实际生活情境的基础上，提出问题，引导学生利用数学建模思想来解决问题。下面以生活中的实例加以说明。

在"艺体文化节"期间，同学们自带凳子到操场观看演出，但操场通常是凹凸不平的，四条腿的方凳很可能会放不平（即四条腿不能同时着地），同学们需要转动或者挪动凳子将其放平（即四条腿同时着地）。根据该实际问题，提出如下问题：四条腿长度相同的方凳放在不平的地面上，通过绕某点转动是否一定能使它四条腿同时着地呢？这个问题似乎和我们所学的任何数学知识都没有关系，那如何才能从数学的观点去分析该问题并解决它呢？这就需要我们能有建模的数学素养，并把问题做适当的数学简化。例如，在学习了必修一连续函数的零点存在性定理之后，我们可将凹凸不平的地面近似看成连续变化的曲线，则四条腿与地面的距离就可近似看作一个连续函数，由此即可建立一个连续函数模型，用零点存在性定理来解决凳子放平的问题。

在解决该问题前，应首先对该问题做一些适当的简化和假设：

①椅子：四条腿长度相同并且四脚连线呈正方形；

②地面：略微起伏不平的连续变化的曲面，排除地面有坎及有剧烈升降等异常情况；

③着地：点接触，凳子应至少有三条腿同时着地。

解决该问题的关键是要用数学语言把条件和结论表示出来，需运用直观和空间想象的方式来思考。将凳子四条腿连线构成的正方形的中心称为凳子中心，凳子中心处于地面任意位置，并设该位置为坐标原点 O，用点 A，B，C，D 表示凳子四脚的初始位置。凳子总能放平，则意味着通过调整角度，总能使四条腿与地面距离均为零。使凳子以原点 O 为中心旋转一定角度 θ，此时四脚位置变为 A'，B'，C'，D'，如下图所示。

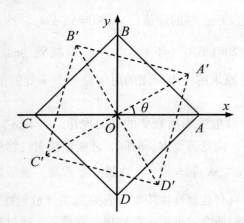

显然凳子的位置可用 θ 来表示，而凳脚与地面的距离应是 θ 的连续函数，记 A，C 两脚和 B，D 两脚与地面距离之和分别为 $f(\theta)$ 和 $g(\theta)$，则该问题归结为：已知连续函数 $f(\theta) \geqslant 0$，$g(\theta) \geqslant 0$，且 $f(\theta)g(\theta) = 0$，若 $f(0) > 0$，$g(0) = 0$，则一定存在

$\theta_0 \in \left(0, \dfrac{\pi}{2}\right)$，使得 $f(\theta_0) = g(\theta_0) = 0$。现令 $\theta = \dfrac{\pi}{2}$（即旋转 90°，对角线 AC 与 BD 互换），则 $f\left(\dfrac{\pi}{2}\right) = 0$，$g\left(\dfrac{\pi}{2}\right) > 0$。定义 $h(\theta) = f(\theta) - g(\theta)$，得到 $h(0) > 0$，$h\left(\dfrac{\pi}{2}\right) < 0$，根据连续函数的零点存在性定理，一定存在 $\theta_0 \in \left(0, \dfrac{\pi}{2}\right)$，使得 $h(\theta_0) = f(\theta_0) - g(\theta_0) = 0$，结合条件 $f(\theta_0)g(\theta_0) = 0$，从而得到 $f(\theta_0) = g(\theta_0) = 0$，即四个点均在地面上，问题得证。

以上便是用数学解决实际问题的经典范例，看似与数学无关的生活问题却将数学建模思想体现得淋漓尽致，因此数学建模教学过程的重点是创造一个环境去诱导学生的学习欲望，培养他们的分析能力，提高他们的数学素养和创新能力，这对简化实际问题、构建数学模型是十分有利的。

3.综合的情境，复杂的问题

综合的情境，即是说这种情境所在的环境较复杂，所涉及的因素多，要提炼出有用的数学思想、有效的数学信息，但从某一方面或某几方面很难解决问题。

在综合的情境中，要求学生能够运用数学思维进行分析，发现情境中的数学关系，提出数学问题；能够运用数学建模的一般方法和相关知识，创造性地建立数学模型，解决问题；能够理解数学建模的意义和作用；能够运用数学语言，清晰、准确地表达数学建模的过程和结果。

数学建模是人们设计、制作方案的重要工具，比如网上购物已成为潮流，快递公司就要考虑怎样包装、怎样运输能够节约成本，获取最大收益，而这些问题都可以用数学建模来完成。那么，课堂上，教师如何引导学生思考、发现生活中的数学模型呢？下面以三个实例来说明。

（1）颠簸程度的数学模型

生活处处有数学。骑过自行车的人都有体会，小轮自行车在经过路面上的不平整之处时要比大轮自行车更为颠簸一些，这是生活常识。那么，其中有什么数学道理吗？

我们在研究行车颠簸问题时，把车轮抽象为一个几何上的圈，而忽略其材料的属性，这是我们为建模所做的第一重抽象。这个圆在理想的平整路面上滚动时，圆心对路面没有垂直方向的位移，这叫做没有颠簸。当这圆在不平整路面上滚动时，会有上下跳动，即圆心对路面有垂直方向的位移，这叫做有颠簸，这时我们将"颠簸"这种生活语言转化为数学语言。

但是，不同大小的车轮在同样一段不平整的路面上行进，都会产生相同的垂直方向的位移，为什么给骑车人的颠簸感觉不一样呢？这与完成垂直方向位移所用的时间长短有关。同样大小的垂直方向位移在越短的时间内完成，造成的颠簸感觉就越强烈，即颠簸程度越大，这已经很接近准确的数学定义。

不管是驾车还是骑车，我们在通过不平整路面时都会自觉或不自觉地减速，这是何故？是因为同一辆车子通过同样的不平整路面，行进得越快，则颠簸感越强烈，正是基于这种生活经验，我们必须忽略车速不同的情况，而只考虑大小不同的车轮在水平方向都以相同的速度 v 前进，颠簸程度才有可比性，这是我们为建模所做的第二重抽象。

这样，"在时间 t 内完成垂直方向的位移 h"就等同于"在完成水平位移 vt 的同时完成垂直位移 h"。设 $s = vt$，我们进一步把"颠簸程度"定义为"在单位水平距离上的垂直位移"，即 $k = \dfrac{h}{s}$，这就是颠簸程度的数学模型，这是一个代数公式。数学模型可以是但不限定是代数公式，它也可能是几何图形或曲线图表等其他形式。我们经过以上逐步抽象，将颠簸问题变成了一个可以用公式来演算的数学问题。

学会用数学的眼光观察生活，是《课标》提出的要求。教师在数学建模教学中，要引导学生在日常生活中去观察现象，发现问题，并给予适当的假设抽象，做好相应建模准备，使学生在循序渐进中掌握建模的基本要素，从而提高数学建模素养。

（2）易拉罐材料最省问题

可乐公司要生产大批量的产品，从降低成本和获得利润的角度，这些大公司的设计部一定会考虑在同样工艺条件、保证质量的前提下用材最省的问题。那么该怎样设计才能达到预期目标？说说自己的想法。

对于这种用材最省的问题，平时是很常见的，但是具体是怎样设计、计算的，对于学生来说还是一个比较困难的问题。老师在上课时可以拿一些易拉罐分到各小组，让同学们观察，然后小组讨论。（其主要目的是要学生发现这个问题其实可以用数学建模来解决。）

等学生观察几分钟后，教师可以引导学生思考什么样的饮料罐更美观，让学生们自己发现圆柱形的饮料罐较美观。确定研究的易拉罐的形状后，老师继续引导：那么制造圆柱体的易拉罐该怎样设计用料最省呢？需要考虑哪些因素呢？

学生分小组讨论，奇妙的点子一个个迸发出来：①结合生活实际，易拉罐内体积大于饮料的净含量；②需要根据罐内液体对易拉罐的压力，确定易拉罐罐壁、罐盖等各个部位的厚度；③所用材料不能太厚，太厚了材料成本较高，材料太薄，则容易破裂，液体会流出；④生活中的易拉罐不是标准的圆柱体，罐底和罐盖与罐身形状不同，这三部分有接触面，材料需要怎样计算；⑤ 设计的易拉罐还要考虑实际情况，比如运输方便、摆放稳当等问题……

通过探究，学生会发现需要考虑的因素太多，甚至多得不知道该如何下手才好。学生能发现这么多的问题是值得表扬的，说明学生们动脑子了，这时教师也要不失时机地告诉学生，研究实际问题，对其建立模型时可以先进行模型假设，先确定一些前提，减少一些讨论，研究主要问题。教师继续引导学生们去讨论，我们可以提出哪些假设呢？

哪些是我们不好确定但又不是模型研究的重点的干扰项呢？学生继续讨论，又提出一些新的想法，老师可以带领学生一起讨论，并结合实际情况提出模型假设：①根据测量的实际易拉罐各部分的厚度，假设罐盖、罐底的厚度都是罐身厚度的两倍；②易拉罐各接口处的材料忽略不计；③易拉罐各部位的材料相同而且单位体积的价格也相同；④相同类型的易拉罐的容积可以认为是一样的，我们可以确定一个具体的容积；⑤对于易拉罐的形状，我们可以默认其是一个圆柱体，或者是一个圆台和一个圆柱的结合体，或是两个圆台和一个圆柱的结合体。

看似一个很复杂的问题，通过引导、讨论、探究、发现，同学们已学会把我们要研究的问题抽象成数学问题，并通过追问思考锻炼了发现问题、分析问题的能力。其实这样的一个生活实际问题，已经转化为在某些因素确定的前提下，使得容积一定时材料最省的数学问题了。

综上分析，在教学过程中，教师要精选贴近生活的问题，激发学生发现和提出问题的兴趣；设计合理的教学环节和教学手段，引领学生初步形成发现和提出问题的能力；讲解常见的发现和提出问题的方法（如：问题归类、问题类比推理、问题关联和综合等），帮助学生更快地提出有研究价值的问题；组织课外调研实践活动，在亲身调研过程中让学生体会发现和提出问题的乐趣，丰富知识和拓宽视野，让学生体验科学探究的艰辛，提高学生的思维能力及动手能力，从而进一步提升发现、提出和深挖问题的能力。在学习过程中，学生要形成收集、整理、归纳信息的能力，为发现和提出问题奠定基础；养成思考、挖掘问题的习惯，形成严谨的思维及掌握常见的方法等是提出有价值问题的充分条件。学生只有把在教学过程中所学的东西应用到学习过程中，才能形成发现和提出问题所需的基本能力。

二、建立模型

数学建模素养是对现实问题进行数学抽象、用数学语言表达问题、用数学方法构建模型解决问题的素养。数学建模过程主要包括：在实际情境中从数学的视角发现问题、提出问题、分析问题、建立模型、确定参数、计算求解、检验结果、改进模型，最终解决实际问题。

从核心素养的角度认识数学建模，我们特别要注意数学建模素养的属性，把握其在"属性"上的定位，主要涉及三个方面：一是对现实问题的数学抽象，二是用数学语言表达问题，三是用数学方法构建模型解决问题。结合对这一素养的外显性行为(过程、步骤)的描述，不难看到，数学建模聚焦学生数学学科核心素养的几个关键点：基于现实情境，构建数学模型，经历"发现、提出、分析、解决问题"的过程，进而发展"四能"(发现、提出、分析、解决问题能力)，达到"三会"(会用数学眼光看、会用数学思维想、会用数学语言表达现实世界)。从这几个点去体会，可以感觉到数学建模素养的内涵是极其丰富的，它与其他五个数学学科核心素养直接关联。它不仅是一个数学知识应用的问题，而且蕴含着方法、思想、价值的判断与选择。数学建模素养对中学生核心素养体系中的若干素养(如创新精神、实践能力、科学精神、问题解决能力等)也有着直接的支撑作用。

数学建模素养是新课标的核心素养，具有综合性强、与其他五个核心素养联系紧密、相互交融的特点。数学建模素养的形成需要一个渐进的而又有层次的过程，需要在不同的内容中有意渗透，逐渐提升要求。

1. 数学建模活动的层次

从数学知识的直接应用与渗透到完整的数学建模活动，可以有以下一些渐进的层次：

（1）为了帮助学生理解、建立概念，掌握函数、定理、公式等而有意设计的实际情境。

（2）直接套用数学概念、函数、定理、公式等，给出有实际意义的结果(如函数值)，或者解释、说明结果的实际意义。

（3）通过简单的变换，间接套用数学概念、函数、定理、公式等，给出有实际意义的结果。

（4）教师或教材给出实际问题，并引导学生完成数学化的、简单具体的数学应用。

（5）教师或教材给出实际问题，学生自主完成数学化的、简单具体的数学应用。

（6）教师或教材给出问题情境，学生自主提出实际问题，师生一起完成以"建立模型"和"模型求解"为主要过程的数学活动。

（7）全过程(选题、开题、做题、结题)、学生部分自主(发现并提出问题，模型的选择和建立，求解模型，给出模型结果的解释；在这些环节中，教师部分参与，给予指导和支持)的数学建模活动。

（8）全过程、全自主(学生自主发现并提出问题，自主完成数学化的建模过程，自主求解模型，自主给出模型结果的解释；在整个过程中可以自主决定是否寻求教师的帮助)的数学建模活动。

2. 数学建模的基本过程

数学建模就是用数学语言描述实际现象的过程，数学语言中包含严谨且易懂的文字语言，简洁且有结构的符号语言，直观的图表语言，学生准确灵活地掌握了数学语言，就等于掌握了进行数学思维、表达和交流的工具。《课标》对符号化思想有明确要求，如要求学生"能从具体情境中抽象出数量变化和变化规律并用符号来表示"，实际上就包含了模型思想。因此，在日常数学教学当中，让学生用数学的语言进行分析和概括，更有利于建模意识的培养。建立数学模型通常需要经过以下过程：

（1）数学建模的准备阶段

要求建模者深刻了解实际问题的背景，明确建模的目的;进行全面、深入、细致的调查研究，尽量掌握建模对象的各种信息，找出实际问题的内在规律，这是向实际工作者和有关专家学习的过程。

（2）分析数学模型可能出现的问题

现实问题涉及面广，一般不可能面面俱到，必须根据调查得到的信息，将实际问题简化、理想化。这就要求抓住主要因素，抛弃次要因素，提出恰当的假设。在提出假设时，如考虑因素过多，模型过于复杂就无法求解，反之如考虑因素过少，模型十分粗糙，就会与实际情况不符，一个较理想的数学模型往往要经过多次修改、假设才能得到。

（3）数学模型的建立及检验

要利用恰当的数学工具建立各种量(常量和变量)之间的数学关系。建模时究竟采用何种数学工具要根据问题的特征、建模的目的以及建模者的数学特长而定。可以这样说，在建立模型时可能用到数学的任一分支;同一实际问题可以用不同的数学方法建立不同的模型。一般而言，在达到预期目标的前提下，应采用尽可能简单的数学工具以便为更多的人接受和使用。

3. 熟悉的情境，简单的问题

数学建模素养水平一的要求是：了解常见的数学模型的实际背景及其数学描述，了解数学模型中的参数、结论的实际含义；能够在熟悉的实际情境中，模仿学过的数学建模过程解决问题；对于学过的数学模型，能够举例说明建模的意义，体会其蕴含的数学思想；感悟数学表达对数学建模的重要性，在交流的过程中，能够借助或引用已有数学建模的结果说明问题。

（1）方程模型

例题5–2 甲、乙、丙三人参加跑步比赛，从跑道起点出发，跑了20分钟，甲超过乙一圈，又跑了10分钟，甲超过丙一圈，问再过多长时间丙超过乙一圈?

解析：为了将所给条件对应的关系理清楚，需要假设大量的未知数，但大部分都会在方程的化简过程中消去。

学生在建立模型前必须认识到以下问题：再过 t 小时丙超过乙一圈；环形跑道总长为 a ；甲、乙、丙三人跑步速度分别为 v_1, v_2, v_3 。

模型的建立：

直接利用待定系数法建立方程模型。

由条件有：$\begin{cases} \dfrac{v_1}{3} - \dfrac{v_2}{3} = a \Rightarrow v_1 - v_2 = 3a \\ \dfrac{v_1}{2} - \dfrac{v_3}{2} = a \Rightarrow v_1 - v_3 = 2a \end{cases} \Rightarrow v_3 - v_2 = a$,

根据未知数可得方程：$v_3(\dfrac{1}{2} + t) - v_2(\dfrac{1}{2} + t) = a$ 。（计算结果略）

（2）函数模型

例题5–3 某人开汽车以 $60\,\text{km/h}$ 的速度从 A 地到 $150\,\text{km}$ 远处的 B 地，在 B 地停留

1 h 后，再以 50 km/h 的速度返回 A 地，把汽车离开 A 地的距离 x（km）表示为时间 t（h）的函数，并画出函数的图像。

解析：根据路程＝速度×时间，可得出距离 x 关于时间 t 的函数关系式 $x(t)$。

汽车离开 A 地的距离 x（km）与时间 t（h）之间的关系式是：

$$x = \begin{cases} 60t, & t \in [0, 2.5], \\ 150, & t \in (2.5, 3.5], \\ 150 - 50(t-3.5), & t \in (3.5, 6.5]. \end{cases} \text{（图像略）}$$

用函数的观点解决实际问题是中学数学中最重要的、最常用的方法之一。函数模型与方法在处理实际问题时运用广泛，两个变量或几个变量，凡能找到它们之间的联系，并用数学形式表示出来，建立起一个函数关系（数学模型），然后运用函数的有关知识去解决问题，这些都属于函数模型的范畴。

以上是在学生熟悉的生活情境下，具体的、有确定数据的、不太复杂的问题，由情境容易提炼出数学问题；其数学模型是对应的方程和函数的公式，对应的模型参数是变量与定理的关系等；求解目标相对清晰、直接、易于把控，对学生来说困难不大。

（3）概率模型

例题5-4 将 n 个球随机地放入 n 个盒子中去，求每个盒子恰有一个球的概率。

解析：因为每一个球都可以放进 n 个盒子中的任一个盒子，即有 n 种不同的放法，n 个球放进 n 个盒子就有 $n \times n \times \cdots \times n = n^n$ 种不同的放法，而每种放法都是样本空间中的一个元素，所以样本空间中元素的总数为 n^n 个。现在来求每个盒子恰有一个球时，球的不同放法的种数。

第一个球可以放进 n 个盒子之一，有 n 种放法；第二个球只能放进余下的 $(n-1)$ 个盒子之一，有 $(n-1)$ 种放法，……，最后一个球只可以放进唯一余下的盒子，所以 n 个球放进 n 个盒子中要使每个盒子中都恰有一个球，共有 $n!$ 种不同的放法，因而所求的概率为：$P = \dfrac{n!}{n^n}$。

刚刚接触数学建模的数学教师，常常把初中做过的文字应用题看成是数学建模，那时我们面对的问题情境常常是条件不多不少，解法指向清晰，结果是确定的或唯一的；而数学建模常常需要一般化地解决一类问题，初始条件的变动常常给解决问题的模型带来随参数变动的不同结果，确定模型参数的可能取值或变化范围，说清楚模型参数和结果的关系，是用数学模型方法解决问题的标志性手法，比如上面例题中，用 n 将参数一般化，就是常见的做法。

在数学建模活动中，让学生了解数学模型，特别是经历数学模型的形成过程是非常重要的，因为在这个过程中，可以让学生真实地体验如何通过数学的"眼睛"来观察和分析现实世界中的一些事情，利用数学的"语言"来描述和分析这些事情，最后能数学化地形成比较清晰的假设、目标问题等。这样的教学过程能让学生感悟数学是现实的、是有用的，从而使学生理解数学的价值，增强学生学习数学的兴趣。

4. 关联的情境，较复杂的问题

数学建模素养水平二的要求是：能够在熟悉的情境中，发现问题并将其转化为数学问题，知道数学问题的价值与作用；能够选择合适的数学模型表达所要解决的数学问题；理解模型中参数的意义，知道如何确定参数，建立模型，求解模型；能够根据问题的实际意义检验结果，完善模型，解决问题；能够在关联的情境中，经历数学建模的过程，理解数学建模的意义；能够运用数学语言，表述数学建模过程中的问题以及解决问题的过程和结果，形成研究报告，展示研究成果；在交流的过程中，能够用模型的思想说明问题，通过用所学知识建立的数学模型去解决生活中的问题，让学生将数学模型运用到生活中去，从而体会到建立数学模型的价值，同时进一步促进学生探索、发现、创新和实践意识的形成。

（1）称重量问题

例题 5-5 水果店进了 10 筐苹果，每筐 10 个，共 100 个，其中有 9 筐每个苹果的重量都是 1 斤（1 斤＝500 克），另一筐中每个苹果的重量都是 0.9 斤，但是每个苹果外表完全一样，用眼看或用手摸无法分辨。现在要你用一台普通的大秤一次把这筐重量轻的找出来，你可以办到么？

解析： 普通的大秤上有刻度，可以称得具体重量。从这点考虑不妨将 10 筐苹果进行编号 (1,2,3,4,5,6,7,8,9,10)，并取与编号对应的苹果数——1,2,3,4,5,6,7,8,9,10，共计 55 个，再用所给的大秤称得这 55 个苹果的总重量，若这 55 个苹果重量均为 1 斤（理想状态），则总重量应为 55 斤，由题目条件知其中某一框苹果重量均为 0.9 斤，假定为第 j 框时，那么所取苹果数为 j 个，大秤称得总重量就要比 55 斤少 j 两（1 两＝50 克），从而将原问题化为等差数列的求和的数学模型。

通过高中数学课程的学习，学生要能够有意识地用数学语言表达现实世界，发现和提出问题，感悟数学与现实之间的关联；学会用数学模型解决实际问题，积累数学实践的经验；认识数学模型在科学、社会、工程技术诸多领域的作用，提升实践能力，增强创新意识和科学精神。

（2）贷款问题

例题 5-6 某银行设立了教育助学贷款，规定一年期以上贷款月均等额还本付息，如果贷款 10 000 元，两年还清，月利率为 0.457 5%，那么每月应还多少钱呢？

解析： 按照规定，偿还贷款既要偿还本金，还要支付利息。在上述问题中，到贷款两年（即 24 个月）付清时，10 000 元贷款的本金与它的利息之和是多少呢？

设每月应还金额为 x，到期偿还贷款的含义即各月所付款连同到贷款付清时所生利息之和，等于贷款本金及到贷款付清时的利息之和，即：

$$x + 1.004\,575x + \cdots + 1.004\,575^{23}x = x\left(1 + 1.004\,575 + \cdots + 1.004\,575^{23}\right)$$
$$= 10\,000 \times 1.004\,575^{24}。$$

可以发现，上述等式是一个关于 x 的一次方程，且括号内是一个首项为1，公比为 1.004 575 的等比数列的前24项的和，于是原式可变为：$x \cdot \dfrac{1 - 1.004\,575^{24}}{1 - 1.004\,575} = 10\,000 \times 1.004\,575^{24}$。

提出问题：如果采用上述分期付款方式贷款 a 元，m 个月将款全部付清，月利率为 r，那么每月付款款额的计算公式是什么？

显然根据条件可建立关于 x 的方程。设采用分期付款方式贷 a 元，m 个月将款全部付清，月利率为 r，每月付款 x 元，那么：

$$a(1+r)^m = x(1+r)^{m-1} + x(1+r)^{m-2} + \cdots + x(1+r)^2 + x(1+r) + x,$$

把右边求和，得 $a(1+r)^m = \dfrac{x[(1+r)^m - 1]}{r}$。

这是一个综合情境下的实际问题，从具体的、有确定数据的、不太复杂的问题，变化到比较抽象的（含一般参数）的问题。这个问题的建模要求是把情境中的问题，提炼和抽象成一个等比数列求和的问题。由情境提炼出数学问题，然后利用数列求和的公式求解。可以先从特殊问题推出结果，再针对一般问题得出问题的求解思路，用到的知识、公式、关系、技巧比较多。

在中学开展数学建模的实践中，可以设计一套过程性多主体评价体系，将评价贯穿于整个建模过程。评价的主体可以是学生、教师、家长、社会相关人员等，可以是教师评价学生、学生之间互评、学生自我评价，并鼓励家长和社会相关人员参与评价。

建模学习与常规学习的主要不同是解决问题的方法、策略、彰显个性的不同。教师要鼓励"扬长"而不是一味"避短"。我们看到过不少从未被老师表扬过的学生，在建模过程中由于自己的特长，如善于使用计算机、善于网上查资料等，得到老师的表扬，甚至发表了一个自己的独到见解而得到"满分"的鼓励。

5.综合的情境，复杂的问题

在综合的、关联的情境下，从具体的、确定的数据出发，提出有些复杂的问题。建模要求是把情境中的问题，通过假设、简化、提炼和抽象，得出一个合理的数学模型关系，这个水平的建模过程表现得比较完整，用到的知识、公式、关系、技巧比较多。总之，数学建模和数学探究所涉及的数学素养的发展具有连续性和阶段性，教师应整体设计数学建模和探究活动，引导学生从模仿到自主，从局部到整体，积累发现、提出、分析和解决问题的经验，积累独立思考和合作交流的经验。

教师要用心引领学生，让他们经历从套用已知的、确定的数学模型解决问题，到自己选择适用的模型；从熟悉简单的情境，到比较复杂、比较综合的情境；从套用学过的知识和方法，到自己选择知识和方法解决问题；从个人埋头做题，到合作交流、口头表达、以报告或小论文形式呈现过程；从解决老师或教材给定的问题，到自己能提出、发现一些值得探究的建模问题；从单纯学习知识方法，到解决问题、获得数学活动经验、提升能力和素养、感悟数学的魅力和价值的完整过程。

例题 5-7 存款问题

某基金会有一笔数额为 M（万元）的基金，打算将其存入银行或购买国库券。当前银行存款及各期国库券的利率见下表。假设国库券每年至少发行一次，发行时间不定。基金会计划在 n 年内每年用部分本息进行必要的资助，要求每年的资助额大致相同，且在 n 年末仍保留原基金数额。基金会希望获得最佳的基金使用计划，以提高每年的资助额。请你帮助基金会在如下情况下设计基金使用方案，并对 $M=2\,000$（万元）， $n=10$（年）给出具体结果：

（1）只存款不购国库券；

（2）可存款也可购国库券；

（3）在基金到位后的第 3 年为庆祝基金会的资助成果，基金会希望这一年的资助额比其他年度多 20%。

类型	银行存款税后年利率/%	国库券年利率/%
活期	0.792	
半年期	1.664	
一年期	1.800	
二年期	1.944	2.55
三年期	2.160	2.89
五年期	2.304	3.14

解析： 首先，对于这个实际问题，学生应该认识到以下几点：

① 每年发放的资助额都是相同的；

② 不考虑通货膨胀或通货紧缩和国家经济政策对存款利率的影响；

③ 假设基金在年末到位，资助金在基金到位后发放；

④ 假设购买国库券后所得的利息不用支付所得税；

⑤ 假设资金到位后，立即进入下一轮的存款，中间无时间间隔；

⑥ 假设购买国库券时，能够一次满足所有需求；

⑦ 假设购买的国库券到期后，通过投资国库券而取得的资金在同年内不能再购买国库券，必须等到下一年的国库券发行后，才能继续购买；

⑧ 假设定期存款如果在没有到期之前取出，就按照活期存款利率计算利息。

其次，对该问题的数学模型分析如下：

① 在（1）问中，只存款而不购买国库券，为了使得每年年终获得的资助金最多，那么就必须使得在银行获得利息最大，因此，活期存款和半年期存款因为利率太低，而且如果去除并不会影响资助金的发放，所以不予考虑。然后我们经过研究，把每年在存款到期日取出的资金分为：发放资助金、转存到一年期存款、二年期存款、三年期存款、五年期存款这五个款项。通过对这五个款项的分析与求解，求出最大的每年发放的

资助额。

②在（2）问中，可以存款也可以购买国库券，但是国库券的购买与直接存款有很大的区别，所以要对（1）问中的解法做一些调整。因为同年期的国库券的利率要大于同年期的银行存款利率，所以在选择时，我们优先考虑购买国库券。由于每年发行的国库券的时间和次数不同，所以可能会发生变化，如果国库券在年初准备存钱的时候发行了（第一种情况），我们就在（1）问的基础上，将准备存入相应年期存款的资金用于购买同样年期的国库券，然后计算出最大的资助额；如果国库券没有在存入资金之前发行（第二种情况），为避免资金闲置，我们设立了另一种解决方案：以二年期的国库券为例，由于在年初投放资金时不能购买国库券，我们先将购买国库券的资金全部用于半年期存款，如果在该半年内发行了国库券，我们就将资金全部取出购买国库券，在国库券到期的那年将本息全部用于半年期存款，到期后转入活期存款；如果在该半年内没有发行国库券，我们将半年到期的资金全部用于活期存款，用于购买下半年一定会发行的国库券，国库券到期之后再全部转入活期存款。因此，我们将其运转周期定为三年，在这三年里，不管国库券什么时候发行，该部分资金定有两年是用于存国库券，有半年用于存半年期，还有半年是存活期，即采用活期、半年期、国库券的"组合式"投资。所以同理，三年期国库券和五年期国库券的周期分别为四年，六年。还有一种特殊的情况（第三种情况），也就是国库券恰好在年中发行了，在这种情况下，在国库券发行的前半年，用于购买国库券的资金就可以存入半年期的银行存款，而在国库券到期后，还会有半年的时间，我们就能够将购买国库券后得到的本息再次存入半年期的银行存款中去，这样就是半年期和国库券的"组合式"投资，这样的投资方法会比第二种情况获利更多。对这三种情况分别求解，得出每年发放的资助额。

③在（3）问中，要求第3年的资助额能够上涨20%，这个问题比较简单，但是因为没有规定使用哪种方案，所以又要分成两种情况去讨论。又因为第一种情况与（1）问相似，第二种情况与（2）问相似，所以只需要在（1）问和（2）问的基础上对方程进行一部分的改进从而求解。

通过以上问题分析，可以建立以下数学模型：

（1）问的模型建立：对每一年的年末所能够获得的用于发放资助的现金来源进行分析。比如，在第一年的年末，所能够提取的现金，只有可能是在第一年年初投入一年期存款的基金的本金和所获得的利息；而在第二年年末，所能够提取现金的来源就可能有两个，一是第二年年初投入一年期存款的基金的本金和所获得的利息，二是第一年年初投入二年期存款的基金本金和所获得的利息；在第三年的年末，所能够提取现金的来源就有三种。根据上述分析，建立一个线性方程组，用于求解最大的资助额。

（2）问的模型建立：经过分析发现，（2）问与（1）问十分相似，直接将（1）问中的与国库券有着相同年期的银行存款利率改为国库券利率并分情况讨论。

（3）问的模型建立：对于（3）问，由于第三年要求当年的资助额要上调20%，但是没有规定是只存款不购国库券还是可存款也可购国库券，所以又要分成两种情况去讨论。

　　数学建模活动和数学探究活动都是运用数学知识解决数学问题的一类综合实践活动，也是高中阶段数学课程的重要内容。两类活动的共同特点是，有一个要解决的问题，引导着活动的进程；有一个要学生全程参与的、解决问题的过程；有一个可以交流分享、需要交互参与评价的结果。

　　《课标》对必修阶段开展数学建模、数学探究活动提出了以下操作要求：数学建模活动和数学探究活动以课题研究的形式开展。课题研究的过程，需包括选题、开题、做题、结题四个环节。学生需要撰写开题报告，教师要组织开展"开题"交流活动，开题报告应包括选题的意义、文献综述、解决问题思路、研究计划、预期结果等。"做题"就是解决问题的过程，包括描述问题、数学表达、建立模型、求解模型、得到结论、反思完善等过程。"结题"包括撰写研究报告和报告研究结果，由教师组织学生开展结题答辩。

　　根据选题的内容，研究报告可以采用专题作业、测量报告、算法程序、制作的实物或研究论文等多种形式。对于研究报告的评价，教师可以组织评价小组，可以邀请校外专家、社会人士、家长等进行评价。研究报告及其评价应当作为文件存入学生个人学习档案，为大学招生提供参考和依据。学生可以采取独立的方式或者小组合作的方式，完成课题研究。

　　操作要求中最特别的是提出了不同于数学常规作业的要求——要落实"四个环节"(选题、开题、做题和结题)。这是《课标》特别强调的，并在各个部分对数学建模和数学探究学习过程提出专门的要求。这四个环节的设置就是要给学生一个提升数学建模素养的机会和过程。选题、开题的过程，就是让学生能有意识地用数学语言表达现实世界，感悟数学与现实之间的关联。只有做课题，才能学会用数学方法解决实际问题，积累数学实践的经验，认识数学在解决科学、社会、工程技术等问题中的作用，从而加深对数学价值的理解。结题的过程要求学生学会交流与合作，在交流中学习和分享，反思和提升应用能力，增强创新意识和形成科学精神。

三、求解模型

　　通过前面的学习，多数学生已经能够根据实际情况，发现问题、提出问题，并建立相应的数学模型。那么，在建立模型之后，如何引导学生准确求解模型？下面结合不同情况介绍一些我们的做法。

1.熟悉的情境，简单的问题

　　在熟悉的情境中发现一些简单问题，并建立相应的数学模型。这种情况往往只需要具备一些数学常识，进行简单的计算，便可达到求解模型的目的。多数学生能够准确地求解模型，并能获得成功体验，增强学习兴趣；部分学生还会觉得比较轻松，利用课余时间对有些问题进行更深入的思考，提升在实际生活中应用理论知识的能力，体现数学建模的完美建构。

（1）用简单函数模型解决购物问题

俗话说："从南京到北京，买的没有卖的精。"为了防止落入商家设计的圈套，保障消费者的切身利益，我们需要积极开动脑筋，应用我们所学的数学知识认真分析，尽可能花同样的钱，买最好的货。购物问题中常用的是一次函数模型，其求解一般比较容易。教师可以通过一些购物活动，培养学生的数学模型应用意识，同时培养学生的财经意识，为以后的生活提供一些经验，还能提高学生学好数学的兴趣。

（2）用常见函数模型解决储蓄问题

学生初步了解了生活中常见的储蓄相关问题，也能根据存款或贷款的不同类型，建立相应的数学模型，常见的有一次函数、指数函数模型等。比如求解定期存款模型问题，某人本金 a 元，存期 n 年，年利率为 r，则可用通用公式 $a(1+nr)$ 直接计算，达到求解目的。在此基础上，有理财意识的学生就会思考：当本金一样时，比较一年期自动转存存三年与直接存定期三年，哪种储蓄方式收益更高？于是，在求解模型时便多了两组运算，一是要先计算出自动转存的获利，二是作差比较收益。如果一年到期自动转存的年利率为 m，则代入公式 $a(1+m)^3$ 算出结果进行比较，当数字较大或不易计算时可借助计算器或计算机进行运算求解。在教学中，有学生提出，实际储蓄中银行每年的利率都在浮动，这样的结果不准确。至此，通过发现问题、提出问题、建立模型、求解模型，学生初步领会数学建模是实际生活中抽象出的一种理想状态，是在一定条件下才可实施比较的。

（3）用立体几何模型解决建筑问题

高中立体几何的学习，有助于提升学生的空间想象能力，作为高中学生，对于立体几何模型的认识，比如对三视图的了解，还可以提高分析判断能力，对日常生活中购买商品也有帮助，像许多商品的宣传图片都是三视图，如何通过三视图了解商品的相关结构和性能，就需要利用所学知识。教师在教学中有意识地培养学生运用数学解决日常生活问题的能力，并能根据实际需要求解模型，达到满意的效果，在激发学生学好数学热情的同时提升其数学学科素养。

（4）借助信息技术求解数学模型

对于一般的一元一次方程、一元二次方程、分式方程、指数方程等，学生都能按常规解法进行求解，但对于较为复杂的含指数、对数、三角函数等的超越方程和五次以上的高次代数方程不能用代数运算来求解，人教A版教材必修一介绍了二分法，人教A版选修2-2介绍了牛顿法，但人工计算比较复杂，其他如拟牛顿法，弦截法等也不是很方便，不过，如果借助信息技术来求解，却显得非常轻松。

①利用计算器或计算机的代数自动求解功能求方程的近似解。如求方程 $2^x+3x=7$

的近似解，第一步将计算器或计算机的浮点数设置为5位；第二步选择命令"solve"（解方程）；第三步将方程 $2^x+3x=7$ 输入计算器或计算机，便可自动求出方程的近似解。

②利用计算器或计算机的画图功能求方程的近似解。如求方程 $2^x+3x=7$ 的近似解，第一步将计算器或计算机的浮点数设置为2位；第二步分别将函数" $y_1=2^x+3x$ "和" $y_2=7$ "输入计算器或计算机，画出两个函数的图像；第三步求出两个图像交点的坐标，便可得到方程 $2^x+3x=7$ 的近似解。也可在此方程的基础上做些变换，比如转换成判断函数 $f(x)=2^x+3x-7$ 的零点个数问题，通过计算机作图，看函数图像与 x 轴的交点个数来确定函数零点个数；也可以通过判断函数的单调性，利用函数零点存在定理进行准确解答。

借助信息技术，就可以比较轻松地求解方程，尤其是我们人工计算觉得比较烦琐的指数、对数方程，甚至超越方程，突破了不敢想、不能算、不精确的尴尬。借助信息技术，让学生体会高效、便捷的科学计算，让学生更加重视课本中的阅读材料，让学生了解一切科学技术本身皆可以为数学服务，从而更乐于学习数学，轻松克服不可计算的困难和怕苦畏难的心理障碍。

③利用计算机收集数据，选择最优函数模型。我们经常遇到的人口增长问题、养殖问题等，很难根据已知理论直接建立数学模型，而且随着时间和环境的变化，结果多数时候是不确定的。这个时候，我们可以收集变化过程中变量的数据，利用信息技术建立大致反映变化规律的函数模型。下面以利用信息技术工具收集变化数据，建立温度与时间的函数模型为例，介绍具体操作过程：

第一步，连接计算机、数据采集器、温度传感器，并在数据采集器上，将要采集的温度个数和每两个温度的间隔时间设置好，然后将温度传感器放入热水杯中；

第二步，将计算机和数据采集器中的运行功能打开，这时计算机和数据采集器上就会同时显示出温度随时间的变化情况；

第三步，通过对整个温度变化过程的观察，在计算机中选择一个能大致反映其变化规律的函数模型，计算机便立即画出这个函数的图像并求出其解析式。

只要学生能掌握好所学的函数模型，利用好信息技术，就可以探索复杂的变化规律，从而为实际需要提供正确决策。

2.关联的情境，较复杂的问题

前面说过关联的情境，就是在数学模型的发现中，常常要综合不同的数学工具，或是与物理、化学、生物等其他学科相联系。在关联的情境中，要求学生经历数学建模的过程，理解数学建模的意义；能够运用数学语言，表述数学建模过程中的问题以及解决问题的过程和结果，形成研究报告，展示研究成果；在交流的过程中，能够用模型的思想说明问题，最后解决问题。

（1）用最大利润模型和最优定价模型解决生产者决策的问题[①]

首先来说明几个概念——生产：把投入要素（如土地、原料、设备、劳动力和资金）转变为市场需求的产出（产品或劳务）的过程；生产者决策：生产是市场交易的商品供给来源，生产理论研究是为谁生产商品、生产什么商品、如何生产商品的问题，其中心内容就是生产者实现生产时的选择决策问题；影响生产者决策的主要因素：环境因素（企业外部包括政治、法律、文化、技术、经济和自然环境等因素），组织因素（企业本身包括企业的目标、政策、业务程序、组织结构等因素），人际因素（企业内部人际关系），个人因素（各个参与决策的人，在决策过程中都会掺杂个人感情，进而影响决策）。

作为一个生产者或是供销商，在市场经济中如何根据产品的成本和产值决定他的投入，又怎样按照商品的销售情况确定价格，这是一个具有普遍意义的生产者决策模型。

①最大利润模型。众所周知，生产者的利润等于产品的销售价格（简称产值）减去成本，这里假定产品可以全部销售出去变成收入，那么利润函数模型可建立如下：生产者对产品的投入量为 x，产值和成本都是 x 的函数，分别记为 $f(x)$ 和 $c(x)$，则利润 $r(x)=f(x)-c(x)$，要使利润达到最大化，我们可以运用导数的思想对产值函数和成本函数求导（如果是简单的函数就不选择此操作），此时，便产生了经济学中的"边际产值" $f'(x)$ 和"边际成本" $c'(x)$。

那么，我们的最大利润模型求解也由此得到结果：最大利润在边际产值等于边际成本时达到。通过此类模型求解，可以让学生更加清楚导函数在实际生活中的用途。

②最优定价模型。最大利润模型得出之后，接下来，我们还要在此基础上得到最优定价模型，具体操作如下：

在产品可以全部售出的情况下，产品的投入量 x 就是商品的销售量，产值 $f(x)$ 就是收入。一般地，我们假定收入等于销售量乘以价格（p），成本（c）和投入量成正比。在市场经济中除了少数生活必需品外，大多数商品的销售量与价格直接相关，价格越高，销售量越小，我们再一次简化地做出一个假设——销售量与价格呈线性关系：$r(x)=(p-c)(a-bp)$，于是我们可以得到使利润达到最大的定价为：$p=\dfrac{c}{2}+\dfrac{a}{2b}$，此时，我们就得到了最优定价模型。

通过此类模型求解，让学生明确任何事情的决策都必须要经过调研、反复比较后找准突破口，才能取得所期望的利益；同时还要清楚市场的多变性与模型求解的理想化之间的差异，以更好地防控风险，不能盲目地、想当然地做出决策，造成不可挽回的损失。

（2）用概率中的Warner模型和Simmons模型调查和估计学生作弊现象

统计是数学学科一个很重要的学科分支。在统计调查中，有时候会涉及一些个人隐私或利害关系，这时候难免会出现不被调查对象欢迎或者使调查对象感到尴尬的所谓敏

---

① 查中伟.生产者行为决策分析[J].工业技术经济，2004,23（1）：85-86.

感性的问题，例如是否有考试作弊、赌博、偷税漏税、酒后驾车等。我们现在以对中学生普遍适用的一个统计调查——估计学生在考试中的作弊情况为例，介绍这一板块的关联情境的描述和相应的解决办法。

Warner模型[①]调查方案的设计思路是，让被调查者从包含"是否作过弊"的若干问题中，随机地选答一个，同时调查者也不知道被调查者回答的是哪一个问题，从而保护被调查者的隐私，消除他们的顾虑，能够对自己所选的问题真实作答。美国统计学家Warner在1965年提出了正反问题选答的方法，要调查的问题在问卷上以正、反两种形式进行叙述，比如在对学生作弊情况的调查中，设计两个相反的问题供学生选答：

问题A：你在考试中作过弊吗？

问题B：你在考试中没有作过弊吗？

对选择的问题只需回答"是"或者"否"。调查者准备一套13张统一花色的扑克，要求被调查的学生在选答上述问题前，随机抽取一张，看后还原，并使调查者不能知道抽取情况。约定如下：如果学生抽取的是不超过10的数或A，则回答问题A，如果抽取的是J、Q或K，则回答问题B。

采用这种方式调查，被调查者回答的是哪个问题不会为其他人所知，可以很大地消除被调查者的顾虑，所以假设一旦被调查者选定了应回答的问题，他将真实作答。

Warner模型虽然比直接调查要好，但所提的两个问题都还具有敏感性，被调查者或多或少还有顾虑，而且要求回答问题A的人数比例不能为$\frac{1}{2}$（接近$\frac{1}{2}$也不好）。1967年，Simmons等人对Warner模型进行了改进，其最大的不同点在于调查人员提出的是两个不相关的问题，其中一个为敏感性问题，另一个为非敏感性问题，这样的处理能使被调查者的合作态度进一步改善。

现在我们采用Simmons的无关问题选答技术来估计有过作弊行为的学生的比例，假定被调查学生的人数相同，问题选答的规则同Warner模型，只不过可供选答的两个问题变为：

问题A：你在考试中作过弊吗？

问题B：你生日的月份是偶数吗？

在这样的无关问题选答机制中，问题B的设计让被调查者的心理防备减少一些，有助于我们收集更为准确的信息。信息收集准确了，才能更好地了解考试的诚信度，为教师的教学评估提供一定的参考。

通过此类模型介绍，可让学生拓展视野，激励学生在日常生活中去挖掘信息，不断优化数据，做好相关调研，为决策提供更好的依据。

---

① 赵馨，闫在在，魏福红.Warner模型中方差估计的分层抽样方法[J].内蒙古科技大学学报，2011，30（3）：282-285.

3.综合的情境，复杂的问题

随着社会的进步，科技的发展，数学建模在经济、金融、生物、医学、环境、地质、人口、交通等各个领域应用日趋频繁，而且很多时候不能单一地做出判断，需要经过大量的信息提炼，综合分析后得出相应的较为满意的方案。

教材上不乏这样的数学模型综合应用，比如人教A版必修4的65页练习第3题，66页A组第4题，都是结合生活实际提出的开放性问题，结合脱贫攻坚相关政策，让学生尝试利用所学知识帮助贫困人员脱贫。不少学生结合实际，提出了最为常见的养殖业和种植业脱贫措施，那么具体如何实施呢？以养殖模型（养鱼）为例：

问题重述：设某地有一池塘，其水面面积约为 $100 \times 100 \ m^2$，用来养殖某种鱼类。在如下的假设下，设计能获取较大利润的三年的养鱼方案。

① 鱼的最大存活密度为 $1kg/m^2$；

② 每 $1\ kg$ 鱼每天需要的饲料为 $0.05\ kg$，市场上鱼饲料的价格为 0.2元$/kg$；

③ 鱼苗的价格忽略不计，每 $1\ kg$ 鱼苗大约有 500 条鱼；

④ 鱼四季均可生长，每天的生长重量与鱼的原重成正比，经过 365 天长为成鱼，成鱼的重量为 $2\ kg$；

⑤ 池内鱼的繁殖与死亡均忽略；

⑥ 若 q 为鱼重，则此种鱼的售价 Q 为（单位：元$/kg$）：

$$Q = \begin{cases} 0, & q < 0.2, \\ 6, & 0.2 \leqslant q < 0.75, \\ 8, & 0.75 \leqslant q < 1.5, \\ 10, & 1.5 \leqslant q \leqslant 2; \end{cases}$$

⑦ 该池内只能投放鱼苗。

这类开放性题目，需要通过大量阅读、调查收集相关资料，具备一定的生活常识，提出合理必要的养殖条件，才能成功地设计方案、建立模型，同时，为处理纷繁的数据，多数时候需要借助信息技术进行求解，如果要具体实施，还必然要求掌握一定的养殖技术。

通过对综合情境模型的认真研究、模拟核算，能够帮助决策者做出相对正确的选择。但是，综合情境问题求解，对学生基础知识的掌握和分析问题、提出问题的能力要求很高，所以教学时难度较大，还需要进一步对学生进行引导，要让学生明白，中学阶段的数学模型探究，不一定能达到预想目标，但只要持之以恒地钻研，总会有意想不到的收获，从而提升学生攻坚克难的勇气和信心。通过此类模型的求解，可以强化学生应用知识解决问题的意识，提高学生全面考虑问题的能力，锻炼学生不畏艰辛、积极探索的意志，提升学生的综合素养。

四、检验结果和完善模型

数学模型能否反映原来的实际问题，必须经过多种途径的检验。检验主要包括以下四个方面：

第一，正确性分析。即有没有逻辑上自相矛盾的地方，如模型稳定性分析、稳健性分析、收敛性分析、变化趋势分析、极值分析等。

第二，有效性分析。即是否会有多解或者无解的情况出现，如误差分析、参数敏感度分析、模型对比检验。

第三，有用性分析。如关键数据求解，极值点、拐点、变化趋势分析，用数据验证动态模拟。

第四，高效性分析。即时空复杂度分析等。

检验模型是否能够真正反映原来的实际问题，是最重要和最困难的。模型必须反映现实，但又不等同于现实；模型必须简化，但过分的简化则会使模型远离现实，无法解决现实问题。因此，检验模型的合理性和适用性，对于建模的成败是非常重要的。

模型在不断检验过程中经过不断修正，逐步完善，这是建模必须遵循的重要规律，一旦在检验中发现问题，人们必须重新审视在建模时所做的假设和简化的合理性，检验是否正确刻画量之间的相互关系和服从的客观规律，针对发现的问题做出相应的修正，然后再重复上述检验修改的过程，直到获得某种程度的满意模型为止。

1.熟悉的情境，简单的问题

在简单的情境中，检验模型一般要注意两点：一是检验结果是否符合生活实际；二是检验结果是否满足题干要求。这是我们在解决简单问题时容易忽略的两点，也是我们在建模过程中应该加强的地方，我们要做到瞻前顾后，规避基本错误。

（1）检验结果是否符合生活实际

例题5-8　某学校上午下第四节课后，参加数学建模活动的同学开始分组统计，得到以下数据：刚开始有 $s\,(s\in \mathbf{N}^*)$ 名学生进入食堂，食堂开始打饭后，仍有学生进来排队。假设学生的数量按固定的速度增加，打饭人员的速度也是固定不变的。若开5个打饭窗口，则需120分钟才能保证所有排好队的学生都打好饭；若开放10个打饭窗口，则只需50分钟便可保证所有排好队的学生都打好饭；如果要在30分钟内让所有排好队的学生都打好饭，从而使少部分后来到食堂打饭的学生能随时到随时打饭，至少要同时开放几个打饭窗口？

分析问题：此情境是一个"排队论"中的问题，涉及的数学量有共有学生 s 名，学生数量增加的速度固定，打饭的速度固定，开5个窗口打饭需要120分钟，开10个窗口打饭需要50分钟，开若干个打饭窗口用的时间在30分钟以内。在这些量中，究竟该从哪个具体的量入手解决问题？如何正确地用这些已知量解决问题？我们可以进行如下分析，打饭方式有三种，一是开5个打饭窗口，二是开10个打饭窗口，三是开 n （ n

$\in \mathbf{N}^*$) 个打饭窗口，而每种打饭方式都涉及学生原有人数，学生增加速度，学生增加人数，一个打饭窗口的打饭速度，需要打饭学生的人数，打饭的时间这些量。

建立模型： 对上述问题，我们可以提出如下解决方案，假设开 n 个打饭窗口可达到目的，每分钟增加 x 个学生，一个打饭窗口在一分钟内可给 y 个学生打饭，我们可把整体分析的结果用表格直观地表示如下。

开放方式	先到学生人数/人	学生增加速度/人/min	学生增加人数/人	1个打饭窗口的速度/人/min	打饭人数/人	所需时间/min
开5个打饭窗口	s	x	$120x$	y	$5 \times 120y$	120
开10个打饭窗口	s	x	$50x$	y	$10 \times 50y$	50
开n个打饭窗口	s	x	$30x$	y	$n \times 30y$	30

分析题意，可得：

$$\begin{cases} s + 120x = 5 \times 120y, \\ s + 50x = 10 \times 50y, \quad (s, \; n \text{ 均为正整数}) \\ s + 30x \leq n \times 30y。 \end{cases}$$

求解模型： 得出结论，解得 $n \geq 15.7$。

检验模型： 由于 n 取最小正整数，可得 $n = 16$，即至少需要开 16 个打饭窗口。

（2）检验结果是否满足题干要求

例题 5-9 点 P 到平面内两个定点 $F_1(-3,0), F_2(3,0)$ 的距离之和为 $2a(2a > 0)$，求点 P 的轨迹。

模型分析： 此模型为椭圆方程的求解，很多学生会直接根据椭圆的定义，写出点 P 的轨迹方程，但是忽略了椭圆定义中的限定条件，而容易出错，故而在模型检验的时候，需要注意分类讨论。

模型检验：

当 $a > 3$ 时，点 P 的轨迹是以 $F_1(-3,0), F_2(3,0)$ 为焦点的椭圆，轨迹方程为：
$\dfrac{x^2}{a^2} + \dfrac{y^2}{a^2 - 9} = 1$；

当 $a = 3$ 时，点 P 的轨迹为 $F_1(-3,0), F_2(3,0)$ 两点；

当 $a < 3$ 时，点 P 不存在。

2.关联的情境，较复杂的问题

关联的情境一般涉及物理、化学、生物、艺术、体育等其他学科的知识，或者涉及政治、经济、文化等各个领域，所以相应的模型检验会跟各个学科相关联。下面就一个与物理关联的建模案例，来说明关联情境一般的检验方法。

例题 5-10 将一块石头扔进洞中，估计洞的深度。一个学生建立了从扔下石头到

听到声音的时间 t 和洞深 h 的关系模型：

$$h=\frac{g}{k}[t+\frac{1}{k}\exp(-kt)]-\frac{g}{k^2},(t>0),$$

请检验该模型。

解析：需要假设石头下降时所受空气的阻力和速度成正比，阻力产生的加速度也和速度成正比（ k 为比例系数）。

①检验模型的量纲是否正确

根据比例系数 k 的定义， $\frac{\mathrm{d}V}{\mathrm{d}t}=kV$ ，得 $LT^{-2}=[k]LT^{-1}$ ，进而有： $[k]=T^{-1}$ 。

注意到 $\exp(-kt)$ 是无量纲，可验证模型的量纲正确。

②检验模型是否与物理定律相符

若忽略空气阻力（即 $k=0$ ），应有 $h=0.5gt^2$ ，验证模型是否与此物理定律相符，即看能否将 $k=0$ 代入模型 $h=\frac{g}{k}[t+\frac{1}{k}\exp(-kt)]-\frac{g}{k^2},(t>0)$ 。

③检验参数的灵敏度

取参数 $k=0.05$ ，可算得

$$h_1=h(4)=\frac{9.81}{0.05}[4+\frac{1}{0.05}\exp(-0.2)]-\frac{9.81}{(0.05)^2}\approx73.50(\mathrm{m}),$$

即，若回声在 $4\,\mathrm{s}$ 听到，模型测算出洞深为73.50 m。

若参数 k 有微小变化，测算值会怎样变化？令 $k=0.045$ ，参数的相对变化幅度为：

$\frac{|0.045-0.05|}{0.05}=10\%$ 。

计算得 $h_2=h(4)=73.98\,(\mathrm{m})$,洞深预测值相对变化幅度为：

$$\frac{|73.98-73.5|}{73.5}<1\%,$$

说明模型对空气阻力比例系数 k 不敏感，即空气阻力对洞深预测影响不大，可以忽略。

④进一步分析空气的影响

若忽略空气的影响，有

$$h_1=h(4)=0.5gt^2=0.5\times9.81\times4^2\approx78.48(\mathrm{m})。$$

绝对误差为： $|78.48-73.50|\approx5(\mathrm{m})$,相对误差为： $\frac{|78.48-73.50|}{73.50}\approx7\%$ 。

这说明被忽略的空气因素对模型产生了较明显的影响，根本原因是模型中用到了隐含的假设条件——石头撞击地面的声音能立即听到，未考虑声音在空气中的传播速度。此时，对模型进行修正：声音在空气中的传播速度大约为330 m/s,则石头着地声音的传播时间大约为 $\frac{h}{330}\approx\frac{73.50}{330}\approx0.223(\mathrm{s})$ ，得到修正时间为 $t=4-0.223=3.777\,\mathrm{s}$ 。

可得： $h(3.777)\approx65.77(\mathrm{m})$ ，这说明声速的影响远大于空气阻力的影响。

通过以上对模型的分析检验，发现由于假设不合理，考虑因素不合适，造成模型不合理，需要重新进行问题的前期分析工作。

通过上述案例，我们可以知道在检验关联的情境下的模型时，通常要做以下几类工作：检验量纲是否一致；检验假设是否合理；检验参数灵敏度；模型误差分析及误差来源追踪；检验参数变量或临界值。

3.综合的情境，复杂的问题

检验回归模型的拟合效果，是高中阶段综合情境用得比较多的模型检验，一般采用残差分析来判断回归模型的拟合效果。

（1）残差分析

残差分析的两种方法：

① 残差分析的基本方法是由回归方程作出残差图，通过观测残差图，以分析和发现观测数据中可能出现的错误以及判断所选用的回归模型是否恰当；在残差图中，残差点比较均匀地落在水平区域中，说明选用的模型比较合适，这样的带状区域的宽度越窄，说明模型的拟合精度越高，回归方程的预报精度越高。

② 可以进一步通过相关指数

$$R^2 = 1 - \frac{\sum\limits_{i=1}^{n}(x_i - \hat{y}_i)^2}{\sum\limits_{i=1}^{n}(y_i - \bar{y})^2}$$

来衡量回归模型的拟合效果，一般规律是 R^2 越大，残差平方和就越小，从而回归模型的拟合效果越好。

例题5-11 某运动员训练次数与运动成绩之间的数据关系如下：

次数 x	30	33	35	37	39	44	46	50
成绩 y	30	34	37	39	42	46	48	51

试预测该运动员训练47次以及55次的成绩。

模型检验：

第一，分析关系。

作出该运动员训练次数 x 与成绩 y 之间的散点图，由散点图可知，它们之间具有线性相关关系。

第二，列表计算。

次数 x_i	成绩 y_i	x_i^2	y_i^2	$x_i y_i$
30	30	900	900	900
33	34	1 089	1 156	1 122
35	37	1 225	1 369	1 295
37	39	1 369	1 521	1 443
39	42	1 521	1 764	1 638
44	46	1 936	2 116	2 024
46	48	2 116	2 304	2 208
50	51	2 500	2 601	2 550

由上表可求得，$\bar{x}=39.25,\bar{y}=40.875,\sum\limits_{i=1}^{8}x_i^2=12\,656,\sum\limits_{i=1}^{8}y_i^2=13\,731$，$\sum\limits_{i=1}^{8}x_i y_i=13\,180$，所以

$$\beta=\frac{\sum\limits_{i=1}^{8}(x_i-\bar{x})(y_i-\bar{y})}{\sum\limits_{i=1}^{8}(x_i-\bar{x})^2}=\frac{\sum\limits_{i=1}^{8}x_i y_i-8\bar{x}\bar{y}}{\sum\limits_{i=1}^{8}x_i^2-\bar{x}^2}\approx1.041\,5,$$

$\alpha=\bar{y}-\beta\bar{x}\approx-0.003\,02$，所以回归直线方程为 $\hat{y}=1.041\,5x-0.003\,02$。

第三，计算相关系数。

将上述数据代入 $r=\dfrac{\sum\limits_{i=1}^{8}x_i y_i-8\bar{x}\bar{y}}{\sqrt{\sum\limits_{i=1}^{8}(x_i^2-8\bar{x}^2)(\sum\limits_{i=1}^{8}y_i^2-8\bar{y}^2)}}$，得 $r=0.992\,704$，查表可知 $r_{0.05}=0.707$，

而 $r>r_{0.05}$，故 y 与 x 之间存在显著的相关关系。

第四，残差分析。

作残差图如下图，由图可知，残差点比较均匀地分布在水平带状区域中，说明选用的模型比较合适。

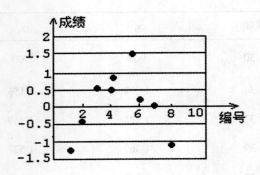

计算残差的方差得 $\sigma^2 = 0.884\,113$ ，说明预报的精度较高。

第五，计算相关指数 R^2 。

计算相关指数 $R^2 = 0.985\,5$ ，说明该运动员成绩的差异有98.55%是由训练次数引起的。

第六，做出预报。

由上述分析可知，我们可用回归方程 $\hat{y} = 1.041\,5x - 0.003\,02$ 作为该运动员成绩的预报值。

将 $x = 47$ 和 $x = 55$ 分别代入该方程，可得 $y = 49$ 和 $y = 57$ ，故预测运动员训练47次和55次的成绩分别为49和57。

（2）建立回归模型的一般步骤

一般地，建立回归模型的基本步骤为：

① 确定研究对象，明确哪个变量是解释变量，哪个变量是预报变量；

② 画出确定好的解释变量和预报变量的散点图，观察它们之间的关系（如是否存在线性关系等）；

③ 由经验确定回归方程的类型（如我们观察到数据呈线性关系，则选用线性回归方程 $y = bx + a$ ）；

④ 按一定规则估计回归方程中的参数（如最小二乘法）；

⑤ 得出结果后分析残差图是否有异常（个别数据对应残差过大，或残差呈现不随机的规律性等等），若存在异常，则检查数据是否有误，或模型是否合适等。

第三节　培育数学建模核心素养的课堂实录

教学内容：粉笔采购问题。

一、情境引入

师：请大家来看下面这个问题。新的学期开学了，学校准备采购一批粉笔，采购人员发现某公司生产了三种不同形状的粉笔，分别是正四棱柱、正六棱柱和圆柱形的，三种粉笔价格是一样的，盒子的大小也是一样的。请尝试建立数学模型，给采购人员一些购买粉笔的建议。

学生阅读材料，思考生活中的问题，产生了强烈的求知欲。

课例赏析：给出以生活实际为背景的材料，让学生初步感受到问题的真实性，问题解决的必要性，为下一步继续思考埋下伏笔，同时也让学生感受到数学建模是解决实际生活问题的强大工具，数学建模素养是学生必备的素养之一。

二、发现和提出问题

师：请你从采购人员的角度想想，采购粉笔时，最应该考虑哪些问题呢？

生A：粉笔的质量吧，如果说质量太差，一写就断，那么粉笔的寿命就很短。

生B：粉笔的流畅程度，如果写得不顺畅，那么也会极大地影响粉笔的使用。

生C：粉笔是否环保也很重要，不能影响老师的身体健康。

生D：粉笔拿起来是否舒服，如果不好拿，也会影响粉笔的使用。

师：说得真好，这四位同学从不同的角度谈了自己的想法，但是除了质量外，其他三个因素是短时间内看不出来的，那么采购者在大批量采购粉笔时最可能关注什么问题呢？

生：价格。

课例赏析：高中数学课堂蕴含了很多的数学建模教学，其实数学建模教学过程，主要是教师不断抛出问题，引导学生积极思考回答问题，找到实际问题的核心因素，用数学的方法来解决问题。要多鼓励学生有创造性地回答问题，而不是因循守旧，这样才能真正地发散学生的思维，培养学生的核心素养。

师：不错，大家都希望用最少的钱买最多的东西，但是，这个问题看起来很困难啊，因此在建立模型之前，我们还是需要做一些基本的假设。

生：感觉需要考虑的因素太多了，到底选择哪些因素呢？

师：粉笔是否易断，书写是否流畅，能够短时间内做出判断吗？该怎样去判断呢？

生：可以采用随机抽样的方式，在一批粉笔里随机选取几只不同的粉笔，让同一个人去书写，大致可以估计出哪种粉笔书写最流畅吧。

师：大家觉得这种方法可行吗？

生：好像不太好判断，每个人的书写习惯不同，是否流畅也和不同的人来书写很有关系。

师：看来这个不是我们研究的最重要的因素，那么我们假设各种形状的粉笔质量都是一样的。如果质量一样，那只有形状的差别了。

生：那我们只需要比较价钱啊。

师：现在是价钱都一样啊，那该怎么办呢？

生：那我们可以看看不同形状的粉笔哪种更耐用？

师：这种想法很正确，假设，三种形状的粉笔质量都一样，都不易折断，每根都能全部用完，那么一盒粉笔的耐用程度跟什么有关呢？

生：应该和体积有关吧。

经过教师引导，学生共同讨论，给出以下假设：

①三种粉笔质量相同，只有形状的区别；

②三种粉笔的盒子是一样大的，盒子的高度均相同。

课例赏析： 想把实际问题转化为数学模型，还需要在建模前做一些假设，研究最本质、最重要的问题，对于那些非本质的、对反映客观真实程度影响不大的东西可以丢掉。做出必要的、合理的简化假设对于建模的成功是非常重要的，也是非常困难的。当学生困惑，不知道该如何做假设的时候，教师引导学生去分析不同的因素，让学生自己去感受哪些因素是本质的，哪些因素不是本质的、是可以丢掉的，不断重复训练，让学生学会针对不同的实际问题，提出正确的假设。在不断引导中，培养学生分析问题，解决问题的能力。

三、建立模型

师：在前两个假设的前提下，怎样计算不同形状的每盒粉笔的体积呢？同学们想想办法吧。

生：为了方便计算，先构建一个边长为20厘米的大正方形，圆柱的底面为一个圆，半径为1厘米；正六棱柱的底面为一个正六边形，外接圆的半径为1厘米；正四棱柱的底面是一个小正方形，外接圆的半径为1厘米。考虑一个大正方形里能放多少个这样的圆、正六边形、小正方形，从而得出哪种粉笔的体积更大。对于正四棱柱的粉笔来说，体积是很好计算的，我们只需要考虑另外两种即可。

师：很不错，大家分组构建模型吧。

师生互动，共同讨论，建立模型：

①圆柱形粉笔

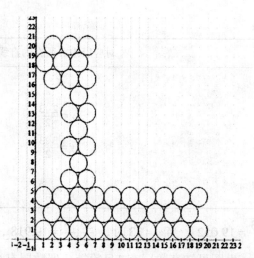

　　根据前面提出的模型假设，可以画出粉笔盒的俯视图（如上图），建立层数与圆心所在直线的方程关系：

层数	圆心所在直线
1	$y = 1$
2	$y = 1 + \sqrt{3}$
3	$y = 1 + 2\sqrt{3}$
…	…
n	$y = 1 + (n-1)\sqrt{3}$

　　由于盒子的边长为20厘米，当 $n = 11$ 时， $1 + 10\sqrt{3} \approx 18.32$ ，当 $n = 12$ 时， $1 + 11\sqrt{3} \approx 20.05$ ，可知 n 的最大值为11，所以盒子里圆柱形粉笔应该有11层，再由图可知奇数层是10只粉笔，偶数层是9只粉笔。

　　②正六棱柱形粉笔

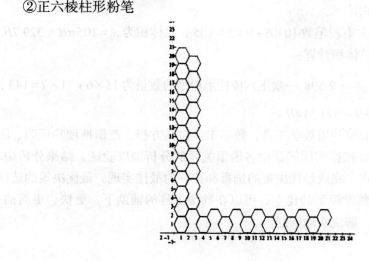

从上图可以计算出：

层数	对应层中心所在的直线
1	$y = \dfrac{\sqrt{3}}{2}$
2	$y = \dfrac{2\sqrt{3}}{2}$
3	$y = \dfrac{3\sqrt{3}}{2}$
…	…
n	$y = \dfrac{n\sqrt{3}}{2}$

当 $n = 22$ 时，$\dfrac{22\sqrt{3}}{2} = 19.052$，当 $n = 23$ 时，$\dfrac{23\sqrt{3}}{2} = 19.918$，所以可知盒子里正六棱柱形粉笔最多有22层。由图可知奇数层有7只粉笔，偶数层有6只粉笔。

课例赏析：建立模型，是在对实际问题进行分析研究的基础上，对收集的数据和资料进行分析和处理，是利用数学语言表达实际问题的条件，保证数学语言的相对精确性。具体问题所涉及的相关变化因素以及其中的不确定关系需要利用数学工具的恰当协作，建立起数学模型。其具体数学模型可以包含方程、不等式、图形函数和表格等形式。对于本题，学生是不容易直接建立模型的，教师可以引导学生通过画图来发现所要研究的问题的规律，从而建立恰当的模型，学生也会更形象地看到所要求解的模型的具体情况，变抽象的问题为具体的几何图形问题。

四、求解模型

（1）正四棱柱形粉笔总体积计算：

边长 $a = \sqrt{2}, s = \sqrt{2} \times \sqrt{2} = 2$，总体积为 $v = 14 \times 14 \times 2H = 392H$。

（2）圆柱形粉笔总体积计算：

$r = 1, s = \pi r^2 = \pi$，一盒共有粉笔数 $10 \times 6 + 9 \times 5 = 105$，总体积为 $v = 105\pi H \approx 329.7H$。

（3）正六棱柱形粉笔总体积计算：

$b = 1, s = 6 \times \dfrac{1}{2} \times 1 \times 1 \times \dfrac{\sqrt{3}}{2} \approx 2.598$，一盒正六棱柱形粉笔的数量为 $11 \times 6 + 11 \times 7 = 143$，总的体积为 $v \approx 2.598 \times 143H \approx 371.514H$。

课例赏析：求解模型需要利用数学工具，数学工具包括方程、逻辑推理和证明、图解等。模型求解的结果需要根据实际问题中各因素关系的分析加以验证。结果分析中，需要根据结果预测数学公式、完成最优决策的选择和控制的最佳实现。最优决策的选择是比较常见的难题，通过数学模型的建立，可以在数学工具的辅助下，更快、更简洁、更直观地实现选择最优化，解决实际问题。

五、检验结果和完善模型

通过计算发现，价格相同的一盒粉笔，正四棱柱形总体积最大，圆柱形总体积最小，可以看出购买正四棱柱的粉笔最划算。

师：那么这样的模型建构是否合理呢？还有什么没有考虑的吗？

生：模型的结果和测量的数据有很大的关系，如粉笔盒俯视图的长和宽，还有粉笔的直径。

师：不错，这个模型的最后结果受实际的数据影响太大了，因此，需要针对实际的**数据**对照模型重新计算。

师：每个小组分发一盒粉笔，大家测测各种具体数据吧。

生：我们现在用的粉笔盒的长、宽分别为8厘米、7厘米，粉笔并不是真正的圆柱，粉笔是一个圆台形，上面圆的直径大致为1厘米，下面圆的直径大致为0.6厘米。

师：没错，其实粉笔都不是纯粹的棱柱或圆柱形，而是棱台或圆台形，因为粉笔在制作完成后，需要从模子里拔出来，为了保证拔出时不会折断粉笔，所以制作了一个斜度，这在工业上被称为"拔模斜度"，另一方面，粉笔一头大一头小也比较美观。通过这个例子，大家要认识到，研究实际问题时还应该充分弄清楚对象的主要特征。

生：嗯，以后建模时一定注意，但是三种类型的粉笔都有"拔模斜度"，就把粉笔当成标准的圆柱或棱柱来计算体积也是可以的。

师：很好，模型本来就是要简单、好操作，这个主意很好。

师：大家能根据现有的数据重新计算下吗？

生：当然可以，其实前面我们已经发现正四棱柱形的粉笔是体积最大的，而现在粉笔大头的直径是1厘米，粉笔盒长宽分别为8厘米、7厘米，那么正四棱柱形的粉笔肯定还是体积最大的，只需要考虑圆柱形和正六棱柱形了。

师：有道理，所以我们建立的模型还是有效的，可以结合具体的图形来计算了。那我们构建的模型可以推广到其他地方吗？

生：如香烟盒的设计和卡车装钢管的问题等。

师：很好，同学们很快把我们研究的问题迁移出去了，你们是最棒的……

课例赏析：综合分析的结果完成后，需要及时将分析结果回归实际生活中进行检验。检验模型建立的正确性和科学性，要利用实际现象和数据对模型相应的结果和数据进行对比分析，分析其吻合性和出入性，准确把握数学模型的合理性和实用价值。教师根据实际测量的粉笔尺寸给同学们介绍其中的缘由，目的是告诉学生在建模时，要充分了解研究对象真实具体的本质特征，在模型准备阶段要深入调查研究，若实际背景研究不清，有可能会影响建立的模型的正确性。数学建模

44444

的成功性认定，一般要求模型在解释已知现象的基础上，还有进行预测的能力和价值。建模检验过程中，模型假设可能存在问题，模型假设错误的弥补措施主要是及时修改和适当补充。在修改和补充模型假设时，若结果正确，精度达到规定要求，可认为模型假设可以使用，那么模型也可以实现其应用价值和推广功能。让学生对所检验的模型进行推广，可以让学生深刻理解建立的模型，培养学生触类旁通的数学能力。

第六章

培育数据分析核心素养

第一节　数据分析的内涵与价值

一、数据分析的内涵

《课标》指出，数据分析素养是指针对研究对象获取数据，运用数学方法对数据进行整理、分析和推断，形成关于研究对象知识的素养。

数据分析是研究随机现象的重要技术，是大数据时代数学应用的主要方法，也是"互联网+"相关领域的主要数学方法，数据分析已经深入到科学、技术、工程和现代社会生活的各个方面。

数据分析过程主要包括：收集和整理数据，理解和处理数据，获得和解释结论，概括和形成知识。

1.收集和整理数据

《新华词典》对"收集"这样解释：①招收聚集；②把零散的东西收拢在一起。对"整理"这样解释：①整顿，使有条理、有秩序；②料理，处理；③整治，修理。

收集数据：收集数据是指根据系统自身的需求和人们的需要收集相关数据的过程。

整理数据：整理数据是对调查、观察、实验等研究活动中所搜集到的资料进行检验、归类编码和数字编码的过程，它是数据统计分析的基础[1]。数据整理是根据统计研究的任务和要求，对统计调查搜集到的大量原始资料进行审核、分组、汇总，使之条理化、系统化，得出能够反映总体综合特征的统计资料的工作过程；并且，对已经整理过的资料（包括历史资料）进行再加工也属于统计整理[2]。

---

①梁久辉.浅谈统计分析中的误差控制[J].数字化用户，2013（14）：219.

②张伟.统计学[M].2版.北京：经济科学出版社，2007.

2.理解和处理数据

《新华词典》对"理解"这样解释：懂；了解。对"处理"这样解释：①处置，办理；②指定刑，处罚。

理解数据：在理解数据过程中，我们要知道都有些什么数据，这些数据的特征是什么，并且能够通过数据的描述性语言来理解数据。

处理数据：对采集到的数据进行存储、检索、加工、变换和传输。数据处理的基本目的是从大量的、可能是杂乱无章的、难以理解的数据中抽取并推导出对于某些特定的人们来说有价值、有意义的数据。

3.获得和解释结论

《新华词典》对"获得"这样解释：取得；得到（多用于抽象事物）。对"解释"这样解释：①分析阐明；②说明含义、原因、理由等。

获得结论：通过对已经得到的数据的理解和处理，根据从数据中获得的一定的前提、推论，对问题或事物做出总结性判断。

解释结论：就是在对数据理解和处理的基础上进行思考，合理地说明事物变化的原因，事物之间的联系，或者是事物发展的规律。

4.概括和形成知识

《新华词典》对"概括"这样解释：①把事物的共同特点归结在一起；②简单扼要。对"形成"这样解释：经过发展变化而成为。

概括知识：是指人们通过对数据材料的分析、综合、比较、抽象、概括等深层加工改造，认识某一类事物的本质特征与内在联系的认知活动[①]。

形成知识：是指人们通过对数据材料的一系列实践活动，从中提取出事物的某些经验，得到认识事物的成果。

二、数据分析的价值

数据分析可划分为四个阶段：数据发生了什么？为什么发生？将会发生什么？怎样做出最好的决策？其价值主要体现为诊断、预测和指导功能。通过数据分析，可以让我们付出最少的成本，获得最多的收益，可以让我们耗费更少的时间，不断提升行事效率。比如根据股票的走势决定购买还是抛出；依照每日的时间和以往经验选择行车路线；购买机票、预订酒店时，对比多家的价格后做出最终选择。

---

①刘志宏，张丽华，胡金生.教育心理学[M].沈阳：辽宁大学出版社，2005.

第二节　基于数据分析素养表现的实践研究

一、数据获取

1.熟悉的情境，简单的问题

这一水平对学生的要求是能够在熟悉的情境中了解随机现象及简单的概率或统计问题；能够针对熟悉的概率问题，选择适合的概率模型，解决问题；能够针对熟悉的统计问题，选择适合的抽样方法收集数据。

例题6-1　认识数据

现有三人抽签，抽的是三张奖券，分别为一等奖、二等奖、三等奖。

问：这三人抽签的顺序对结果有影响吗？

解析：这时可先让学生讨论。

甲同学：肯定要受影响，比如：如果第一个人就把一等奖抽走了，那么后面的人抽一等奖的概率就为0了。

乙同学：不会受影响，设想我们是抽了之后再一起打开看结果，那么中一等奖的概率是一样的。

两个同学说的都有道理，那么哪个说的是正确的呢？

不难看出，乙同学说到了点子上，我们把先后抽签顺序及结果罗列出来，就可以发现甲、乙、丙获得一等奖的概率都是 $\frac{1}{3}$。

例题6-2　掷硬币实验

我们抛掷一枚质地均匀的硬币，问正面向上还是反面向上的概率大？

甲同学：说不清，有可能正面概率大，有可能反面概率大，因为不知道抛的次数。

乙同学：应该一样，因为不是正面向上就是反面向上，概率应该都是 $\frac{1}{2}$。

你认为谁的说法是正确的？

解析：两个同学说的都有道理。

按甲同学的思路，我们可以在班级内进行这个活动，比如班级有50人，每人可以尝试20次，就有1 000次，这个数据是比较大的了，可以看出一些问题。

乙同学的说法也是正确的，因为他考虑到了本质，其结果只有两种，不是正面向上就是反面向上，而两种情况的发生是等可能的。

例题6-3　简单随机抽样

假设你作为一名食品卫生检验人员，要对某食品店内的一批小包装饼干进行卫生达标检验，你准备怎么做？显然，我们不能把所有饼干都进行检验，只能从中抽取一定数量的饼干作为检验的样本，那么我们该怎样获取样本呢？

解析： 一般采用抽签法或随机数表法。抽签法有个前提是要混合均匀，才能保证每个个体被抽中的概率一样大；同样，随机数表，是科学家利用计算机把数字均匀"混合"制成的表格，这可以使得每个数据被取出的机会一样多，保证取出的样本的合理性。

例题6-4 系统抽样和分层抽样

为了解某地区的中小学生视力情况，拟从该地区的中小学生中抽取部分学生进行调查，事先已了解到该地区小学、初中、高中三个学段学生的视力情况有较大差异，而同一学段的男女生视力情况差异不大，在下面的抽样方法中，最合理的抽样方法是（　）。

A.简单随机抽样　　B.按性别分层抽样　　C.按学段分层抽样　　D.系统抽样

解析： 因该地区小学、初中、高中三个学段学生的视力情况有较大差异，而同一学段的男女生视力情况差异不大，故最合理的抽样方法是按学段分层抽样，故选C。

可见，数据的获取，方法要合情合理，数据要有一定的代表性。

2.关联的情境，较复杂的问题

这一水平对学生的要求是能够在关联的情境中，识别随机现象，知道随机现象与随机变量之间的关联，发现并提出概率或统计问题；在交流的过程中，能够用数据呈现的规律解释随机现象。

例题6-5 用样本的频率分布估计总体分布

我国是世界上严重缺水的国家之一，城市缺水问题较为突出。某市市政府为了节约生活用水，计划在本市试行居民生活用水定额管理，即确定一个居民家庭月用水量标准 a ，用水量不超过 a 的部分按平价收费，超出 a 的部分按议价收费。以下是随机选取的100位居民的月均用水量（单位：t）。如果希望大部分居民的日常生活不受影响，那么标准 a 定为多少比较合理呢？你认为为了较为合理地确定这个标准，需要做哪些工作？

3.1	2.5	2.0	2.0	1.5	1.0	1.6	1.8	1.9	1.6
3.4	2.6	2.2	2.2	1.5	1.2	0.2	0.4	0.3	0.4
3.2	2.7	2.3	2.1	1.6	1.2	3.7	1.5	0.5	3.8
3.3	2.8	2.3	2.2	1.7	1.3	3.6	1.7	0.6	4.1
3.2	2.9	2.4	2.3	1.8	1.4	3.5	1.9	0.8	4.3
3.0	2.9	2.4	2.4	1.9	1.3	1.4	1.8	0.7	2.0
2.5	2.8	2.3	2.3	1.8	1.3	1.3	1.6	0.9	2.3
2.6	2.7	2.4	2.1	1.7	1.4	1.2	1.5	0.5	2.4
2.5	2.6	2.3	2.1	1.6	1.0	1.5	1.7	0.8	2.4
2.8	2.5	2.2	2.0	1.5	1.0	1.4	1.8	0.6	2.2

解析：上面这些数字能告诉我们什么呢？容易发现，月均用水量的最小值是0.2 t，最大值是4.3 t，但我们很难从随意记录下来的数据中发现更多的规律，为此，我们需要对统计数据进行整理。

整理数据的基本方法是用紧凑的表格改变数据的排列方式，以及提供解释数据的新方式，比如：①求极差；②决定组距与组数；③将数据分组；④列频率分布表。

在此基础上，我们还可以作出频率分布直方图。作图可以达到两个目的，一是从数据中提取信息，二是利用图形传递信息。

例题6-6　茎叶图

某公司为了解用户对其产品的满意度，从A，B两地区分别随机调查了20个用户，得到用户对产品的满意度评分如下：

A地区：62　73　81　92　95　85　74　64　53　76
　　　　78　86　95　66　97　78　88　82　76　89

B地区：73　83　62　51　91　46　53　73　64　82
　　　　93　48　65　81　74　56　54　76　65　79

（1）根据两组数据完成两地区用户满意度评分的茎叶图，并通过茎叶图比较两地区满意度评分的平均值及分散程度（不要求计算出具体值，得出结论即可）；

（2）根据用户满意度评分，将用户的满意度从低到高分为三个等级：

满意度评分	低于70分	70分到89分	不低于90分
满意度等级	不满意	满意	非常满意

记事件C："A地区用户的满意度等级高于B地区用户的满意度等级"，假设两地区用户的评价结果相互独立，根据所给数据，以事件发生的频率作为相应事件发生的概率，求C的概率。

解析：本题是对数据的观察、整理的考查，通过茎叶图来解决比较直观，有利于我们对其数据进行处理。这两个问题都对应水平二的要求，需要对相关问题进行转化。

通过频率直方图、茎叶图对数据进行处理，使得杂乱无章的数据有条理、有秩序、有规律，对我们认识数据进而分析数据、得出结论打下了基础。

3.综合的情境，复杂的问题

这一水平要求学生能够在综合的情境中，发现并提出随机问题；能够针对不同的问题，综合或创造性地运用概率统计知识；能够理解数据分析在大数据时代的重要性；在交流的过程中，能够辨析随机现象，并运用恰当的语言进行表述。

例题6-7　广告中数据的可靠性

在各类广告中，经常有由"方便样本"（即没有代表性的样本）所产生的结论。例如，某减肥药的广告称，其减肥的有效率为75%。见到这样的广告你会怎么想？比如，这个数据是如何得到的？该药在多少人身上做过实验，即样本容量是多少？样本是如何选取的？经过以上思考，你认为该广告可信吗？

这部分是水平三的要求，即能够理解数据蕴含的信息，可以通过对信息的加工，得到数据所提供的知识和规律，并用概率或统计的语言予以表达。

二、数据分析

数据分析是对数字、文字、字母、图形等素材进行加工，并认识其属性的过程。在高中阶段，数据分析是运用恰当的统计方法对数据进行分类、归纳、整理以及描述，并正确认识其性质、特点，进而推断出恰当结论的过程。

高中生数据分析能力的培育不应局限于概率与统计相关知识的教学，还应拓宽到所有高中数学的知识板块，从多角度、多维度培育高中生数据分析能力，促进数据分析核心素养与其他核心素养的协调发展，实现全面育人的目标。

1.熟悉的情境，简单的问题

熟悉的情境，简单的问题是指所给的情境中所涉及的数据不多，数据表达方式简单、直接，达到学业水平考试的要求。主要考查学生对教材上的概念、定理、公式等内容以及具有固定解法的题型的掌握情况以及对生活中常见的情境的理解能力。因此，要培育学生在熟悉的情境下的数据分析能力，需要从生活中的常见数据、数据的正确理解，以及数据的固定处理技巧三方面进行教学。

例题6-8 在一项调查中，有两个变量 x 和 y，下图是由这两个变量近8年来的取值数据得到的散点图，那么适宜作为 y 关于 x 的回归方程的函数类型的是（　　）。

A. $y=a+bx$ B. $y=c+d\sqrt{x}$ C. $y=m+nx^2$ D. $y=p+qc^x(q>0)$

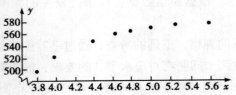

解析： 本题借助散点图考查回归方程等知识，要求学生能正确理解指数函数以及幂函数的变化趋势，从而解决问题。

例题6-9 数列2，22，222，2222，…的一个通项公式 a_n 是（　　）。

A. $a_n=10^n-8$ B. $a_n=\dfrac{10^n-1}{9}$ C. $a_n=2^n-1$ D. $a_n=\dfrac{2(10^n-1)}{9}$

解析： 本题考查数列通项的求法，求解的关键是从数列的前几项中发现数列各项变化的规律，利用此规律去寻找通项公式。

例题6-10 用0，1，2，3，4可以组成数字不重复的两位数的个数为（　　）。

A. 15　　　　B. 16　　　　C. 17　　　　D. 18

解析： 这是一个排数问题。对于排数问题，我们有如下策略：①特殊位置、特殊元素优先考虑，比如偶数、奇数等，可考虑末位数字的特点，还有零不能排首位等；②先选后排，比如要求所排的数字来自某个范围，我们得先选出符合要求的数字，再把它们放置在合适位置；③去杂法，也就是从反面考虑。

对于此题，只需对个位数是否为零进行讨论即可。

例题6-11 某大学为调查来自南方和北方的同龄大学生的身高差异，从2016级的年龄在18～19岁之间的大学生中随机抽取了来自南方和北方的大学生各10名，测量他们的身高，量出的身高如下(单位：cm)：

南方：158，170，166，169，180，175，171，176，162，163。

北方：183，173，169，163，179，171，157，175，184，166。

（1）根据抽测结果，画出茎叶图，对来自南方和北方的大学生的身高做比较，写出统计结论。

（2）设抽测的10名南方大学生的平均身高为 $\bar{x}$ cm，将10名南方大学生的身高依次输入如下所示的程序框图进行运算，问输出的 s 大小为多少？并说明 s 的统计学意义。

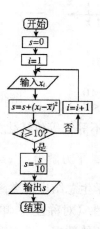

解析： 本题以程序框图为载体，主要考查学生对众数、中位数、平均数、方差等概念及其所表示的意义的掌握情况以及学生用茎叶图表示数据并获取信息的能力。此外，在作出茎叶图后，不难发现来自南方的大学生的平均身高要低于来自北方的大学生的平均身高，这也符合人们在生活中对这一结果的认识。在处理该题时，就数据分析这一方面，学生是容易出错的，首先是不知道怎么用茎叶图来整理数据，导致第一问出错；然后是因为不能准确理解方差的概念和意义，从而读不懂程序框图。因此，在处理这个题之初，要引导学生复习数据的数字特征的概念、计算方式以及整理数据的相关方法。

例题6-12 设函数 $f(x) = x^4 + 1$，则使得 $f(x) > f(2x-1)$ 成立的 x 的取值范围是_____。

解析：这是一个纯粹的函数情境。对于一个函数问题，应该关注这个函数告诉了解析式还是只是一个抽象函数。如果告诉了解析式，就从解析式去研究函数的定义域、单调性、奇偶性、对称性、周期性、最值等性质，再结合问题选择出相关函数性质或者是作出函数的图像去解决问题。如果是抽象函数的问题，那么就通过赋值的方法研究这一抽象函数的函数值[如 $f(0)$，$f(1)$ 等特殊的函数值]，或者研究这一抽象函数的函数性质从而达到解决问题的目的。另外，若这一抽象函数问题是一个选择题，则可选择一个符合题意的具体函数去解决问题。

对于此题，易发现函数 $f(x) = x^4 + 1$ 为偶函数，且当 $x \geq 0$ 时，函数 $f(x)$ 为增函数。图像如下：

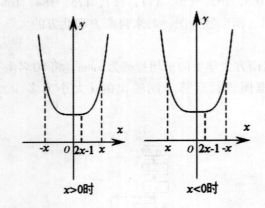

原不等式等价于 $\begin{cases} x > 0, \\ -x < 2x-1 < x \end{cases}$ 或 $\begin{cases} x < 0, \\ x < 2x-1 < -x, \end{cases}$ 解得 $x \in \left(\frac{1}{3}, 1\right)$。

另外，可根据偶函数的性质将不等式等价转化为 $f(|x|) > f(|2x-1|)$，结合函数 $f(x)$ 在 $[0, +\infty)$ 上的单调性有 $|x| > |2x-1|$，平方解得：$x \in \left(\frac{1}{3}, 1\right)$。

在该题的讲解中，教师要引导学生总结出这类函数不等式问题的特点，要解决该问题，需要知道函数的定义域、奇偶性（对称性）、单调性等性质。要获得这些性质，就需要学生正确理解和合理处理题干所给数据，进而锻炼学生处理数据的能力。然后，要结合所得的函数性质，比较括号内式子的大小，进而解出 x 的范围。教师在这一环节中要引导学生总结和归纳题型和方法，从而培养学生概括和形成结论的能力。

2.关联的情境，较复杂的问题

关联的情境，较复杂的问题是指涉及数据较多，数据表达具有多样性和灵活性，达到全国高校入学考试要求。在关联的情境中，要甄别生活中常见的数据概念和数学中的数据概念之间的关系，就需要正确获取情境中隐藏的数据信息。因此，要培育学生在关联的情境中的数据分析能力，就需要培养学生将关联的情境分解或转化为熟悉的情境从而解决问题的能力。

例题 6–13　偶函数 $f(x)$ 满足 $2f(x)+xf'(x)>6$，且 $f(1)=2$，则 $f(x)>3-\dfrac{1}{x^2}$ 的解集为 _____。

解析： 该题是一个解不等式的问题，是一个较为复杂的情境。一般来讲，含有 $f'(x)$ 的不等式是隐藏了某个函数的单调性，因此，处理此题时需要引导学生构造出"某函数"，然后提取构造出来的新函数的性质信息，进而利用新函数将该情境转化为熟悉的情境去解决问题。

构造一个函数的方式一般有两种，一是从条件入手去构造函数，二是从问题入手去构造函数。在解答该题时，对条件 $2f(x)+xf'(x)>6$ 进行积分处理，再结合 $f(1)=2$，构造出新函数 $F(x)=x^2 f(x)-3x^2$。

当然，也可将不等式 $f(x)>3-\dfrac{1}{x^2}$ 两端同时乘以 x^2 再移项，将不等式化为 $x^2 f(x)-3x^2>-1$，构造新函数 $F(x)=x^2 f(x)-3x^2$，检验发现此函数确是需要构造的函数。

进一步研究新函数 $F(x)$ 易知新函数 $F(x)$ 的奇偶性、单调性等性质，从而将原情境转化为新情境："已知 $F(x)$ 为偶函数，当 $x>0$ 时，$F(x)$ 单调递增且 $F(1)=-1$，求不等式 $F(x)>F(1)$ 的解集。"这显然是一个熟悉的情境、简单的问题。

在处理该问题时，要注重培养学生构造新数据（函数）、获取新数据（函数性质）、获得结论的能力，从而培养学生挖掘、整理数据的能力。

例题 6–14　过点 $P(-3,0)$ 作直线 $ax+(a+1)y+a+2=0$ 的垂线，垂足为 M，点 N 坐标为 $(2,3)$，则 $|MN|$ 的取值范围是 _____。

解析： 这是一个求线段取值范围的问题，属于解析几何问题的范畴。对于一个解析几何问题，关键在于要将问题所处的情境用几何图形的方式表达出来，因此，需要对条件中的几何元素之间的关系进行研究。

当直线方程中含有参数时，我们应先求出该直线所过的定点（若定点存在）。

易得该题中直线过定点 $Q(1,-2)$，进一步作出图像（如下图）。

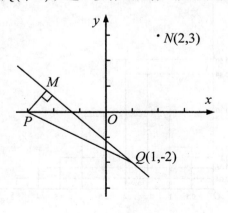

因为 $\angle PMQ = 90°$，且 P,Q 两点为定点，所以垂足 M 的轨迹是以线段 PQ 为直径的圆。因此原问题等价转化为圆上的点到定点的最值问题，这是我们熟悉的情境，从而解决问题。

在处理此题时要引导学生从现有的问题情境联想到熟悉的情境，从而转化为熟悉的问题模型解决问题。在教学过程中注重培养学生概括和形成知识的能力。

3.综合的情境，复杂的问题

综合的情境，复杂的问题是指需要进行数据信息的再加工，将复杂的情境转化为若干个熟悉的情境，进而解决问题。

例6-15 已知某池塘养殖着草鱼和鲤鱼，为了估计这两种鱼的数量，养殖者从池塘中随机捕出这两种鱼共 2 000 条，给每条鱼做上不影响其存活的标记，然后放回池塘，待完全混合后，再每次从池塘中随机地捕出 1 000 条鱼，记录下其中有记号的鱼的数目，并放回池塘中。这样的记录做 10 次，并将记录获取的数据制作成如下图所示的茎叶图。

草鱼		鲤鱼
	1	6 7 9
	2	0 0 0 1 1 3 3
	3	
0	6	
2 2 6	7	
0 0 8 8	8	
2 2	9	

（1）根据茎叶图分别计算有记号的草鱼和鲤鱼数目的平均数，并分别估计池塘中的草鱼和鲤鱼的数量；

（2）为了估计池塘中鱼的总质量，现对 100 条鱼进行称重，根据称重鱼的质量在[0,4.5](单位：千克)区间上，将测量结果按如下方式分成九组：第一组[0,0.5)，第二组[0.5,1)，……，第九组[4,4.5]。下图是按上述分组方法得到的频率分布直方图。根据该图估计池塘中鱼的质量的平均数及池塘中鱼的总质量。

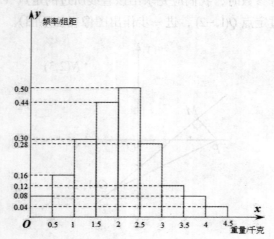

该题的情境是很贴近生活的，体现了数学源于生活，生活又依赖于数学的共存关系。该题描述了一个养殖鱼的渔民要利用数学的统计知识去解决池塘里两类鱼分别的条数和鱼塘里鱼的总重量问题的情境。因为题干较长、数据众多，因此需要学生在处理该题时分步理解题意，一旦弄清题意，问题即可解决。

为了弄清楚题意，可以在解答该题时假设出一些数据，思考这样几方面内容：

①在鱼塘中随机捕上2 000条鱼，做好标记后放回池塘,待完全混合后,再从池塘中随机地捕出1 000条鱼（捕一次），这里的"待完全混合后"说明该抽样方法可以看作是什么抽样？如果我们发现这1 000条鱼中有100条被做好标记的鱼，我们能知道鱼塘里鱼的总数吗？

理解到上述问题以后，学生就能知道求出鱼塘鱼总数的方法。

②若我们进一步发现这100条鱼中草鱼和鲤鱼的数目分别为80条和20条，那么我们能求出这1 000条鱼当中草鱼和鲤鱼分别有多少条吗？鱼塘里总的草鱼数目和鲤鱼数目可以求出吗？

这方面的思考，主要解决了求出鱼塘中两类鱼分别的总数的问题。

③上述问题是捕了一次鱼，然后估计出池塘里的两类鱼的数目，这样难免会造成误差，那么怎么做可以减少误差？

提出这个问题的目的是为了让学生更好地理解：为什么题干中要捕10次鱼。

因此，教师在该题的教学设计中要注重培养学生收集和整理数据、理解和处理数据、获得和解释结论的能力，通过层层设问，将熟悉的情境（实际为分层抽样）转化为题干中综合的情境，让学生理解综合情境的产生过程，感受生活中数学的实用性。对于第二问，本身就为熟悉的情境（频率分布直方图估计样本的数字特征），故不是教学的重点。

例题 6-16 已知圆 $O_1:(x-2)^2+y^2=16$ 和圆 $O_2:x^2+y^2=r^2(0<r<2)$，动圆 M 与圆 O_1 和圆 O_2 都相切，动圆圆心 M 的轨迹为两个椭圆，设这两个椭圆的离心率分别为 e_1 和 e_2（$e_1>e_2$），则 e_1+2e_2 的最小值为_____。

解析：该题是以与圆相切为背景的圆锥曲线轨迹方程的综合问题。对于此类问题，我们可以做一下研究：

设圆 O_1 和圆 O_2 的半径分别是 r_1，r_2，$|O_1O_2|=2c$，则一般地，圆 M 的圆心轨迹是焦点为 O_1，O_2，且离心率分别是 $\dfrac{2c}{r_1+r_2}$ 和 $\dfrac{2c}{|r_1-r_2|}$ 的圆锥曲线（当 $r_1=r_2$ 时，O_1O_2 的中垂线是轨迹的一部分，当 $c=0$ 时，轨迹是两个同心圆）。

当 $r_1=r_2$ 且 $r_1+r_2<2c$ 时，圆 M 的圆心轨迹是一条直线和双曲线。

当 $0<2c<|r_1-r_2|$ 时，圆 M 的圆心轨迹是两个椭圆。

当 $0<|r_1-r_2|<2c<r_1+r_2$ 时，圆 M 的圆心轨迹是一个椭圆和一个双曲线。

当 $r_1 \neq r_2$ 且 $r_1 + r_2 < 2c$ 时，圆 M 的圆心轨迹是两个双曲线。

对此题而言，易得圆 M 的圆心轨迹是两个椭圆，离心率分别是 $e_1 = \dfrac{2}{4-r}$，$e_2 = \dfrac{2}{4+r}$，从而 $e_1 + 2e_2 = \dfrac{2}{4-r} + \dfrac{4}{4+r}$。

对上式，如果我们采用通分的方式处理，那么会将 $e_1 + 2e_2 = \dfrac{2}{4-r} + \dfrac{4}{4+r}$ 改写为一个分式，分子为关于 r 的一次式，分母为关于 r 的二次式。这是一个熟悉的情境，这里不再进行阐述。

另外，我们发现 $4-r$ 和 $4+r$ 均为正，且 $(4-r)+(4+r)=8$（为常数），故可设 $4-r=a, 4+r=b$，将问题转化为在 $a+b=8(4>a>2,6>b>4)$ 的条件下，去求 $\dfrac{2}{a} + \dfrac{4}{b}$ 的最小值的问题，这一情境是我们非常熟悉的。

当然，这里还有其他的思考方式，因为 $4-r$ 和 $4+r$ 均为正，且 $(4-r)+(4+r)=8$（为常数），故可设 $4-r=8\cos^2\alpha, 4+r=8\sin^2\alpha$，将问题转化为在 α 的某个范围内去求 $\dfrac{1}{4\cos^2\alpha} + \dfrac{1}{2\sin^2\alpha}$ 的最小值，但这个问题不比原问题简单，所以我们放弃这个做法。

教师在该题的讲解中，一方面，要引导学生对轨迹方程的题型和方法进行总结以达到培养学生概括和形成知识的能力的目的；另一方面，对于式子 $\dfrac{2}{4-r} + \dfrac{4}{4+r}$ 的处理要多样化地讲解，以培养学生正确处理数据的能力。

三、知识构建

1.熟悉的情境，简单的问题

这一水平要求学生能够在熟悉的情境中了解随机现象及简单的概率或统计问题；能够针对熟悉的统计问题，选择合适的抽样方法收集数据，掌握描述、刻画、分析数据的基本统计方法，解决问题；在交流的过程中，能够用统计图表和简单概率模型解释熟悉的随机现象。

例题6-17 系统抽样

某学校为了了解高一年级学生对教师教学的意见，打算从高一年级 500 名学生中抽取 50 名进行调查。除了用简单随机抽样获取样本外，你能否设计其他抽取样本的方法？

解析： 首先，我们遇到的问题是样本个数比较多，要使得被抽中的概率一样，必须要均匀"搅拌"，但是个数多了，就不容易被"搅拌"均匀，于是我们可以这样思考，首先将 500 名学生从 1 开始进行编号，然后按号码顺序以一定的间隔进行抽取。由于 $\dfrac{500}{50} = 10$，所以抽取的两个相邻号码之差可定为 10，即从 $1 \sim 10$ 中随机抽取一个号码，例如抽到的是 6 号，则每次增加 10，得到 $6, 16, 26, 36, \cdots, 496$。

例题6-18　假设某地区有高中生2 400人，初中生10 900人，小学生11 000人。此地区教育部门为了了解本地区中小学的近视情况及形成原因，要从本地区的中小学生中抽取1%的学生进行调查。你认为应当怎样抽取样本？

解析：我们知道，影响学生视力的因素是非常复杂的，不同年龄阶段的学生的近视情况可能存在明显差异。因此，宜将全体学生分成高中、初中和小学三部分分别抽样。另外，三个部分的学生人数相差较大，因此，为了提高样本的代表性，还应该考虑他们在样本中所占比例的大小。

我们知道，设计抽样方法时，最核心的问题是要考虑如何使抽取的样本具有好的代表性，为此，在设计抽样方法时，我们应该考虑如何利用自己对总体的已有了解。例如，如果要调查某校高一学生的平均身高，由经验可知，男生一般要比女生高，这时就应采用另一种抽样方法——分层抽样。所以，是否选用分层抽样，关键是看样本是否具有差异性。

在现实生活中，由于资金、时间有限，人力、物力不足，再加上不断变化的环境条件，普查往往比较困难，常采用抽样方式采集数据，为使样本数据具有代表性，通常要同时使用几种抽样方法。在总体有差异的情况下，我们应该优先考虑分层抽样，接着，我们再用系统抽样或者简单随机抽样进行调查。

2.关联的情境，较复杂的问题

这一水平要求学生能够针对具体问题，选择离散型随机变量或连续型随机变量刻画随机现象，运用适当的概率和统计模型解决问题。

例题6-19　某市居民用水拟实行阶梯水价，每人月用水量中不超过 $w\,(\mathrm{m}^3)$ 的部分按 4元/m^3 收费，超出 $w\,(\mathrm{m}^3)$ 的部分按 10元/m^3 收费。从该市随机调查了 10 000 位居民，获得了他们某月的用水量数据，整理得到如下频率分布直方图：

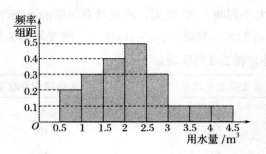

（1）如果 w 为整数，那么根据此次调查，为使80%以上居民在该月的用水价格为4元/m^3，w 至少定为多少？

（2）假设同组中的每个数据用该组区间的右端点值代替，当 $w=3$ 时，估计该市居民该月的人均水费。

解析：此题涉及的知识是对频率直方图的认识，要求学生明确频率分布直方图的意义，即图中的每一个小矩形的面积是数据落在该区间上的频率，所有小矩形的面积和为1。

（1）如图所示，用水量在[0.5,3]上的频率为(0.2+0.3+0.4+0.5+0.3)×0.5＝0.85。

又 w 为整数，

所以，为使80%以上的居民在该月的用水价格为4元/m³，w 至少定为3。

（2）当 $w=3$ 时，该市居民该月的人均水费估计为：

(0.1×1+0.15×1.5+0.2×2+0.25×2.5+0.15×3)×4+0.15×3×4+[0.05×(3.5−3)+0.05×(4−3)+0.05×(4.5−3)]×10＝7.2+1.8+1.5＝10.5(元)。

即该市居民该月的人均水费估计为10.5元。

例题6-20 某大型企业人力资源部为了研究企业员工工作积极性和对待企业改革的态度的关系，随机抽取了100名员工进行调查。调查发现，支持企业改革的受调查者中，工作积极的有46人，工作一般的有35人；不太赞成企业改革的受调查者中，工作积极的有4人，工作一般的有15人。

（1）根据以上数据建立一个2×2列联表；

（2）根据以上数据是否可以认为企业的全体员工对待企业改革的态度与其工作积极性有关系？

参考公式：$K^2 = \dfrac{n(ad-bc)^2}{(a+b)(c+d)(a+c)(b+d)}$（其中 $n=a+b+c+d$）

$P(K^2 \geqslant K_0)$	0.50	0.40	0.25	0.15	0.10	0.05	0.025	0.010	0.005	0.001
K_0	0.455	0.708	1.323	2.072	2.706	3.841	5.024	6.635	7.879	10.828

解析：一般地，比较几个分类变量有关联的可能性大小有以下两种方法：

①通过计算 K^2 的大小判断：K^2 越大，两变量有关联的可能性越大；

②通过计算 $|ad-bc|$ 的大小判断：$|ad-bc|$ 越大，两变量有关联的可能性越大。

（1）根据题设条件，得2×2列联表如下：

	支持企业改革	不太赞成企业改革	总计
工作积极	46	4	50
工作一般	35	15	50
总计	81	19	100

（2）提出假设：企业的全体员工对待企业改革的态度与其工作积极性无关。

根据（1）中的数据，可以求得

$$K^2 = \frac{100 \times (15 \times 46 - 35 \times 4)^2}{50 \times 50 \times 19 \times 81} \approx 7.862 > 6.635，$$

所以，有99%的把握认为样本中员工对待企业改革的态度与工作积极性有关，从而认为企业的全体员工对待企业改革的态度与其工作积极性有关。

3.综合的情境，复杂的问题

这一水平对学生的要求是能够在综合的情境中，发现并提出随机问题；能够针对不同的问题，综合或创造性地运用概率统计知识，构造相应的概率或统计模型，解决问题；能够分析随机现象的本质，发现随机现象的统计规律，形成新的知识。

例题6-21　某种产品的质量以其质量指标值 k 来衡量，质量指标值越大表明质量越好。当 $k \geq 85$ 时，产品为一级品；当 $75 \leq k < 85$ 时，产品为二级品；当 $70 \leq k < 75$ 时，产品为三级品。现用两种新配方（分别称为 A 配方和 B 配方）做试验，各生产了 100 件这种产品，并测量了每件产品的质量指标值，得到下面的试验结果（以下均视频率为概率）：

A 配方试验频数分配表：

指标值分组	$[75,80)$	$[80,85)$	$[85,90)$	$[90,95)$
频数	10	30	40	20

B 配方试验频数分配表：

指标值分组	$[70,75)$	$[75,80)$	$[80,85)$	$[85,90)$	$[90,95)$
频数	5	15	25	30	25

（1）若从 B 配方产品中有放回地随机抽取 3 件，记"抽出的 B 配方产品中至少有 1 件二级品"为事件 C，求事件 C 发生的概率 $P(C)$；

（2）若两种新产品的利润率 y 与质量指标 k 满足如下关系：$y=\begin{cases} t, & k \geq 85, \\ 5t^2, & 75 \leq k < 85, \\ t^2, & 70 \leq k < 75, \end{cases}$ 其中 $0 < t < \dfrac{1}{5}$，从长期来看，投资哪种配方的产品平均利润率较大？

解析：第二问本质上是一个概率分布问题，题设用分段函数给出了利润率与质量指标之间的关系，我们可以将它转化成概率分布，这其实就是一种知识的变形或者说是把陌生的问题转化为我们所熟悉的问题。另外，平均利润率问题，其本质就是期望，这也体现了转化的思想。

可见，在综合的情境问题中，我们要善于理解数据蕴含的信息，通过对信息的加工处理得到我们需要的知识和规律，并用概率和统计的语言予以表达，最终转化为我们所熟悉的概率统计问题。

四、构建模型

构建模型就是为了理解事物而对事物做出的一种抽象，是对事物的一种无歧义的书面描述。

数据分析中的构建模型，意指在数据分析过程中构建一个结构，以便具体实施与建立，具体问题包括收集哪些数据、提取哪些内容作为分析的基础，需要用哪些分析方法、算法与统计项目更为妥当，以及如何呈现分析的结果，使数据关联或变化趋势一目了然，从而更加清晰地展现数据发展趋势与逻辑关联。也可以使用报表汇总方式呈现数据需要突出的项目，例如，统计总和、均值、占比、排名、最值等，清晰展现数据的关联、统计、变化。它们为数据增色，有利于迅速传达信息，更加准确显示数据相互关系，并能突出呈现重点。

1. 熟悉的情境，简单的问题

这一水平要求学生能够针对熟悉的概率问题，选择合适的概率模型，解决问题；能够用数据分析的结果、借助或引用已有的数学模型的结果说明问题；能用统计图表和简单概率模型解释熟悉的随机现象。

例题 6-22 在一次对人体脂肪含量和年龄关系的研究中，研究人员获得了一组样本数据：

年龄 x	23	27	39	41	45	49	50
脂肪含量	9.5	17.8	21.2	25.9	27.5	26.3	28.2
年龄 x	53	54	56	57	58	60	61
脂肪含量	29.6	30.2	31.4	30.8	33.5	35.2	34.6

画出散点图，分析年龄与人体脂肪含量的关系。

解析： 通过统计图表，我们可以对两个变量之间的关系有一个直观上的印象和判断，进而归纳出正相关和负相关两种模型。

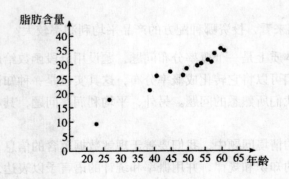

从散点图我们可以看出，两个变量之间确实存在一定的关系,支持了我们从数据表中得出的结论：年龄越大，体内脂肪含量越高。

例题 6-23 天气预报说,在今后的三天中,每一天下雨的概率均为40%，这三天中恰有两天下雨的概率是多少?

解析:这个问题的可能结果是有限的,但是每个结果的出现并不是等可能的,不属于古典概型。我们可以通过设计模拟试验的方法来解决这个问题。

用随机模拟的方法进行试验,用1,2,3,4表示下雨,用5,6,7,8,9,0表示不下雨,利用计算器中的随机函数产生20组随机三位整数数据,如:

907 966 191 925 271 932 812 458 569 683

431 257 393 027 556 488 730 113 537 989

其中,表示三天中恰有两天下雨的有:191、271、932、812、393,共5组随机数,所求概率为5÷20×100%=25%。

本题主要考查了使用模拟方法估计概率的知识,得到了20次试验中恰有两天下雨的频率或概率的近似值。

总结:对熟悉情境下构建模型的教学,我们建议:

①培养学生能够针对熟悉的概率问题,选择合适的概率模型的能力。

通过熟悉的试验或案例,如掷色子、抛硬币等,挖掘事件背后隐藏着的规律性,即概率的统计规律性,加深对模型的理解。

②培养学生能够用统计图表和简单概率模型解释熟悉的随机现象的能力。引导学生进行探究式学习,不仅知其然,而且知其所以然。比如回归方程的形成,就是先让学生用散点图去感知,从而想到线性回归方程这种模型。

2.关联的情境,较复杂的问题

这一水平要求学生能够针对具体问题,选择离散型随机变量或连续型随机变量刻画随机现象,能够运用适当的概率或统计模型解决问题。

例题6-24　掷一枚图钉,设钉尖向上的概率为p,则针尖向下的概率为$q=1-p$。连续掷一枚图钉3次,仅出现1次针尖向上的概率是多少?

解析:这是随机变量及其分布中关联的情境下的问题。每次掷图钉是独立的,且每次针尖向上的概率为p,所以为独立重复实验。

设连续掷一枚图钉3次,仅出现1次针尖向上为事件A,$P(A)=C_3^1 p^1(1-p)^2$。

类似地,连续掷3次图钉,出现$k(k=0,1,2,3)$次针尖向上的概率是多少?你能发现其中的规律吗?

经过讨论,得到$P(X=k)=C_3^k p^k(1-p)^{3-k}$。我们不难得出连续掷一枚图钉3次,仅出现1次针尖向上的概率是$3q^2 p$,系数3可以理解为C_3^1,类似于二项式定理,由此可以引出二项分布模型。

案例6-1　已知:在$\triangle ABC$中,$a=22\text{ cm}$,$b=25\text{ cm}$,$A=133°$,解三角形。

师:本题是解斜三角形中的关联的情境。利用题中条件可以求出剩余的角和边吗?

这样的 $\triangle ABC$ 存在吗？

生：根据正弦定理，可以求得 C 为负角。分析已知条件，我们注意到 $a=22\,\text{cm}$ ，$b=25\,\text{cm}$ ，这里 $a<b$ ，而 $A=133°$ ，是一个钝角，根据三角形的性质，应该有 $A<B$ ，因而 B 也应该是一个钝角。在一个三角形中是不可能有两个钝角的，这说明满足已知条件的三角形是不存在的。

师：类似地，我们可以对已知两边及其一对角的三角形模型进行分析，请同学们讨论，尽可能地得到结论。

生：如果已知 A 是钝角或直角, $a>b$ 时有一解。

如果已知 A 是锐角, $a>b$ 或 $a=b$ 时有一解。

如果已知 A 是锐角，并且 $a<b$ ，我们可以分下面三种情况来讨论：

如果 $a>b\sin A$,有两个解；

如果 $a=b\sin A$,有一个解；

如果 $a<b\sin A$,没有解。

通过探究与发现，可以知道对于解斜三角形中已知两边及其一个角的模型，对应不同的边角关系，解的个数是不同的。

总结：对在关联的情境中培养学生的构建模型能力的教学，我们建议：

①重点培养学生能够针对具体问题，选择离散型随机变量或连续型随机变量刻画随机现象，理解抽样方法的统计意义，运用适当的概率或统计模型解决问题的能力。

教师对教学内容进行整合，引导学生形成数据分析观念，以数学的眼光分析实际问题并尝试解决相关问题。例如，在"离散型随机变量的分布列"的教学中，教师应该引导学生先分析题目，展示常见的分布列模型，随后让学生自己思考，指导学生动手操作，通过数据的收集、整理与分析，构建模型，得出正确的结论。

②重点培养学生能够用概率或统计模型表达随机现象的统计规律的能力。

教师要引导学生阅读课文，从课文的文字中提取信息，理解课文中举的例子和模型，从而理解概率和统计模型的意义。比如"随机变量的概率"一节里面的"极大似然"原理，要让学生去阅读、理解和分析，从而理解其意义。只有深入理解概率和统计模型的意义，才能用概率或统计模型表达随机现象的统计规律。

3.综合的情境，复杂的问题

这一水平要求学生能够针对不同的问题，综合或创造性地运用概率统计知识，构造相应的概率或统计模型，解决问题。

例题6-25　统计案例中综合的情境

一只红铃虫的产卵数 y 与温度 x 有关。现收集了7组观测数据列于下表：

温度 x/℃	21	23	25	27	29	32	35
产卵个数 y/个	7	11	21	24	66	115	325

试建立 y 与 x 之间的回归方程。

解析： 根据收集的数据，作散点图如下：

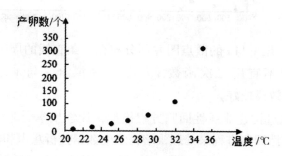

从图中可以看出，样本点并没有分布在某个带状区域内，因此两个变量不呈线性相关关系，所以不能直接利用线性回归方程来建立两个变量之间的关系。根据已有的函数知识，可以发现样本点分布在某一条指数函数曲线 $y = c_1 e^{c_2 x}$ 的附近，其中 c_1, c_2 为待定的参数。我们可以通过对数变换把指数关系变为线性关系，令 $z = \ln y$，则变换后样本点分布在直线 $z = bx + a (a = \ln c_1, b = c_2)$ 的附近，这样就可以利用线性回归建立 y 与 x 的非线性回归方程了。变换的样本点分布在一条直线的附近，因此可以用线性回归方程来拟合。

由上表中的数据可得到变换的样本数据表如下：

x	21	23	25	27	29	32	35
z	1.946	2.398	3.045	3.178	4.190	4.745	5.784

可以求得线性回归直线方程为 $z = 0.272x - 3.843$。

因此红铃虫的产卵数对温度的非线性回归方程为 $y = e^{0.272x - 3.843}$。

另一方面，可以认为图中的样本点集中在某二次曲线 $y = cx^2 + d$ 的附近，其中 c, d 为待定参数，因此可以对温度变量进行变换，即令 $t = x^2$，然后建立 y 与 t 之间的线性回归方程，从而得到 y 与 x 之间的非线性回归方程。

下表是红铃虫的产卵数和对应温度的平方的线性回归模型拟合表，作出相应的散点图如下。

$x^2(t)$	441	529	625	729	841	1 024	1 225
y	7	11	21	24	66	115	325

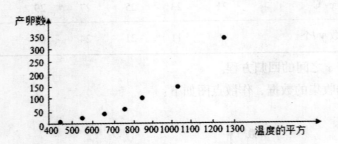

从图中可以看出，y 与 t 的散点图并不分布在一条直线的周围，因此不宜用线性回归方程来拟合它，即不宜用二次函数 $y = cx^2 + d$ 来拟合 x 与 y 之间的关系，因此利用 $y = e^{0.272x-3.843}$ 来拟合效果较好。

在本题中，通过构建非线性回归方程模型，让学生学会非线性回归模型的处理方式：通过换元成线性回归方程来处理，培育学生数据分析意识和模型意识。

例题6-26 某超市计划按月订购一种酸奶，当月每天进货量相同，进货成本每瓶4元，售价每瓶6元，未售出的酸奶降价处理，以每瓶2元的价格当天全部处理完。根据往年销售经验，每天需求量与当天最高气温（单位：℃）有关。如果最高气温不低于25，需求量为500瓶；如果最高气温位于区间[20，25）上，需求量为300瓶；如果最高气温低于20℃，需求量为200瓶。为了确定6月份的订购计划，统计了前三年6月份各天的最高气温数据，得到下面的频数分布表：

最高气温	[10,15)	[15,20)	[20,25)	[25,30)	[30,35)	[35,40)
天数	2	16	36	25	7	4

以最高气温位于各区间的频率代替最高气温位于该区间的概率。

（1）求6月份这种酸奶一天的需求量 X（单位：瓶）的分布列；

（2）设6月份一天销售这种酸奶的利润为 Y（单位：元），当六月份这种酸奶一天的进货量 n（单位：瓶）为多少时，Y 的数学期望达到最大值？

解析：（1）由题意知，X 所有可能取值为 200,300,500，由表格数据知

$$P(X=200) = \frac{2+16}{90} = 0.2 , \quad P(X=300) = \frac{36}{90} = 0.4 , \quad P(X=500) = \frac{25+7+4}{90} = 0.4 。$$

因此 X 的分布列为

X	200	300	500
P	0.2	0.4	0.4

（2）由题意知，这种酸奶一天的需求量至多为500，至少为200，因此只需考虑 $200 \leqslant n \leqslant 500$ 。

当 $300 \leqslant n \leqslant 500$ 时，若最高气温不低于25，则 $Y = 6n - 4n = 2n$ ；

若最高气温位于区间[20,25)上，则 $Y = 6 \times 300 + 2(n - 300) - 4n = 1200 - 2n$；

若最高气温低于20，则 $Y = 6 \times 200 + 2(n - 200) - 4n = 800 - 2n$；

因此 $EY = 2n \times 0.4 + (1200 - 2n) \times 0.4 + (800 - 2n) \times 0.2 = 640 - 0.4n$。

当 $200 \leq n \leq 500$ 时，若最高气温不低于20，则 $Y = 6n - 4n = 2n$；

若最高气温低于20，则 $Y = 6 \times 200 + 2(n - 200) - 4n = 800 - 2n$；

因此 $EY = 2n \times (0.4 + 0.4) + (800 - 2n) \times 0.2 = 160 + 1.2n$。

所以 $n = 300$ 时，Y 的数学期望达到最大值，最大值为520元。

本案例是一道高考真题，它考查了离散型随机变量的分布列，同时它是函数与概率统计相结合的模型，通过此题考查了学生函数中分类讨论和概率统计中二项分布的模型，是数据分析中水平三的考查要求。

总结：在综合的情境中培养学生的构建模型能力，我们建议：

①重点培养学生能够针对不同的问题，综合或创造性地运用概率统计知识，构造相应的概率或统计模型，解决问题的能力。

在概率统计教学中，要鼓励学生对某一个知识点，从不同角度，发掘新思路、新见解，进行一题多解、一法多用、一题多变，启发学生的发散思维，使学生思维从单一性向多维性发展，真正做到举一反三，触类旁通，从而培养学生的创造性解决问题的能力。

②重点培养学生能够运用数学语言，清晰、准确地表达数学论证和数学建模的过程和结果的能力。

在教学过程中，我们应让学生学习教材上的表达方式，多让学生去模仿。在课堂上，多让学生以口头或书面的形式来表达，注重学生表达的准确性。

五、分析、推断、获得结论

利用数据分析、推断、获得结论这一过程在解决数学问题中是非常重要的。下面我们从三个水平层次来理解，并给出相应的教学策略分析。

1.熟悉的情境，简单的问题

这一水平的要求是能够在熟悉的情境中对给出的信息进行数据分析、获得数据结论推断，联系熟悉的模型，从而获得数学应用性问题的结论。因此，需要正确认识问题，准确地分析数据，运用熟悉的数学模型，进行合理的推理判断。

例题6-27 茎叶图的数据分布特征

某校统计了高三年级甲、乙两个班级一模数学分数（满分150分），每个班级有20名同学，统计数据如下列茎叶图所示：

甲		乙
21	14	135
542	13	015579
87432	12	56888
4421	11	2367
643	10	13
961	9	

根据茎叶图比较在一模考试中，甲、乙两班同学数学分数的平均水平和分数的分散程度。

解析：此题明显是考查茎叶图的特征，属于熟悉的情境，简单的问题，结合相应知识就可以解决。结合茎叶图的知识可以准确得知，甲比乙的平均水平低，甲的分数比乙的分数分散。

例题6-28 在一次对人体脂肪含量和年龄关系的研究中，研究人员获得了一组样本数据，并制作成如图所示的散点图。根据该图，下列结论中正确的是（ ）。

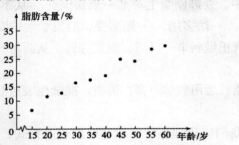

A. 人体脂肪含量与年龄正相关，且脂肪含量的中位数等于20%

B. 人体脂肪含量与年龄正相关，且脂肪含量的中位数小于20%

C. 人体脂肪含量与年龄负相关，且脂肪含量的中位数等于20%

D. 人体脂肪含量与年龄负相关，且脂肪含量的中位数小于20%

解析：由散点图可知点的分布都集中在一条直线附近，由此可以判断两个变量具有相关关系，点的分布是从左下角到右上角区域，因此是正相关。由散点图可知共有10个点，则中位数为最中间两点的纵坐标的平均数，显然两数均小于20%，故脂肪含量的中位数小于20%。

2.关联的情境，较复杂的问题

在实际情境中，数据体现的不是事物的本质，也不能直接应用数学知识获得结论，必须根据相关问题加以处理，所以需要理解问题，能够在关联的问题中运用数据分析，推断、获得结论，从而解决数学问题。

例题6-29 小明在石家庄市某物流派送公司找到了一份派送员的工作,该公司给出了两种日薪薪酬方案:

甲方案：底薪100元，每派送一单奖励1元；

乙方案：底薪140元，每日前55单没有奖励，超过55单的部分每单奖励12元。

根据该公司所有派送员100天的派送记录，发现派送员的日平均派送单数满足以下条件：在这100天中的派送量指标满足如图所示的频率分布直方图，其中当某天的派送量指标在 $\left(\dfrac{2(n-1)}{10}, \dfrac{2n}{10}\right]$（$n=1,2,3,4,5$）时，日平均派送量为$50+2n$单。若将频率视为概率，回答下列问题：

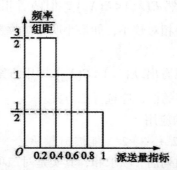

根据统计学的思想,帮助小明分析,他选择哪种薪酬方案比较合适,并说明你的理由。

（参考数据：$0.6^2=0.36, 1.4^2=1.96, 2.6^2=6.76, 3.4^2=11.56, 3.6^2=12.96, 4.6^2=21.16, 15.6^2=243.36, 20.4^2=416.16, 44.4^2=1971.36$）

解析： 本题属于生活中经常会遇到的决策性问题，作为决策者必须根据自身的实际情况，结合实际的背景，明确相应的一些优势缺点，从而做出正确的判断、选择，因此需要准确分析数据本身的价值再做判断。

结合数据可做如下处理:

在这100天中,该公司派送员日平均派送单数满足如下表格:

单数	52	54	56	58	60
频率	0.2	0.3	0.2	0.2	0.1

所以 $X_{甲}$ 的分布列为:

$X_{甲}$	152	154	156	158	160
P	0.2	0.3	0.2	0.2	0.1

同样, $X_{乙}$ 的分布列为:

$X_{乙}$	140	152	176	200
P	0.5	0.2	0.2	0.1

由 $X_\text{甲}$ 的分布列得 $E(X_\text{甲}) = 152 \times 0.2 + 154 \times 0.3 + 156 \times 0.2 + 158 \times 0.2 + 160 \times 0.1 = 155.4$ ，

$D(X_\text{甲}) = 0.2 \times (152 - 155.4)^2 + 0.3 \times (154 - 155.4)^2 + 0.2 \times (156 - 155.4)^2 + 0.2 \times (158 - 155.4)^2 + 0.1 \times (160 - 155.4)^2 = 6.44$ ；

由 $X_\text{乙}$ 的分布列得 $E(X_\text{乙}) = 140 \times 0.5 + 152 \times 0.2 + 176 \times 0.2 + 200 \times 0.1 = 155.6$ ，

$D(X_\text{乙}) = 0.5 \times (140 - 155.6)^2 + 0.2 \times (152 - 155.6)^2 + 0.2 \times (176 - 155.6)^2 + 0.1 \times (200 - 155.6)^2 = 404.64$ 。

根据处理的数据可得两个结论：

①由以上的计算可知,虽然 $E(X_\text{甲}) < E(X_\text{乙})$ ，但两者相差不大，且甲的方差远小于乙，即甲方案日工资收入波动相对较小，如果小明希望收入稳定、风险小的话，应选择甲方案。

②由以上的计算结果可以看出, $E(X_\text{甲}) < E(X_\text{乙})$ ，即甲方案日工资期望小于乙方案日工资期望，如果小明希望收入高的话，应选择乙方案。

例题6-30 二项式定理的应用

已知 $n \in \mathbf{N}^*$ ，求证 $1 + 2 + 2^2 + \cdots + 2^{5n-1}$ 能被31整除。

解析：本题表面是等比数列前 n 项求和，其实是对二项式定理的应用，属于相关联的问题。在发现求和结果无法直接求商后，必须借助二项式定理模型考虑整除才行。用二项式定理证明整除问题时，首先需注意 $(a \pm b)^n$ 中， a,b 有一个是除数的倍数；其次要清楚展开式有什么规律，余项是什么。解答如下：

$$1 + 2 + 2^2 + \cdots + 2^{5n-1}$$
$$= \frac{1 - 2^{5n}}{1 - 2}$$
$$= 32^n - 1$$
$$= (31 + 1)^n - 1$$
$$= 31^n + C_n^1 \times 31^{n-1} + \cdots + C_n^{n-1} \times 31 + 1 - 1$$
$$= \left(31^{n-1} + C_n^1 \times 31^{n-2} + \cdots + C_n^{n-1}\right) \times 31 ,$$

显然括号内的数为正整数，故原式能被31整除。

通过实例可以看出对于关联的情境，需要根据具体的情境、数据特点及实际的需求，结合自身掌握的数据分析方法找到适用的方法，并且仔细认真地进行数据处理，从而获得相应的数据结果，再根据实际需求就可以做出正确的选择从而获得结论。

3.综合的情境，复杂的问题

在综合的情境中，需要通过数据的分析、推断，结合实际情况获得问题的结论。在这个过程中，我们可能会运用多种数学工具，根据理性的分析，最终做出判断。

例题6-31 运用线性规划做出决策

某企业生产A，B两种产品，生产每一吨产品所需的劳动力、煤和电如下表：

产品品种	劳动力/个	煤/t	电/kW·h
A产品	3	9	4
B产品	10	4	5

已知生产每吨A产品的利润是7万元，生产每吨B产品的利润是12万元，现因条件限制，该企业仅有劳动力300个，煤360 t，并且供电局只能供电200 kW·h，试问该企业如何安排生产，才能获得最大利润？

解析：本题很显然是属于综合情境问题，需要认清题目内容，选择数学模型，准确地对数据进行分析，然后推断，结合实际获得结论。可以发现这是一类关于规划的问题，因此需要注意两个方面，一方面是两种产品各生产多少才能获得最大利润；另一方面是消耗的成本还要少。

设生产A，B两种产品的量分别为 x(t)， y(t)，利润为 z 万元。

依题意，可以建立线性约束条件：$\begin{cases} 3x+10y \leqslant 300, \\ 9x+4y \leqslant 360, \\ 4x+5y \leqslant 200, \\ x \geqslant 0, y \geqslant 0。 \end{cases}$

利用线性规划知识可画出可行域如图所示：

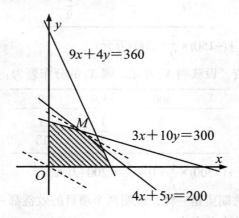

由题意可以列出目标函数为 $z=7x+12y$ 。

在直线 $7x+12y=0$ 向右上方平行移动的过程中，经过点 M 时 z 取最大值。

解方程组 $\begin{cases} 3x+10y=300, \\ 4x+5y=200, \end{cases}$ 得 $\begin{cases} x=20, \\ y=24。 \end{cases}$

因此，点 M 的坐标为 $(20,24)$ 。

利用线性规划获得最优解是生产20 t A、生产24 t B，最大利润为 $z=7 \times 20+12 \times 24=428$ 。

例题6-32　运用期望、方差值做决策

某投资公司在2018年年初准备将1 000万元投资到"低碳"项目上，现有两个项目

供选择：

项目一：新能源汽车。据市场调研，投资到该项目上，到年底可能获利30%，也可能亏损15%，且这两种情况发生的概率分别为 $\frac{7}{9}$ 和 $\frac{2}{9}$。

项目二：通信设备。据市场调研，投资到该项目上，到年底可能获利50%，可能损失30%，也可能不赔不赚，且这三种情况发生的概率分别为 $\frac{3}{5}$，$\frac{1}{3}$ 和 $\frac{1}{15}$。

针对以上两个投资项目，请你为投资公司选择一个合理的项目，并说明理由。

解析：本题是关于投资公司选择项目的问题，它是一道典型的综合问题，选择哪个，为什么选择，各自的利弊都得弄清楚。作为投资公司，当然要重点考虑两个方面：效益、风险，结合题意可选择对其数据的期望、方差进行分析处理。随机变量的均值反映了随机变量取值的平均水平，方差反映了随机变量稳定于均值的程度，它们从整体和全局上刻画了随机变量，是生产实际中用于方案取舍的重要理论依据。一般先比较均值，若均值相同，再用方差来决定。

若按"项目一"投资，设获利为 X_1 万元，则 X_1 的分布列为：

X_1	300	-150
P	$\frac{7}{9}$	$\frac{2}{9}$

于是 $E(X_1) = 300 \times \frac{7}{9} + (-150) \times \frac{2}{9} = 200$（万元）。

若按"项目二"投资，设获利 X_2 万元，则 X_2 的分布列为：

X_2	500	-300	0
P	$\frac{3}{5}$	$\frac{1}{3}$	$\frac{1}{15}$

于是 $E(X_2) = 500 \times \frac{3}{5} + (-300) \times \frac{1}{3} + 0 \times \frac{1}{15} = 200$（万元）。

由此可见两个项目的期望是一样，说明两个项目的效益都一样，显然就需要比较两个项目的风险，即数据的方差大小。

进一步研究两个项目的方差：

$D(X_1) = (300 - 200)^2 \times \frac{7}{9} + (-150 - 200) \times \frac{2}{9} = 35\,000$，

$D(X_2) = (500 - 200)^2 \times \frac{3}{5} + (-300 - 200)^2 \times \frac{1}{3} + (0 - 200)^2 \times \frac{1}{15} = 140\,000$。

由上可知 $E(X_1) = E(X_2)$，$D(X_1) < D(X_2)$，这说明虽然项目一、项目二获利相等，但项目一更稳妥，建议该投资公司选择项目一投资。

例题6-33 利用回归分析知识解决非线性回归的决策问题

某公司为确定下一年度投入某种产品的宣传费，需了解年宣传费 x（单位：千元)对

年销售量 y（单位：t）和年利润 z（单位：千元)的影响，对近8年的年宣传费 x_i 和年销售量 $y_i(i=1,2,3,\cdots,8)$ 数据做了初步处理，得到下面的散点图及一些统计量的值。

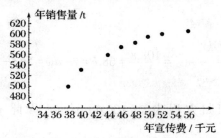

$\bar{x}$	$\bar{y}$	$\bar{w}$	$\sum\limits_{i=1}^{8}(x_i-\bar{x})^2$	$\sum\limits_{i=1}^{8}(w_i-\bar{w})^2$	$\sum\limits_{i=1}^{8}(x_i-\bar{x})\cdot(y_i-\bar{y})$	$\sum\limits_{i=1}^{8}(w_i-\bar{w})\cdot(y_i-\bar{y})$
46.6	563	6.8	289.8	1.6	1 469	108.8

表中 $w_i=\sqrt{x_i}$，$\bar{w}=\dfrac{1}{8}\sum\limits_{i=1}^{8}w_i$。

（1）根据散点图判断，$y=a+bx$ 与 $y=c+d\sqrt{x}$ 哪一个适宜作为年销售量 y 关于年宣传费 x 的回归方程类型？（给出判断即可，不必说明理由）

（2）根据(1)的判断结果及表中数据，建立 y 关于 x 的回归方程。

（3）已知这种产品的年利润 z 与 x,y 的关系为 $z=0.2y-x$。根据(2)的结果回答下列问题：

①年宣传费 $x=49$ 时，年销售量及年利润的预报值是多少？

②年宣传费 x 为何值时，年利润的预报值最大？

注：对于一组数据 $(u_1,v_1),(u_2,v_2),\cdots,(u_n,v_n)$，其回归直线 $v=\hat{\alpha}+\hat{\beta}u$ 的斜率和截距的最

小二乘估计分别为：$\hat{\beta}=\dfrac{\sum\limits_{i=1}^{n}(u_i-\bar{u})(v_i-\bar{v})}{\sum\limits_{i=1}^{n}(u_i-\bar{u})^2}$，$\hat{\alpha}=\bar{v}-\hat{\beta}\bar{u}$。

解析：本题属于回归分析的问题，我们知道回归直线 $\hat{y}=\hat{b}x+\hat{a}$ 必过样本点中心 $(\bar{x},\bar{y})$，以及可以利用最小二乘法求回归直线的斜率与截距，但是最小二乘法只适用于线性相关的回归分析。在分析两个变量的相关关系时，可根据样本数据作出散点图来确定两个变量之间是否具有相关关系，若具有线性相关关系，则可通过线性回归方程来估计和预测。

由散点图就可以看出本题属于非线性相关问题，因此属于综合的问题。不熟悉的数据如何处理成为了关键，而我们所学的最小二乘法只能用于线性相关的回归分析。由于数据之间的运算关系明确，数据与数据的关系特征不会变化，因此我们可以把已知的两组数据做适当运算处理，转换成线性相关的，再用最小二乘法计算。这道题给出了一些

参考数据，我们可以结合题意这样处理：

（1）问中选择 $y = c + d\sqrt{x}$，则令 $w = \sqrt{x}$，先建立 y 关于 w 的线性回归方程，由参考数据有：

$$\hat{d} = \frac{\sum_{i=1}^{8}(w_i - \bar{w})·(y_i - \bar{y})}{\sum_{i=1}^{8}(w_i - \bar{w})^2} = \frac{108.8}{1.6} = 68, \hat{c} = \bar{y} - \hat{d}\bar{w} = 563 - 68 \times 6.8 = 100.6,$$

所以 y 关于 w 的线性回归方程为 $\hat{y} = 100.6 + 68w$，因此 y 关于 x 的回归方程为 $\hat{y} = 100.6 + 68\sqrt{x}$。

回归方程的作用就是可以预报后面的数据，所以，当 $x = 49$ 时，年销售量 y 的预报值 $\hat{y} = 100.6 + 68\sqrt{49} = 576.6$，从而年利润 z 的预报值 $\hat{z} = 576.6 \times 0.2 - 49 = 66.32$。

根据（2）的结果知，年利润 z 的预报值 $\hat{z} = 0.2(100.6 + 68\sqrt{x}) - x = -x + 13.6\sqrt{x} + 20.12$。

利润预报值表达式 $\hat{z} = -x + 13.6\sqrt{x} + 20.12$ 类似二次函数形式，所以当 $\sqrt{x} = \frac{13.6}{2} = 6.8$，即 $x = 46.24$ 时，$\hat{z}$ 取得最大值。故年宣传费为 46.24 千元时，年利润的预报值最大。

通过以上实例可以看出，解决综合情境的问题，必须要在综合的情境中，对情境反复熟悉体验，从中发现关联的情境，再深入研究、斟酌找到熟悉的情境，联系熟悉的模型，收集相关的数据，处理数据，根据需求运用正确的方法分析数据，获得正确的数据结论，结合实际情况，综合的情境做出正确的选择。

第三节　培育数据分析核心素养的课堂实录

课堂教学是培育学生数学核心素养的主战场，下面以人教 A 版必修 3 中 2.3 节"变量间的相关关系"的教学设计为例，浅析如何在课堂教学中培养高中生数据分析的核心素养。

一、教学内容解析

统计学中最重要的内容之一就是分析处理数据。本课所学内容"变量间的相关关系"是分析处理数据的一种方法，它既是对必修 3 统计知识的综合应用，又是学生今后学习统计案例的基础。本节教学的重点是线性回归方程的求法。

二、教学目标设置

《课标》要求：高中数学教学以发展学生数学学科核心素养为导向，提倡学生独立思考、自主学习、合作交流的多种学习方式，激发学生学习数学的兴趣，养成良好的学习习惯，促进学生实践能力和创新意识的发展。注重信息技术与数学课程的深度融合，提高教学的实效性。据此，结合本节教学内容的特点，制定教学目标为：

（1）通过实例，了解相关关系的特点和作用；

（2）了解最小二乘法；理解正相关、负相关、回归直线和回归方程的概念；

（3）在简单的实际情境中，能根据实际问题的特点，利用回归直线方程解决问题；

（4）培养学生的统计思维，提升数据分析核心素养。

三、学生学情分析

本课是在学生学习了抽样方法和用样本估计总体的基础上完成的。学生已经具有一定的统计知识基础，熟悉对数字的直接运算处理，具有一定的分析问题、解决问题的能力。要达成本课所设教学目标、完成预设的教学内容，学生还存在以下差距：①认知方面，对确定性的函数关系和不确定性的相关关系的区别认识不足；②技能方面，还未掌握如何确定从整体上看，各点与回归直线的距离最小的方法。

因此，本节教学的难点是：最小二乘法推导回归直线的过程。

四、教学策略分析

为突破难点，突出重点，采用了从具体到抽象的教学思路，突出学生主体活动，让学生获得数学知识和方法，再用典型案例剖析所学数学方法，巩固对回归方法的理解。即设置不同的具体案例，以问题为主线，通过学生自主学习、合作探究、媒体展示、教师讲解，从而揭示出概念和方法的本质。

为达成学生"实践能力和创新意识的发展"，通过设计简单的实际情境，采用开放式问题，让学生参与到解决问题的过程中。

为实现以上教学策略，需要多媒体、Excel软件等信息技术的支持和支撑。

五、教学过程设计

（一）设立问题，引入课题

师：如果你的数学成绩好，那么你的物理学习就不会有什么大的问题。这种说法有依据吗？

生A：有。

生B：没有。

设计意图：创设情境，产生冲突，激发学习兴趣。

（二）列举实例，体会新知

师：你能列举生活中具有相关关系的实例吗？

生A：身高和体重。

生B：学习时间和考试成绩。

…………

师：相关关系和函数关系有何区别和联系？（学生讨论后展示）

生：函数关系是确定性关系；相关关系是不确定性关系。

设计意图：让学生体会相关关系的概念，认识函数关系和相关关系的异同，让学生意识到现实生活中存在大量相关关系。

（三）合作探究，生成概念

师：从统计数据来看，人体脂肪含量与年龄之间有怎样的关系？

生：年龄越大，脂肪含量越高。

师：你能用学过的统计知识说明吗？

生：作图。

师：正确。用Excel软件分析数据作出散点图，引出正相关、负相关关系。

师：当年龄增加时，脂肪含量以什么方式增加呢？怎样研究这个问题？

生：构造函数模型模拟，研究函数单调性。

设计意图：培养学生的统计思维，引导学生感受数据"会说话"，同时通过对问题的解决，生成概念。

师：如何求回归直线方程呢？（学生讨论）

生A：测量方法。

生B：任选两点画直线，使直线两侧点的个数基本相同。

生C：多求几条直线，取斜率和截距的平均数。

师：为了使整体距离最小，可以用最小二乘法。（视具体情况决定是否推导）

设计意图：引导学生理解最小二乘法和回归方程的求法。

教师介绍Excel软件求回归方程的方法。

设计意图：让学生体会数学课程与信息技术的深度融合。

（四）方法应用，巩固理解

师：将年龄代入回归方程得到的数值与真实数值有何关系？

生：由回归方程得到的数值与真实值可能存在差异，它只能是预测值。

设计意图：让学生理解回归方程算出的数值是预测值，而非真实值。

练习1：有一个同学家开了一个小卖部，他为了研究气温对热饮销售的影响，经过统计，得到一个卖出的热饮杯数与当天气温的对比表：

温度/℃	-5	0	4	7	12	15	19	23	27	31	36
热饮杯数	156	150	132	128	130	116	104	89	93	76	54

（1）画出散点图；

（2）从散点图中发现气温与热饮销售杯数之间关系的一般规律；

（3）求回归方程；

（4）如果某天的气温是2℃，预测这天卖出的热饮杯数。

设计意图：让学生掌握求回归方程的具体操作方法。

（五）总结反思，纳入体系

师：结合本课涉及的案例，谈谈你对相关关系的认识。

生A：相关关系是一种不确定关系。

生B：用回归直线方程可以预测具有线性相关的两个变量的相关关系。

师：经过今天的学习，我们学会了一种分析处理数据的方法——线性回归分析。

（六）作业布置，巩固延伸

后 记

"千里莺啼绿映红",在虫鸣鸟啼声声入耳,绿树红花相互掩映之时,我翻看完了书稿的最后一页。举目而望,又是一年的满园春色。回想课题研究团队历时近半年的编写,经历了无数次的集中研讨,从体系的初立到重立,从内容的删繁就简到切准核心,从精细的要求到尽善以至尽美,这一切皆是为了使读者在阅读本书后能在践行培育中学生数学核心素养上得到更大收获。

培育中学生数学核心素养是落实"立德树人"根本任务的数学学科价值体现。《普通高中数学课程标准(2017年版)》提出了六大核心素养,但部分一线教师对数学核心素养的内涵、实践路径与方法的理解还有一定缺位与缺失。本书是基于四川省2016年教育科学规划重点课题"培养中学生数学核心素养"成果的提炼和总结。该课题以数学抽象、直观想象、逻辑推理、数学运算、数学建模、数据分析六大核心素养作为六个子课题研究内容,研究范围覆盖四川全省21个市(州)。在体例上,我们以单个核心素养为一章,每章分为三节,第一节是核心素养的概念理解,第二节是基于单个核心素养三个表现水平的案例实践研究,第三节以课堂实录的形式展示培育核心素养的路径与方法。

本书的出版得到了四川省教育科学研究院出版基金的支持,在此表示感谢;同时也要感谢重庆师范大学教授、博导、课标组核心成员黄翔老师在百忙中为本书作序;还要感谢参与本书各章节撰写的单位、学校,它们分别是:成都玉林中学(第一章)、泸州高中(第二章)、成都棠湖外国语学校(第三章)、绵阳市教科所(第四章)、资阳中学(第五章)、泸县二中(第六章)。感谢参与研究、撰写工作并为之辛勤付出的所有老师们。

尽管本书是在课题研究丰硕成果上的提炼和总结,在研究过程中也进行多次研讨,但仍然存在一些疑难与困惑需要深入思考,恳请各位专家和老师提出宝贵意见,课题组将在后续实践中继续探索和完善。

孙锋

2020年3月